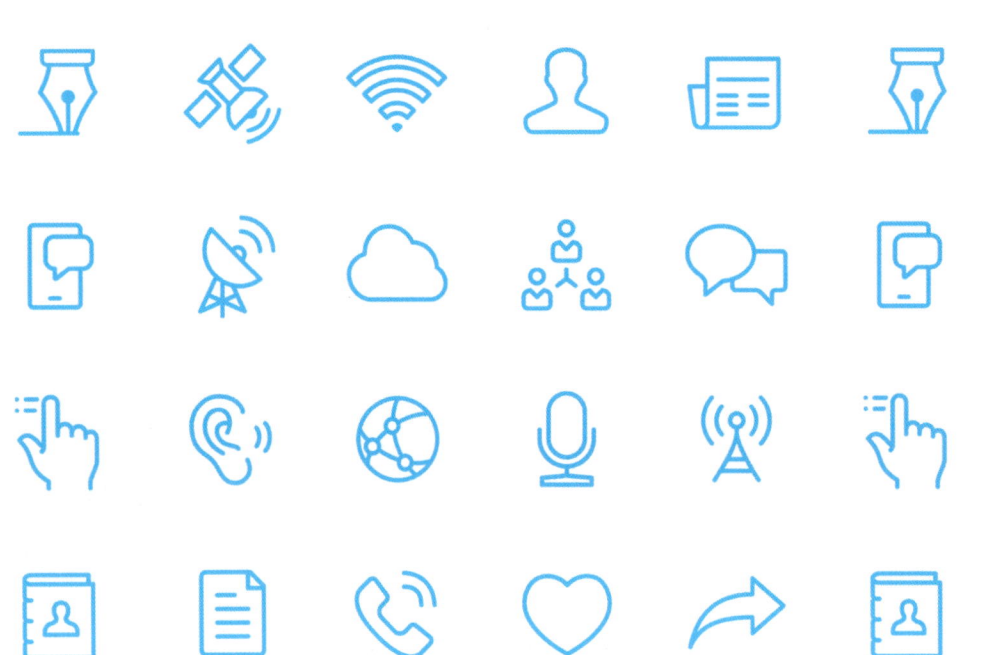

高职高专经管类
精品课程规划教材

跨文化沟通

主　编　林丽钦　徐媛媛

KUA

WENHUA

GOUTONG

图书在版编目（CIP）数据

跨文化沟通 / 林丽钦，徐媛媛主编. -- 厦门：厦门大学出版社，2021.11(2024.1重印)

ISBN 978-7-5615-8079-0

Ⅰ.①跨… Ⅱ.①林… ②徐… Ⅲ.①文化交流-高等职业教育-教材 Ⅳ.①G115

中国版本图书馆CIP数据核字(2021)第040110号

责任编辑	姚五民　肖　越
美术编辑	李嘉彬
技术编辑	朱　楷

出版发行　**厦门大学出版社**

社　　址　厦门市软件园二期望海路39号
邮政编码　361008
总　　机　0592-2181111　0592-2181406(传真)
营销中心　0592-2184458　0592-2181365
网　　址　http://www.xmupress.com
邮　　箱　xmup@xmupress.com
印　　刷　广东虎彩云印刷有限公司

开本　787 mm×1 092 mm　1/16
印张　14.75
插页　2
字数　315 千字
版次　2021 年 11 月第 1 版
印次　2024 年 1 月第 2 次印刷
定价　45.00 元

厦门大学出版社
微信二维码

厦门大学出版社
微博二维码

本书如有印装质量问题请直接寄承印厂调换

　　跨文化沟通通常是指不同文化背景的人之间发生的沟通行为。伴随着世界经济区域一体化和全球化进程的加快,跨国、跨地区、跨文化的交往活动日益频繁,不同文化背景人员的往来与日俱增。当前复杂多变的市场环境和日趋激烈的竞争态势,促使企业间的合作与并购现象愈加频繁,来自不同企业文化背景的员工之间的交流与碰撞在所难免。同时,随着我国城镇化的发展和城市间人才的合理流动,劳动力的文化背景多元化趋势日益明显。这些种族不同、地域不同、民族不同和企业不同等因素会导致文化差异,文化差异往往会引起沟通的方式、过程、结果的差异,猜忌、误解、迷惑甚至敌意等问题经常出现,因此,在现代职场中,不同文化背景下的跨文化沟通技能变得日益重要。

　　本书在编写过程中,通过对企业人员、在职学生的访谈,调研了人力资源、营销、制造、商务等多个体系的相关岗位的通用能力要求,发现沟通不畅是导致职场冲突和矛盾的非常重要的原因,特别是涉及跨部门、跨企业、跨地区、跨国界沟通时尤为明显。有些人由于不擅长跟各种类型的人沟通,以至于走了不少弯路,遭遇了许多次挫折。同时,我们在平时授课的过程中发现,凡是能与来自五湖四海的同学相处融洽、与老师长辈互动良好的学生,在课程学习、就业选择和感情生活等方面,一般都能够获得比较满意的结果,显著优于跨文化沟通能力较弱的学生。因此,如果学生能早一些认识到跨文化沟通的重要性,并在学生时代就培养较强的跨文化沟通能力,那么学业和职业生涯的发展可能会更加顺利。

　　本书根据职场中对跨文化沟通能力的要求,以跨文化沟通流程为主线,分为六大模块23个工作任务。在阐述跨文化沟通基本概念的基础上,系统介绍跨文化沟通前的准备、跨文化沟通中信息的发送、跨文化沟通中信息的接收与反馈、跨文化沟通中非语言的运用、跨文化沟通中冲突的处理等基本理论与基本知识,并在此基础上进行跨文化沟通模拟实战的系统训练,以全面培养学生跨文化沟通的基本技能。

本书具有较强的可读性和实用性:第一,本书每一个模块开始都有情境导入案例,以引发读者的兴趣与思考;每一个模块后面都有课后习题,以方便读者全面掌握跨文化沟通的基本知识,同时通过实践训练,掌握跨文化沟通的基本技能。第二,每一个任务在相应的跨文化沟通知识点的介绍之后,都有相应的案例解析,以帮助读者更好地运用所学知识去分析现实中的跨文化沟通问题。第三,每个模块和每个任务里都有跨文化沟通的知识链接和视野拓展版块,以帮助读者更全面地了解不同国家、不同地区、不同企业的文化特征以及相应的沟通特点。

本书由厦门城市职业学院林丽钦老师(负责第一章、第三章、第四章和第六章的编写)和徐媛媛老师(负责第二章和第五章的编写)担任主编。本书在编写过程中得到了厦门城市职业学院校长唐宁先生和鹭燕医药股份有限公司副总经理刘喜才先生的支持,他们对本书的编写提出许多十分中肯的建议;厦门海翼集团有限公司董莹经理为本书第三章和第四章的编写提供了大量丰富的素材;厦门大学何燕珍副教授,厦门城市职业学院苏颖宏教授、郑彦副教授和杜迎洁副教授对本书内容也提出了非常宝贵的意见。在此表示衷心感谢。

本书可作为本科和高职高专院校教材使用,也可供职场人士阅读。由于编者水平有限,书中难免存在疏漏不当之处,敬请读者批评指正。

编者
2021年7月

目 录
CONTENTS

模块一 | **跨文化沟通概述** ········· 1
    任务1　跨文化沟通的现象 ········· 2
    任务2　跨文化沟通的原则 ········· 12
    任务3　跨文化沟通信息的传递过程 ········· 17
    任务4　职场中常见的跨文化沟通障碍 ········· 21
    要点回顾 ········· 28
    视野拓展 ········· 29
    课后习题 ········· 32
    实践训练 ········· 35

模块二 | **跨文化沟通前的准备** ········· 36
    任务1　明确各种沟通的目标 ········· 37
    任务2　了解沟通对象 ········· 45
    任务3　选择合适的沟通方式 ········· 51
    任务4　准备良好的沟通环境 ········· 61
    任务5　拟订沟通计划表 ········· 65
    要点回顾 ········· 71
    视野拓展 ········· 72
    课后习题 ········· 74
    实践训练 ········· 79

模块三 跨文化沟通中信息的发送 ·· 82
- 任务1 分析沟通对象 ·· 83
- 任务2 确定沟通主体策略 ·· 86
- 任务3 编辑沟通信息 ·· 90
- 任务4 选择沟通渠道 ··· 100
- 要点回顾 ·· 106
- 视野拓展 ·· 106
- 课后习题 ·· 110
- 实践训练 ·· 114

模块四 跨文化沟通中信息的接收与反馈 ··· 115
- 任务1 接收信息 ··· 116
- 任务2 理解信息 ··· 126
- 任务3 反馈信息 ··· 140
- 要点回顾 ·· 147
- 视野拓展 ·· 148
- 课后习题 ·· 151
- 实践训练 ·· 156

模块五 跨文化沟通中非语言的运用 ·· 157
- 任务1 非语言沟通的特点 ·· 158
- 任务2 非语言沟通的类型 ·· 167
- 任务3 非语言沟通的方法 ·· 174
- 要点回顾 ·· 180
- 视野拓展 ·· 181
- 课后习题 ·· 183
- 实践训练 ·· 187

模块六 跨文化沟通中冲突的处理 ··· 189
 任务1 确认冲突的发生 ·· 190
 任务2 评估冲突的当事人 ·· 196
 任务3 分析冲突的原因 ·· 203
 任务4 采用合适的冲突处理策略 ·· 212
 要点回顾 ·· 219
 视野拓展 ·· 220
 课后习题 ·· 221
 实践训练 ·· 227

参考文献 ·· 229

◆ 模块一 ◆
跨文化沟通概述

模块内容

- 任务1　跨文化沟通的现象
- 任务2　跨文化沟通的原则
- 任务3　跨文化沟通信息的传递过程
- 任务4　职场中常见的跨文化沟通障碍

知识目标

通过本模块的学习,你可以获得以下知识:

- 文化对沟通的影响;
- 跨文化沟通的概念;
- 跨文化沟通的类型;
- 跨文化沟通的原则;
- 跨文化沟通信息的传递过程;
- 常见的跨文化沟通障碍。

能力目标

完成本模块学习任务后,你应当能:

- 了解文化的特点和文化差异对沟通的影响;
- 把握职场中跨文化沟通的现象,理解跨文化沟通的概念;
- 熟悉跨文化沟通信息的传递过程,掌握跨文化沟通的原则;
- 了解跨文化沟通的类型和跨文化沟通障碍。

学习情境导入

秀才买柴

一个秀才去买柴,他对卖柴的人说:"荷薪者过来。"卖柴的人听不懂"荷薪者"(担柴的人)三个字,但是听得懂"过来"两个字,于是把柴担到秀才前面。秀才问他:"其价如何?"卖柴的人听不太懂这句话,但是听得懂"价"这个字,于是就告诉秀才价钱。秀才接着说:"外实而内虚,烟多而焰少,请损之。"(你的木柴外表是干的,里头却是湿的,燃烧起来,会浓烟多而火焰小,请减些价钱吧)卖柴的人因为听不懂秀才的话,担着柴就走了。

课前学习思考

1.故事中的买卖为何失败?
2.什么是跨文化沟通?哪些情境下会发生跨文化沟通?

任务1 跨文化沟通的现象

知识学习

一、文化的概念

(一)文化的含义

由于文化是一个包罗万象的概念,不同的专家学者对文化的理解和定义是不同的。文化既包括比较抽象的意识形态、信仰、价值观、图腾等内在文化,同时也包括习俗、行为准则、制度、组织机构、建筑、衣饰等外显文化,甚至包括特定的行为,比如握手、鞠躬、拥抱等。《辞海》中是这样描述"文化"的:从广义上讲,文化是指人类社会历史实践过程中所创造的物质财富和精神财富的总和;从狭义上讲,文化是指社会意识形态,以及与之相适应的制度和组织机构。文化学者爱德华·T.霍尔认为:"文化是为某一文化环境的成员所共有的那些深刻的、普通的、未被陈述的经验,他们在沟通时并没有意识到这些经验的存在,但这些经验却构成了他们判断其他事物时的背景。"霍夫斯泰德将文化比喻成人的"心理程序",并指出文化会影响人们关注什么、如何行动及如何判断人和事物。

(二)文化的特点

不管人们对文化是如何定义的,文化通常具有以下特点:

1.文化是人类创造的

文化是在人类进化过程中衍生出来或创造出来的。自然存在物不是文化,只有经过人的加工修饰、利用改造,它们才成为文化。

2.文化是后天习得的

文化并不是天生就有的,而是后天习得的,是可以通过载体传递的。文化不是人与生俱来的本能,而是人经过学习得到的知识和经验,先天性的行为方式不属于文化范畴。

3.文化是群体共享的

文化是为群体所共享的,人们从自己身边的人身上学习文化,他们对于什么事情是重要的、什么是真正值得尊重的,有着一致的看法,他们不必把认为必需和重要的事情讲出来，也会达成观念上的默契。同一文化环境中的人们共享该文化的各种符号，最明显的一套文化符号就是语言。

4.文化影响人的价值观、态度和行为

价值观告诉人们怎样去判断事物的价值，它隐含着一种相对的价值等级观念，引导着人们对事情的优先次序的判断。价值观或事情的重要次序在不同的文化中各不相同，例如，某一文化可能非常重视诚信，而对于付出最少努力的行为却评价很低；某一公司将按时提交报告看得很重要，而另一公司却认为保持良好的上下级关系很重要。人们对事物的重要性（价值）的看法不同，对它的态度也随之不同，所表现出的行为也就有差异，文化取向决定了人们在社会活动中的行为。因此，我们一旦了解了对方的文化，就可以比较有把握地推测出对方在特定的情况下将作出怎样的反应，就可以与对方进行更有效的沟通。

5.文化具有动态性和变迁性

文化是一个连续不断的动态发展过程，具有不断变迁的特性。经济和科技的发展是导致文化变迁的动因。社会组织中的重大变化大多随着经济的变化而发生，比如中国经济的发展正在引起家庭结构的转变，越来越多的新婚夫妇选择自立门户而不是与父母共同居住。科学技术已经改变了人际沟通的方式和消费模式，手机和电子邮件使人们沟通更便利，网上购物正在替代传统的销售渠道。

二、沟通的概念

沟通是人与人之间、人与群体之间通过语言和非语言方式进行信息、思想与感情的传递和反馈的过程。沟通是人类社会的基本特征和活动之一，没有沟通，就不可能形成组织和人类社会。沟通是人与人之间进行信息交流的必要手段，每一个人都离不开沟通。在工作中，人们需要与上司、同事、下属和客户进行沟通；在生活中，人们需要与父母、孩子、爱人、亲戚和朋友沟通。从沟通的定义可以看出，沟通包括三个方面的含义：

（一）沟通包含了信息的传递

如果信息或想法没有传达给接受者，则意味着沟通没有发生。比如，说话没有听众，作品没有读者，就不能达成沟通。

（二）沟通包括对信息的理解

要使沟通成功，信息不仅要传递出去，还需要被理解。经常有人认为只要告知对方了，就是已经和对方沟通了，就完成了沟通任务，至于对方是否理解了意思，产生怎样的结果，都与自己无关。这就导致了生活、学习和工作中事与愿违的事情时有发生，与此相关的抱怨随处可见。沟通并非单向的，而是双向的，只有当对方正确理解了信息的含义时，才是真正意义上的沟通。

(三) 沟通还包含双方之间情感的交流

沟通除了语言的交流还有非语言的交流，情感交流能够加深沟通双方之间的信任，拉近双方之间的距离，加强双方之间的相互理解和尊重，消除冲突，消除情感上的误解和隔阂。

三、跨文化沟通的概念

(一) 跨文化沟通的含义

跨文化沟通是指不同文化背景的人们互相传递信息、交流知识和理解情感的过程。地域、民族、企业、部门、年龄与性别等因素不同均可能导致文化差异，因此跨文化沟通可能发生在国际间，也可能发生在不同文化群体之间。跨文化沟通与一般的沟通有所不同，沟通对象拥有不同的文化背景，这种文化背景的差异会导致沟通方式、过程、结果的差异。因此，猜忌、误解、迷惑甚至敌意等问题在跨文化沟通中经常出现。例如，逢年过节时，中国人喜欢发手机短信问候，如果你认为美国人也喜欢，那就大错特错了。绝大多数的美国人认为，只有手写的便笺、卡片或小礼物才是表达关心和增进感情的最佳方式，用电子邮件或手机短信等方式向别人表示问候，是一种非常失礼的行为。一个成功的跨文化沟通者，不但要拥有足够的沟通知识和技巧，更重要的是要对不同文化的特征、不同文化背景下人的心理有全面的了解。

(二) 跨文化沟通的特点

跨文化沟通相比同文化内部成员的沟通具有更大的难度和挑战性，除具备一般沟通的特征之外，跨文化沟通还具有以下三个特点。

1. 文化对接难度大

跨文化沟通最大的障碍，往往就是双方之间的共同点少，不知道对方是否也了解我们文化中习以为常的知识、信念和假定。由于生活和工作在不同的文化背景中，人们在意识形态、生活经历和工作方式上都有着很大的差别，在很多话题上可能都会有不同的看法，因此不断地寻找双方之间的共同点，是跨文化沟通的第一大特色。从心理学的角度讲，人与人之间一旦产生某种认同，就会在心理上产生"自己人"的效应，这种"自己人"的效应就容易消除沟通中的隔阂。寻求共同点的方向有三种：

第一，寻求过去经历中的共同点。比如说共同的学习经历，来自相同的地区，去过相同的地方，共同的业余爱好、兴趣，共同的审美观点等。回忆和寻求双方以往经历中的共同点，可以增进彼此的亲近感，从而淡化文化上的陌生感。

第二，寻求现实交往中的共同点。比如说共同的现实利益、共同的责任和目标等。在寻找到这些共同点之后，双方就会自然而然地产生一种顾全大局的心态，也就是一种求同存异的心理需求。在这种感觉和要求的作用下，双方的冲突意识就会淡化，沟通的欲望也因此增强。

第三，寻求未来关系中的共同点。比如说未来共同的命运、共同的合作关系、共同的前途等,这些更容易使沟通双方产生一种宽广的胸怀和视野,从而主动寻找消除差异和歧义的动机及方法。

2.沟通成本高

跨文化沟通的效果依赖于双方之间的互动程度,即沟通双方对彼此的思想、感情和行为的敏感程度,这是一个高智商、高投入、高情感的智力过程。由于文化之间的差异,跨文化沟通过程对双方的心理素质、智力素质和感情素质的要求都很高,这就需要双方具有更强烈的投入感。跨文化沟通的成本高于一般沟通,跨文化沟通是在两种不同的文化间进行沟通,克服文化的障碍将会耗去更多的物资、使用更多的手段和方法、耗费更多的时间、进行更频繁的双向沟通,在沟通中要花费更多的精力去理解文化差异,处理文化矛盾和冲突,沟通的失败会导致投入变成泡影,因此跨文化沟通的成本比一般沟通的成本要高得多。

3.沟通容易中断

由于缺少共同点,跨文化沟通不像拥有同样文化背景人们之间的沟通那样顺畅,跨文化沟通中人们最常有的感觉就是双方之间无话可说,而这种"无话可说"的焦虑往往反过来增加自己的心理负担,从而影响沟通质量。跨文化的沟通对于任何一方来说,不是对自己文化的巩固,而是双方都引进对方的某些文化因子,使自己的文化观点发生某种程度的变化。

四、文化差异对沟通的影响

文化差异是指不同文化之间的差别,当它们相遇时会产生冲击、竞争及失落等反应。国界、种族群体、民族、社会阶层、性别、年龄、家庭、语言、文学修养、教育程度、职业、组织等不同,均可能产生文化差异。

文化差异主要体现在以下三个范畴:第一个是语言范畴,主要是指语言内涵上的差异;第二个是个人范畴,包括世界观、价值观、宗教信仰、文化心理、思维方式等方面的差异;第三个是社会范畴,包括阶层、民族、风俗习惯、饮食文化、行为等方面的差异。

文化差异会对沟通产生很大的影响。进行跨文化沟通时,根据对对方文化的了解程度,可能会出现三种情况:完全陌生、有一定了解但过于简单和比较全面的理解。在这三种情况下,文化差异影响沟通的方式是不同的,分别表现为文化迁移、文化定势和逆文化迁移。

(一)文化迁移

文化迁移是指在跨文化沟通中,人们下意识地用自己的文化标准和价值观念来指导自己的言行和思想,并以此为标准来评判他人的言行和思想,即"以己度人"。发生文化迁移的主要原因在于对文化差异的不了解,在这种情况下,文化迁移是一种无意识的行为。文化迁移也可能是有意识的,这主要是由于文化中心主义。例如,美国的迪士尼乐园在法国建设与运营过程中,不顾法国当地的实际情况,不重视法国员工的合理意见,过于迷信美方的管理制度与经验,最终导致投资失败。了解不同文化及价值观念的差异是消除文化迁移的必要前提。只有了解不同民族、不同国家、不同组织、不同企业的文化习俗、信仰、价值观及它们的内涵,才能真正完成思想感情的交流。

(二)文化定势

文化定势指的是人们对另一群体成员所持有的简单化看法。文化定势可能由于过度泛化而导致,即断言群体中的每一成员都具有整个群体的文化特征,也可能由于忽视文化具有动态性和变迁性而引起。例如,以前许多学者认为中国人崇尚谦虚,喜欢否定别人对自己的称赞来显示自己谦逊的一面,但现在中国人在这方面已经发生了很大的变化;在外企中,有的外方管理者看到个别中方员工工作效率不高、工作不认真,就盲目地认为所有的中国员工都缺乏责任感、工作效率低下,因而主张在企业管理中采用 X 理论,强调制定严厉的规章制度来监督管理员工,结果效果不佳。由于每个人信息处理能力的有限性,文化定势可以帮助不同文化的人们相互了解彼此的差异,但如果对文化差异过分概括或标签化,可能会人为地制造屏障,使人们的认识局限于一个或两个突显的维度,从而对客观存在的差异浑然不觉,进而妨碍文化间的交流和理解。

(三)逆文化迁移

逆文化迁移与文化迁移很相似,不过以反向的形式出现。如果沟通中双方对对方的文化都一无所知,就会发生文化迁移。但是,如果双方都对对方的文化很了解,同时都放弃了自己的立场,而采取对方的立场,这时逆文化迁移现象就发生了,双方之间的沟通出现了新的不一致。例如,一位中国教授到外教家里做客,进门以后,外教问教授是否要喝点什么,教授并不渴,回答说不用了。外教又一次要教授喝点什么,教授又一次地谢绝了。外教说:"我知道你们中国人的习惯,你们说'不'的时候是希望对方能够再一次提出来。没关系,喝吧!"教授回答说:"我也知道你们美国人的习惯,当你们说'不'的时候,就代表直接拒绝了,我是按照你们的方式回答的。"

五、职场中常见的跨文化沟通现象

密切的跨文化沟通是当今职场的一个重要特征。随着经济全球化进程的加速以及国内人员流动的日益频繁,劳动力文化背景多元化的趋势日益明显,不同文化背景人员的往来与日俱增,跨文化交流变得日益重要。在企事业单位的跨文化沟通中,人们对现象、事物和行为的解释都是建立在各自文化背景的基础上。文化差异的存在,会引起双方之间的文化冲突,具体表现在价值观的不同、思维模式的不同和行为规则的不同。这些问题反映在职场上的时候,沟通往往就会出现问题。职场中常见的跨文化沟通主要表现在:

(一)跨国文化沟通

随着经济全球化的推进、跨国公司的繁荣和国际贸易的发展,经济生活中的跨国文化沟通已成为必要。与一般的沟通相比,跨国文化沟通难度更大、技巧性更强,因为它涉及语言、习俗、历史等文化差异和文化理解问题。沟通不当,轻则导致沟通无效、闹笑话,重则导致误解或关系恶化。比如,与美国人首次见面可称"先生""夫人""女士""小姐"之类,认识之后一般就可直呼其名,也不管其地位、职称、年龄的高低,有的美国人还会主动要求你用昵称。如果我们忽略美国的文化,而套用国内的"王总""李主任""老张"之类的称呼,美国人可能会认为你不愿意同他建立友谊。

(二)跨民族文化沟通

中国是一个多民族的国家,不同民族的习俗、礼仪、语言、饮食习惯、禁忌等的差异较大。贴面问候是维吾尔族女性之间经常使用的打招呼方式,但汉族女性会对此感到十分别扭,不太能接受这种过于亲密的接触。在与不同民族的同事或客户交往时,要了解和尊重对方的文化,尽量避免触碰民族的禁忌。再如,汉语的一些发音或文字,与其他民族的某些词语的发音或文字相同,但其意思却是相差甚远。如,"尼玛"这个词在汉语中是"你妈"的谐音,在网络语言中算是骂人的话,但"尼玛"在藏语中却是一个人的名字。类似这样的事情就会造成误解以及矛盾。

(三)跨地区文化沟通

跨文化沟通是指不同文化背景的人们进行的沟通活动,无论是国与国之间,还是同一国家内部的不同地区的人员之间,都存在跨文化沟通的问题。因此,我国不同地区或不同省份的人员之间所形成的沟通也属于跨文化沟通。现今多数企业内的员工都来自不同的地区或省份,他们之间的价值观、信念、人生态度、工作理念、社会阅历都可能存在很大的差异,在沟通时会因此产生各种不同的障碍,这种群体间的差异是我国本土企业需要实施跨文化管理沟通的另一个重要原因。

(四)跨组织文化沟通

组织文化是指一个组织由其价值观、信念、仪式、符号、处事方式等组成的其特有的文化形象。不同的组织具有不同的文化,组织文化会深刻影响组织内部成员的思想、行为、沟通方式等各个方面。不同组织文化在创新与冒险、注意细节、结果导向、人际导向、团队精神、进取心和稳定性等方面具有不同的特征。比如,俱乐部型组织文化非常重视适应、忠诚度和承诺,在俱乐部型组织中,资历是关键因素,年龄和经验都至关重要;而棒球队型组织文化鼓励冒险和革新。

(五)异性之间沟通

随着社会人口结构的不断变化,越来越多的女性进入劳动力市场,成为劳动力储备的重要来源。男女性思维方式存在较大的差异,男性的思维是线型的,女性的思维是发散式的。这种思维上的差异,会导致男性和女性的处事方法和生活习惯有很大的不同,也会对彼此的沟通造成一定的障碍。比如,在谈话方式上,女性相较男性更注重气氛的营造,而男性则重视语言上的表达。在谈话中,女性更注重双方情感的交流,而男性更注重谈话的内容。

知识链接

东西方企业文化的比较

企业文化是社会文化的有机组成部分,它的产生、发展、演变,都与社会文化及其他文化,诸如民族文化、社区文化等有密切的联系。东西方在企业文化建设上的共同点是以人为本、以市场为导向、以承担社会责任为宗旨,都具有很强的民族特征。但是,由于各自的历史发展与文化背景不同,东西方在企业文化建设方面也具有不同的特点。

以中国和日本为代表的东方企业文化具有以下特点:求同心理,强调集权式管理;企业社会化,强调企业的社会责任;人本管理,重视人的精神作用;情感伦理突出,倡导在组织内形成一种温馨和谐的家庭气氛;政治管理,政治制度与经济制度相混同,强调组织的整体控制能力;仁和哲学,善于用含糊与微妙的管理艺术,淡化组织冲突。

而以美国为代表的西方企业文化则强调科学性和明确性,讲究效率,重视质量、技术等物质要素,具有创新和进取精神,英雄主义与个人主义突出,在管理上规则意识强,制度建设很完善。

从上述分析,我们可以看出,东西方企业文化的主要差异有以下三方面的不同:

一是对待人与自然关系的态度不同。东方文化特别是中国文化从伦理和人生态度上主张"天人合一",强调人应顺应自然、听天命,与自然和谐相处;而西方文化认为人与自然间存在一种外在关系,不过这一关系是从比较强的认知和实践向度上来说的,即将自然视为一种外在的认知对象(认识自然,科学)和实践对象(改造自然,技术)。

二是对待个人与团体的关系不同。东方文化是以"情感"为纽带的"家本位"文化,提倡集体主义和团队协作,鼓励群体发展与团结进取,人与人之间以"仁、义、礼、智、信"为道德规范,以"和气生财"与"家和万事兴"(这里的家是广义的,指大家、厂家或企业与社会组织等)为基本要求,以"情感、道义、责任、纪律"为社会约束,形成了伦理、等级分明的工作关系,这种关系互补效应好,整合功能强,有利于企业综合功能的发挥。西方文化鼓励冒险和个人奋斗,提倡竞争、创新和追求卓越,认为人是宇宙的中心,"世界一切皆备于我"。人不应该贬低和轻视自己,而应当努力奋斗,追求自身的价值与幸福。

三是经营思想与管理方式不同。东方人善于按照"天人合一"的模式进行思维,几千年的文化传统使人们难以割断历史的脐带,习惯把人与自然的关系统一起来考虑,不违背最基本的价值准则。在这种思维模式下建立的企业文化,以情感管理为纽带,寄情于理,移情于法,考虑"后果",注重效果,侧重于人的作用与价值实现,把员工的价值准则与企业目标结合起来,使员工把企业目标看成是自己的行为准则,实施自我管理,实现自我超越。但这种管理文化忽略了制度效应和规则意识,往往以情义代替理性,以伦理关系取代制度规范,人际关系复杂,理性精神不足,若管理不当,则会增加协调成本,降低企业凝聚力。

西方文化以理性思维为主,习惯先行动后思索,其思维特质是由它善于进行实证分析与勇于开拓、不断进取的逻辑思维特点决定的。在这种科学的逻辑思维方式下,企业管理依靠法规、条例,以精确、量化与制度防范为特征,强调规则、秩序与逻辑程序,严格按照规则办事,追求制度效益,在方法上具体表现为条例管理、效率管理、例外管理、分层管理和逻辑管理,充分反映了科学主义的管理原则和要求。美国式西方管理为人类管理发展史提供了科学管理的全部内容——行为科学中属于"独立人"方面的全部内容,现代管理系统中的计算机、数学模型、新科学管理方法的大部分内容,创新了管理的全部内容。

(资料来源:任志侬.东西方企业文化的比较[N].中国邮政报,2014-10-18(003).)

东西方典型国家和地区的企业文化和管理特点

一、美国

美国是一个多民族的移民国家,这决定了美国民族文化的个人主义特点。

美国的企业文化以个人主义为核心,但这种个人主义不是一般概念上的自私,而是强调个人的独立性、能动性、个性和个人成就。在这种个人主义思想的支配下,美国的企业管理以个人的能动主义为基础,鼓励职工个人奋斗,实行个人负责、个人决策。因此,在美国企业中个人英雄主义比较突出,许多企业常常把企业的创业者或对企业作出巨大贡献的个人推崇为英雄。企业对职工的评价也是基于能力主义原则,加薪和提职也只看能力和工作业绩,不考虑年龄、资历和学历等因素。以个人主义为特点的企业文化缺乏共同的价值观念,企业的价值目标和个人的价值目标往往是不一致的,企业以严密的组织结构、严格的规章制度来管理员工,以追求企业目标的实现。职工仅把企业看成是实现个人目标和自我价值的场所和手段。

美国的企业注重创新和发展。他们的观念是:新的、以前没有的东西就是有价值的。但美国的企业也不是没有缺点,有时他们会忽视一些不重要的细节,容易造成较大的损失。美国人办事时自信心很强,同时也高傲自大。在美国的企业工作,员工的自信心会得到培养。

二、欧洲国家

欧洲文化是受基督教影响的,基督教给欧洲提供了理想中"道德楷模"的标准。基督教信仰上帝,认为上帝是仁慈的,上帝要求人与人之间应该互爱。受这一观念的影响,欧洲文化崇尚个人的价值观,强调个人高层次的需求。欧洲人还注重理性和科学,强调逻辑推理和理性的分析。

虽然欧洲企业文化的精神基础是相同的,但由于各个国家民族文化的不同,欧洲各个国家的企业文化也存在着差别。英国人由于文化背景的原因,世袭观念强,一直把地主贵族视为社会的上层,企业经营者处于较低的社会等级。因此,英国企业家的价值观念比较讲究社会地位和等级差异,不是用优异的管理业绩来证明自己的社会价值,而是千方百计地使自己加入上层社会,因此在企业经营中墨守成规,冒险精神差。

法国最突出的特点是民族主义,法国人的企业管理表现出封闭守旧的特点。

意大利崇尚自由,以自我为中心,所以在企业管理上显得组织纪律差,企业组织的结构化程度低。但由于意大利绝大多数的企业属于中小企业,组织松散对企业的影响并不突出。

德国人的官僚意识比较强,组织纪律性强,而且勤奋刻苦。因此,德国的企业管理中,决策机构庞大,决策集体化,保证工人参加管理,往往要花较多的时间进行重要论证,但决策质量高。企业执行层划分严格,各部门只有一个主管,不设副职。职工参与企业管理广泛而正规,许多法律都保障了职工参与企业管理的权利。职工参与企业管理主要是通过参加企业监事会和董事会来实现。《职工参与管理法》规定,20000 人以上的企业,监事会成员 20 名,劳资代表各占一半,劳方的 10 名代表中,企业内推举 7 人,企业外推举 3 人;10000~20000 人的企业中,监事会成员 16 人,劳方代表 8 人,其中企业内推举 6 人,企业外推举 2 人,10000 人以下的企业,监事会成员中的劳资代表均各占一半。

三、日本

日本是一个单民族的国家,社会结构长期稳定统一,思想观念具有很强的共同性。同时,日本民族受中国儒家伦理思想的影响,侧重"和""信""诚"等伦理观念,因此日本高度重视人际关系的处理。这些因素决定了日本企业文化以和亲一致的团队精神为特点。"和"是日本企业运用到管理中的哲学观念,是企业行动的指南。

以团队精神为特点的日本企业文化,使企业上下一致地维护和谐,互相谦让,强调合作,反对个人主义和内部竞争。企业是一个利益共同体,共同的价值观念使企业目标和个人目标具有一致性。企业像一个家庭一样,成员和睦相处,上级关心下级,权利和责任划分并不那么明确,实行集体决策,职工取得一致意见后才作出决定,一旦出了问题不归咎个人,而是职工各自多做自我批评。企业对职工实行终身雇佣、年功序列工资制。

日本是一个单一民族的岛国,但并不封闭守旧,且革新精神强,大量吸收西方文化中重视科学技术和理性管理等文化,并与传统文化结合起来,形成巨大的生产力。

四、中国

企业文化源于社会思潮,要探究中国企业文化的特点,首先就得弄明白中国社会思潮的变迁。随着改革开放后西方思想的涌入,曾一度出现推崇西方思想文化的狂潮,以享用西方饮食为时尚,以穿戴西方品牌衣帽为骄傲。但由于儒家思想根深蒂固,国民在西方思想的冲撞下出现了双重标准的行事方式。比如有的人在社会地位比自己低的人前积极倡导自由平等的思想,在社会地位比自己高的人面前又遵循上尊下卑的儒家思想;自己人脉缺乏时要求别人公平竞争,自己人脉丰富时又信奉关系哲学;有些员工要求企业管理者治理企业要"法治",等到自己管理企业时又极力推行儒家的"人治",等等。这些都是儒家思想和西方思想并存所造成的思想混乱。受此影响,中国的企业文化时至今日依然处于一种混沌朦胧的状态而没有沉淀成自身特色,有的甚至连什么是企业文化都没有搞清楚就移花接木地迅速嫁接没有中国企业特色的西方企业文化。

针对西方管理学、企业文化等思想理论缺乏中国企业特色而在实践中出现的失败结局,中国的管理学界开始反思,逐渐在璀璨的中华文化中积极寻觅符合中国实际的企业文化建设思想,并出现了以论权者谋为代表的一大批管理学理论和企业文化建设理论,逐渐迎来了中国企业管理和企业文化建设的正常回归,中国部分企业培育出了能彰显仁爱包容、贵和尚中、求真务实等具有中华文明特色的企业文化。

(资料来源:张洋.不同国家的企业文化模式与管理特点[EB/OL].(2011-05-06)[2016-01-10].http://roll.sohu.com/20110506/n306897498.shtml.)

案例解析

未能及时提交工作报告

东京某公司的一个日本雇员没有按照上司的要求写完报告并在最后期限到来之前交给上司,具体情况是这样的:由于和妻子闹别扭,晚上他和公司同事一起喝酒,很晚才回家。酒后醒来,他头昏脑涨,所以无法集中思写报告。他找到上司并把这一切都作了解释。在日本,员工酗酒和家庭矛盾都不是令人羞愧的事,所以他的上司接受了他的解释,并对他的困境表示出慈父般的关怀。在接下来的几周,这位上司很可能会好言相劝,热心询问他的家庭情况。

然而,如果这一幕发生在美国,商务人士通常会认为,如果雇员解释说是因为喝了太多的酒(不管是不是为了借酒浇愁来逃避家庭问题)而没有完成报告,那么他很可能会陷入双重麻烦,一是因酗酒而受到上司的批评,二是因没有按时完成报告而受到上司的责备。

一般来说,在美国,上司会告诫这样的雇员要学会自控,并寻求帮助,否则就会因雇员未能履行工作职责而导致令人不快的后果。在美国,雇员也会遇到因喝酒过度导致身体极度衰弱而无法工作的情况,此时,他们往往会找其他一些理由来解释自己为什么没能如期写完报告。他们可能会对上司说自己病了,在家休息。

由此可见,在日本和美国,雇员和上司对待同样事情的反应完全不同;在工作中上司应扮演的角色的态度是不一样的;上司对于下属的处境的态度也是不同的。

所有这些差异都可以归结为一个根本的差异：对按时提交报告这件事情的重要性的价值判断不同。在日本，超过工作报告提交最后期限可能不像保持上司与下属之间的良好关系那么重要，因为这种关系是家长式的关系或庇护式的关系。但是，在美国，雇员按计划完成工作被视作负责任的表现，这说明员工认同公司的目标，为取得成就而奋斗，并把组织追求绩效的目标置于个人的事情之上。

（资料来源：[美]琳达·比默，艾里斯·瓦尔纳.跨文化沟通[M].孙劲悦，译.大连：东北财经大学出版社，2011：11-12.）

概念·要点

文化是一个包罗万象的概念，既包括比较抽象的意识形态、信仰、价值观、图腾等内在文化，同时也包括习俗、行为准则、制度、组织机构、建筑、衣饰等外显文化，甚至包括特定的行为，比如握手、鞠躬、拥抱等。沟通是人与人之间、人与群体之间通过语言和非语言方式进行信息、思想与感情的传递和反馈的过程。跨文化沟通指不同文化背景的人之间发生的沟通行为。跨文化沟通在许多情境下经常发生，在同一主流文化下的亚文化群体之间、不同国家之间、不同人种之间、不同民族之间、不同地区之间、不同企业之间、不同部门之间和异性之间进行的沟通都是跨文化沟通。

任务 2　跨文化沟通的原则

知识学习

为了实现有效的跨文化沟通，我们必须遵循一定的原则，作为跨文化沟通过程中的行动指南。由于跨文化比较容易产生冲突，因此，除了需要遵循有效沟通的一般原则如信息的完整性、简洁性、具体性、明晰性、正确性等外，跨文化沟通特别要坚持以下几个原则。

一、求同存异原则

对待文化之间的差异，我们应该采取包容和尊重的态度而不是排斥和敌视对立的态度，需要采取"求同存异"的原则。"求同"就是在跨文化沟通中要善于探寻文化的互通性，发掘不同文化存在的相近或相似的观念，并加以现代阐释，形成相互间的认同，从而建立一种互补互存的和谐关系。"存异"就是承认并正视文化差异，对异己文化的了解和认识不带偏见，既不拿异己文化的价值尺度来衡量自己的文化，也不拿自己文化的价值尺度去衡量异己文化。

在跨文化沟通中，"求同存异"的原则是最基本的原则。在跨文化沟通中产生失误的根源主要是沟通双方没有取得文化认同。文化认同是人类对于文化的倾向共识与认可，是人类对自然认知的升华，是支配人类行为的思想准则和价值取向。在跨文化沟通中文化认同是相互的，人类需要这种相互的文化认同，以便跨越文化交流的重重障碍。

二、礼貌原则

跨文化沟通会成功，也可能会失败，其中潜在的障碍有很多。由于沟通是一种能造成一定后果的行动，所以在跨文化沟通中，我们一定要一再自问我们的行为是否会伤害对方。在这样的前提下，礼貌原则成为一个重要的、可以改善跨文化交际的基本指导原则。美国语言哲学家格莱斯在1967年提出了"合作原则"。他把说话者和听话者在会话中共同遵守的原则概括为量的准则、质的准则、关系准则和方式准则。20世纪80年代，英国语言学家利奇在格莱斯"合作原则"的基础上，提出了著名的"礼貌原则"，其核心内容为：尽量使自己吃亏，而使别人获利，以取得对方的好感，从而使沟通顺利进行，并使自己从中获得更大的利益。

"礼貌原则"和"合作原则"相辅相成地被运用于人们的日常沟通中，广泛地运用于语言的使用，是人们在会话中尽力遵守和坚持的策略。礼貌既是一种普遍现象，为社会各群体所共有，又是一种个性化的沟通原则，受制于不同语言群体的不同文化背景。各民族都有其独特的礼貌原则或准则，各有各的讲究。不同文化背景的人相互交往，若按各自的礼貌原则行事，往往会产生误解或冲突。在跨文化沟通中，如果说话者与听话者的文化价值观有很大差异，甚至彼此完全不能接受，那么礼貌的话语可能会伤害对方，从而导致沟通失败。因此，"礼貌原则"在跨文化沟通中具有灵活性和多样性。在将来越来越多的跨文化沟通当中，我们必须注意礼貌原则的文化习俗性，处理好礼貌原则中各项准则与沟通距离之间的关系，努力达成不同文化间的认同，只有这样，才能维护和保持一定的沟通距离，以达到所期望的沟通效果。

三、"入乡随俗"原则

"入乡随俗"是一种有效的跨文化沟通策略和交际原则，中国素来有"礼仪之邦"的美誉，"入乡随俗"的交际原则反映了东方文化在交际过程中注重礼仪的特点。当我们置身于一个不同的文化环境时，我们应该按照这种文化的社会期望和社会规范扮演每个人所必须扮演的角色——按其角色去做事情、说话和交往，非如此不能取得预期的交往目的。在跨文化沟通中我们不能否认对方的习俗背景，更不能藐视对方的习俗法则，只有"入乡随俗"，懂得尊重、融入与调和，我们才能把跨文化沟通的失误概率降到最低。

"入乡随俗"是一种比较有效的跨文化沟通方法，但"入乡随俗"并不能解决所有的跨文化沟通问题。如果我们按照所置身的文化的社会期望和规范做事，久而久之，我们在这样的交际过程中将逐渐丢失自我文化认同。因此,"入乡随俗"存在一个"度"的问题,在多大程度上"入乡随俗",还需考虑不同文化的价值观、道德伦理和宗教信仰等问题。在跨文化沟通过程中,最理想的目标是既不丢失自己的文化,又确保交际成功进行,这就需要沟通者掌握好"随"的度,对"己文化"与"他文化"之间的差异能充分地感知、认识和运用。

四、换位思考原则

在跨文化沟通中发生习俗文化、立场等方面冲突的情况在所难免,这时应该利用多种手段进行调和与调解,才不会在彼此的经济或精神上造成无法挽回的损失。换位思考就是站在对方的角度和立场来思考问题。中国有句古话:己所不欲,勿施于人。意思是要求人在与别人相处的时候多站在对方的角度想一想,学会换位思考。跨文化沟通更是这样,更需要沟通人员多了解对方文化,设身处地地站在对方立场上考虑问题。在跨文化沟通过程中,当我们尊重、融入对方习俗、立场中去时,也会给对方留下和谐友善的良好印象,从而更容易走进对方心中,感动对方,进而对方也会尊重、融入我们的习俗、立场中。对于跨文化沟通中的冲突点,只要找到适当的、双方都可接受的方式来调解,就可以越过习俗文化差异的鸿沟,实现利益双赢,这是实现成功跨文化沟通的关键。

五、尊重对方原则

要想得到别人的尊重,首先得尊重别人。尤其是制定跨文化沟通的目标的时候,不能做出不尊重对方的决定。文化背景带有明显的群体性特征。来自某个群体的个体或群体的跨文化沟通目标如果对另一个群体中的某个个体或整体显示出不尊重的话,会带来群体间的冲突。尤其是强势群体对弱势群体。即使是强势群体中的某个个体表现出对弱势群体中的某个个体的不尊重,也会使得整个弱势群体对整个强势群体产生仇视情绪。比如,在科威特,不要拒绝生意伙伴给你的咖啡。在泰国,不要跷起二郎腿,把脚的底部对着别人;不要触摸他人的头部。在日本,只有当你的日本同事先脱掉外衣只穿衬衫工作后,你才可以这么做。在委内瑞拉,如果你在等了半小时或者更长时间后约好见面的商人仍没到场,你千万不要生气。在印度,注意一些商务礼节,比如介绍相识时要握手,但如果对方是妇女,则不在此列。和沙特阿拉伯人做生意,不要送礼物给他的妻子或孩子。在法国,要有花上大约两个小时吃午餐的思想准备。

知识链接

汉英礼貌原则对比分析

语言与文化密切相关,语言是文化的载体,同时也是文化的重要组成部分。人们在社会言语交际中,必须遵守一条原则——礼貌原则。礼貌是各社会、各群体共有的普遍现象,是人们交际活动的基本准则,是维系人际和谐的工具和手段,是实现人与人之间成功交际的基本条件,是人类文明进步的重要标志。但不同语言和文化的国度有不同的礼貌表达方式,深刻理解中西礼貌原则的差异及其渊源,有利于跨文化交际双方增进文化交流,提高跨文化交际能力,保证跨文化交际的顺利进行。

1.贬己尊人准则与谦虚准则

谦虚准则相当于汉语中贬己尊人准则的一部分,即以贬己来抬高别人,指以尽量缩小对自己的标榜为准则。然而汉英礼貌原则由于产生于不同的文化背景,所以在跨文化语言研究中,对于同样的礼貌现象会存在不同的解释和反应。

在汉语言文化中,贬己尊人准则是谦虚的核心。在谈到自己或和自己有关的事的时候要"贬"要"谦",而谈到听者或者和听者有关的事的时候就要"抬"要"尊"。"谦虚"是中国人的美德,但是中国人的"谦虚"与英国人的谦虚准则在本质上是不同的。汉语中经常听到"一点薄礼,略表心意,不成敬意""粗茶淡饭,请海涵""鄙人拙见""不敢当"等类似的客套话,真正把对自身的贬损夸大到最大程度,以此来表示礼貌。西方社会的人们馈赠礼物时,会直接表达自己精心挑选的礼物得到对方喜欢、欣赏的希望,如"I think it will be useful to you"或"I hope you'll like it"。出于礼貌,接受者会当场打开礼物表达自己的喜爱之心和感激之情。另外,中国人和西方人受到赞扬后的回应也存在很大差异。当受到称赞时,西方人会欣然接受,说"Thank you",避免损害对方的面子,符合礼貌准则。中国人受到别人赞扬时,往往是否定对方的赞美之词,贬低自己,以示自谦。如"哪里,哪里""不敢当""我做得还不够好"等。而这种答词在英美文化中却被看作是虚伪、缺乏自信的表现,会使西方人感到自己的话被直言否决而认为对方不礼貌。因此,如果按汉语思维习惯与西方人交流,则必定会造成交际失败。

2.称呼上的差异

中国人"上下有异,长幼有序"的观念在称呼上体现得淋漓尽致。使用称呼语时应考虑听话对象的职业、职务、年龄、性别、谈话场合以及同谈话人的关系等因素,如"王主任""刘老师""张经理""李医生"等。并且人们非常重视用自称和他称来体现礼貌。如他称:贵姓、高见、大作等;自称:鄙人、卑职、拙见等。而英美文化中的称谓模式主要是称谓词 Mr./Mrs./Miss/Ms.+姓,如 Bill Gates,姓为 Gates,名为 Bill,应称其为 Mr.Gates。汉语文化中所讲究的"长幼尊卑贵贱"之分在家庭内部也有充分体现。家庭成员中有叔、伯、姨、姑、兄、弟、姐、妹等表示辈分的称呼语。若直呼姓名则被认为是不礼貌的甚至是冒犯的。在崇尚平等的西方文化中无论地位和职位高低,人们更愿意直呼其名,同辈的兄弟姐妹也不例外,这体现了朋友式的亲密关系。另外,汉语的称呼中经常出现"老"字,因为"老"是经验和知识的象征。"老司机""老爷爷""赵老"等称呼体现了对年长者的尊重。这在西方是无礼的,人们无法容忍。西方人害怕"老",因为这意味着"孤独、痛苦、成为负担"。他们不愿意用"老"这个词,尤其是女性,最不愿意被问到的就是"How old are you?"

(资料来源:刘金凤,王佳棋.跨文化交际中的中西礼貌原则对比研究[J].长春师范学院学报(人文社会科学版),2009,28(11):105-107.)

案例解析

刘立平是一位刚进公司的新员工。这家公司是一个大型的跨国公司,许多工作是通过跨文化团队来完成的,3个月培训期结束后,刘立平加入了一个虚拟团队,与他一起工作的同事来自美国、英国、马来西亚等国。他们之间有明确的分工,需要独立完成自己负责的部分,但也有合作。一天,刘立平在浏览美国同事大卫已完成的部分时,发现了一个小错误,他当即进行了修改,并且做了一个注释链接在上面。他心想:"美国同事下次开会时肯定会为这件事感谢我。"

还没有等到下次网络会议见面,刘立平就收到了大卫的邮件,不是感谢信,而是抗议信,信上写道:"尽管修改过的在功能上更加完善,但我宁可不要这种完善!我无法容忍我的工作结果被别人修改!"刘立平发现这封抗议信被同时抄送给了对方的老板。

刘立平没想到自己的好心竟换来这样的结果,他感到不知如何是好。

该案例中,中国工程师和美国工程师的误会产生于不同的文化价值观。美国文化是典型的个人主义文化,大卫非常看重个人的价值和他对企业的贡献,在他看来,刘立平这种做法贬低了他的个人价值,威胁到他在公司的地位,所以才会大发雷霆。而中国文化崇尚集体主义,认为集体内部应当相互依赖,相互合作,帮助同事是理所当然的事情,没必要大惊小怪。

概念·要点

跨文化沟通过程中应遵循求同存异原则、礼貌原则、"入乡随俗"原则、换位思考原则和尊重对方原则。在跨文化沟通中,"求同存异"原则是最基本的原则。"礼貌原则"和"合作原则"相辅相成地运用于人们的日常沟通中。"入乡随俗"是一种有效的跨文化沟通策略和交际原则。"换位思考"是解决跨文化沟通冲突的有效策略。尊重对方才能得到别人的尊重。

任务3　跨文化沟通信息的传递过程

知识学习

跨文化沟通信息的传递是如何进行的？与一般的沟通一样，跨文化沟通涉及传送者与接收者、传送器与接收器、编码与解码、通道与噪声以及反馈等要素，这些要素构成了完整的跨文化沟通回路（见图1-1）。每一个要素在沟通过程中都具有举足轻重的作用，任何一个要素稍有不慎就可能导致整个沟通过程出现障碍，从而导致沟通效果欠佳。但由于文化差异的存在，当来自不同文化的人或组织之间进行沟通时，失败的可能性也会大大增加。

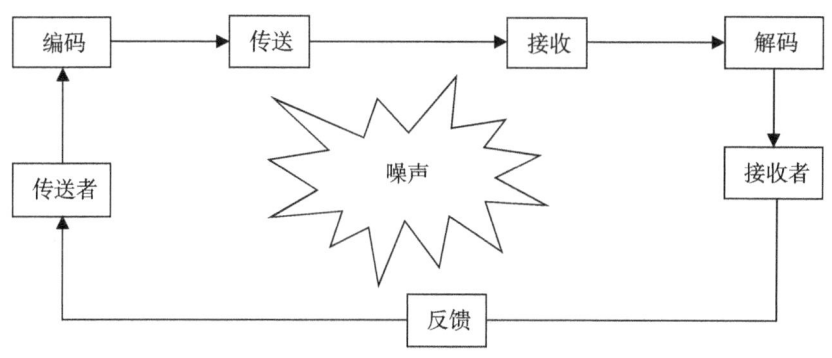

图1-1　沟通过程模式

一、传送者与接收者

跨文化沟通显然需要有两个或两个以上的不同文化背景的人参加。图1-1表示的是只有两个人参加的沟通过程。由于个人之间的信息交流往往包含人们相互间一系列的互动、沟通与交流，所以把一个人定义为传送者，而把另一个人定义为接收者，这只是相对而言的。这两种身份来回转换，取决于人们处于信息沟通模型中的哪一个位置。他们在整个沟通过程中的位置处于不断变化之中。在跨文化沟通过程中，传送者的首要功能是产生、提供用于交流的信息。传送者与接收者的特点，对于信息交流的过程有着重大影响。例如，传送者参与信息交流，一般目的明确，如表达观点、阐明情感、改变行为或强化与接收者的关系等。如果接收者对这些目的持敌对态度，那么发生曲解与误会的可能性就会很大。信息交流的目的与双方的感知、态度及价值观方面愈一致，个人之间信息交流便可能愈准确。

二、传送器与接收器

传送器与接收器仅指信息传递及接收时所使用的工具,通常是指沟通人员的感官,即视觉、听觉、触觉、嗅觉和味觉。传送是通过语言性的或非语言性的交往进行的。传送器一旦工作,则交往过程就移到传送者之外了,而且不再受他的控制。信息一经传送,犹如"覆水难收"。

三、编码与解码

编码是信息发送者把自己的思想、观点、情感等信息根据一定的规则翻译成可以传送的信号,也就是传递中信息存在的形式。编码是信息交流和跨文化沟通及交往极其关键的一环。若此环节出现脱节,整个信息交流过程会变得混乱不堪。毫无疑问,人们所拥有的语言水平、表达能力和知识结构,如产品知识与专业知识,在人们把自己的思想、观点、感情等进行编码的过程中起着至关重要的作用。

信息经过通道到达接收者的接收器。接收器不外乎是接收者的感官,即视觉、听觉、触觉、嗅觉和味觉,当然也不排斥借助于高新技术诸如计算机、电话、通信卫星、互联网等"人造器官"来强化。人们通过自己的感官输入信息并改变它们的信号形式,使之具有一定的含义。解码即接收者将收到的信号翻译成可以理解的形式,也就是接收者对信息进行理解和解释。通过一种共同语言,人们就可以把许多信息加以解码,使所传送的含义与所接收到的含义适当接近。

四、通道与噪声

通道是信息得以从传送者传递到接收者的手段或媒介物。一般常用的信息通道有语言和非语言。例如,可以面对面地交谈,也可以通过电话来传送,甚至借助于互联网等。对于某些重要的信息如产品款式、功能、价格、交货期与数量等内容,人们往往采取多种通道包括书面报告、合同形式和展示演示等,以免信息传递过程中的噪声干扰和信息"失真"。

噪声则是指通道中除了所要传递的那些信息之外的任何干扰。在跨文化沟通过程中,沟通要素产生的噪声会干扰信息的正常传递。传送者与接收者的情绪状态和环境情景,两者的个性特点、价值标准、风俗习惯、认知水平和跨文化所造成的心理落差和沟通距离,编码和解码时采用的信息符号系统的差异,都会影响信息交流的正常进行。总之,噪声作为一种干扰源,无论产生于交流过程中的哪一层次、哪一环节,无论有意或无意为之,其本身也是一种信息,只不过这种信息通常会增加信息编码和解码中的不确定性,导致信号传送和接收时的模糊与失真,进一步干扰个人之间的信息交流。一般可以借助于重复传递信息或增加信息的强度(如音量)来克服。

五、反馈

跨文化沟通模型中的最后一个要素就是反馈。反馈就是接收者对于传送者传来的信息所作出的反应。若接收者对收到的信息有什么异议或不理解,可以反馈到传送者那里,传送者再进行核实或修改。反馈可以使传送者发现信息是否被准确接收。通过反馈,跨文化沟通变成一种双向或多向的动态过程。反馈可以检验信息传递的程度、速度和质量。

从另外一个角度看,双向沟通是很有必要的。因为人们并不太愿意跟人交谈时连回答的机会都没有。如果有人试图控制整个谈话过程,你的话说到一半,他就插进来,也不管你正在说什么,这时候你会有什么感觉?以销售为例,对顾客来说,单向沟通什么也不是,只不过是销售人员自我满足的过程。事实上,人们参与讨论的程度越深,就越容易说服自己。如果销售人员提出了合适的问题并允许顾客参与讨论,那么顾客很可能会接受产品的。一旦顾客需要作出购买决定,就必须了解销售人员的语言或展示活动中所包含的信息。双向沟通使得销售人员能够展示一个商品或者一项服务的优点或者特点,并且立刻得到顾客的反应(反馈),销售人员可以进一步强化与确认顾客的需求,回答顾客的提问,消除顾客的疑点,直至最终达成交易。

知识链接

有关沟通过程的跨文化观点

人际沟通在世界各地并不是以相同的方式进行的。通过比较强调个人主义价值观的国家(如美国)与强调集体主义价值观的国家(如日本)就可发现这一点。

在美国等一些国家中,重视和强调个人,沟通风格也是个人导向的,并且直言不讳。比如,对于组织内部的协商,美国管理者习惯于使用备忘录、公告、论文以及其他正式的沟通手段表明自己的看法和观点。美国主管为了使自己获得晋升机会或使下属接受自己的决策和计划,常常保留机密信息。出于自我保护的目的,下级员工也同样会如此行动。

而在日本等重视和强调集体主义的一些国家中,人际间的相互接触相当频繁,而且更多是非正式的。与美国不同,日本管理者针对一件事首先要进行大量的口头磋商,而后才会以文件的形式总结。日本人喜欢面对面的沟通方式。另外,日本人的工作环境是开放式的,不同等级的工作人员挤在一起工作。而美国管理者则强调权力、等级和沟通的正式路线。

美国与日本的这些文化差异使得两国人员在谈判过程中经常会遇到不少困难。比如,在谈判过程中,美国人一开始就会切入正题,日本人则以建立关系为开始;美国人希望一开始就涉及数字和细节问题,日本人则从讨论通则入手;美国人倾向于直截了当、不拐弯抹角地表明他们的拒绝,而大多数日本人将其视为攻击和冒犯。

（资料来源：王绪君，刘文纲.管理学基础[M].北京：中央广播电视大学出版社，2016：205.）

案例解析

都是帽子惹的祸

某年，来自中国的商务谈判代表和其他12名不同专业的专家组成一个代表团，去美国采购约3000万美元的化工设备和技术。美方自然想方设法地想令他们满意，采取了很多方式，其中一项是在第一轮谈判后送给代表团每人一个小纪念品。纪念品的包装很讲究，是一个漂亮的红色盒子，红色代表喜气。可当代表团高兴地按照美国人的习惯当面打开盒子时，每个人的脸色却显得很不自然——里面是一顶高尔夫帽，但颜色却是绿色的。美国商人的原意是：签完合同后，大伙去打高尔夫。但他们哪里知道"戴绿帽子"是中国男人最大的忌讳。最终代表没签下合同，不是因为美国人"骂"人，而是因为他们对工作太不尽心，连中国男人忌讳"戴绿帽子"这点常识都搞不清，怎么能放心地把几千万美元的项目交给他们呢？

该案例中，美国人谈判失败不是因为他们缺乏诚意，而是由于他们不了解中国文化。风俗习惯中有一项最重要的内容是禁忌。多数国家历史上都会信仰某种宗教，甚至有些国家宗教色彩极为浓厚，宗教信仰已经渗透到国家的政治、经济、法律、教育、艺术和风俗等各领域，影响着人们的价值观、思维模式、情感取向、工作态度、婚姻家庭、穿着饮食和娱乐习惯等各方面。宗教禁忌是跨文化商务沟通中最敏感的问题，也是最应注意的方面，如不尊重就会刺激甚至伤害对方的感情。

概念·要点

跨文化沟通信息的传递过程与一般的沟通过程一样，涉及传送者与接收者、传送器与接收器、编码与解码、通道与噪声以及反馈等要素，这些要素构成了完整的跨文化沟通回路。但由于文化差异的存在，当来自不同文化的人或组织进行沟通时，失败的可能性也会大大增加。

任务 4　职场中常见的跨文化沟通障碍

知识学习

一、跨文化沟通障碍的类型

一方面,全球化趋势创造了新的沟通方式、手段和机会;另一方面,目标、语言、习惯、价值观等文化差异又使人们在职场中遇到了来自组织内部和外部的跨文化沟通障碍。

(一)组织内部的跨文化沟通障碍

1.组织成员缺乏跨文化沟通能力

跨文化沟通能力就是能够与来自不同文化背景的人们进行有效交流的能力。具备这种能力的人在不同文化背景中工作起来得心应手,游刃有余。沟通能力包括了解自己和理解对方的能力、激励他人的能力、说服能力、号召能力和团队精神。在经济全球化和劳动力多元化的背景下,人们不但要掌握沟通的技能,还要了解不同文化之间的差异。成功的跨文化沟通者应该做到在任何文化环境中都能应对自如。但由于组织中有些人不了解文化差异,有些人过于保守,消极地看待文化差异,惧怕文化冲突的影响,排斥新思想、新观念、新创意,从而导致组织成员之间沟通的不通畅。

2.组织成员结构日趋多样化

劳动力结构在民族、国籍、地区、教育背景等方面的日趋多样化增加了组织内部沟通的难度,组织成员们在语言、行为方式、生活方式、价值观念等方面都存在差异,这些差异是多元文化冲突的主要根源,在员工之间、员工与管理者之间筑起了一道沟通的屏障。

3.组织层次和部门的冗余

一些大型跨国公司规模庞大,因而组织管理层次多,信息在传递过程中被过滤的可能性增大。由于每个层级都有可能对信息进行过滤,因此所传递的信息的失真度也随之增大,组织内部的沟通就更容易出现障碍。另外有些企业在长期发展的过程中,在形成自己独特的企业文化的同时,也滋长了部门文化,部门文化之间的冲突对企业发展的影响也不容忽视。

(二)组织外部的跨文化沟通障碍

1.信息多元化

在互联网环境下,信息的来源是全球范围的,因此对信息正确解码的难度大大增加。例如有时同一信息在不同国家的含义可能不一致,有时信息来源使信息的准确性和真实性不够,等等。

2.社会文化多元化

主要指社会活动的各个方面都打上了跨文化的烙印,人们的需求、对产品和服务的偏好等,都不同程度地受到全球化进程的影响。组织必须充分考虑国家经济发展水平、社会传统、信仰、价值观等特性,以确定自己的市场战略和管理风格等。

3.组织外部沟通对象多元化

组织外部沟通的对象包括有关机构、部门、群体或个体。由于经济全球化的进程不断深入,组织之间相互依赖的程度也日趋增加。各组织之间存在着千丝万缕的联系,因而使多元文化之间的碰撞、跨文化沟通障碍的形成有了更多的可能。

二、跨文化沟通障碍形成的原因

在跨文化沟通中,经常由于双方的价值观、定型观念和偏见、语言表达和非语言表达方式、沟通风格、思维方式和商业文化类型等方面的差异,导致沟通上的障碍。

(一)价值观差异

价值观是基于人的一定的思维感官之上而作出的认知理解、判断或抉择,也就是人认定事物、辩定是非的一种思维或取向,体现出人、事、物一定的价值或作用。价值观是文化的重要内容,它既是反映民族性格的基础,也是一个民族的文化核心。价值观对人的沟通会产生深刻影响,不同文化背景的人具有不同的价值观,即使在同一文化内,人的价值观也不尽相同。不了解对方的价值观,势必造成跨文化沟通障碍。例如,在对航空公司服务品质的重要性评价上,德国人与日本人就存在很大的差异。德国乘客对飞机能否准时到达预定地点最感兴趣;而日本乘客认为飞行中的舒适与否最重要。

亚洲国家更崇尚集体主义,强调集体和社会的紧密联系,欧洲和北美等国家个人主义指数偏高,集体和社会关系较为松散,这些差别对沟通有着很大的影响。在集体主义文化中,明确且直接的沟通并不重要,间接的信息的含义通常是含蓄的、需要推断的,是通过字里行间表达出来的。即使是需要给出明确信息的时候(如解决某个问题),也会是微妙的、相当间接的或含糊其词的。其基本信念是沟通不应被仅仅用于传递内容,它应当被用于培养关系、维持和谐。在迂回式的逻辑中,由于现实被认为是复杂的,人们所用的逻辑也极少会是直线式的或因果关系型的,情况或问题都是放在某个巨大的情境中和盘托出的。因此,来自集体主义文化的沟通者可能更倾向于漫无边际地说话,或是使用隐喻式的话语。

(二)定型观念和偏见

定型观念,也叫定势思维或心理定势,是一种知觉上的错误,指人们在头脑中把形成的对某类知觉对象的形象固定下来,并对以后有关该类对象的知觉产生强烈反应的效应。定型观念的最大害处就是过分简化和类化,根据某一群体的共同特征而将其分门别类,并作为认知固定下来。诚然,在这个复杂而多变的世界里,简化和归类有助于我们对事物的总体认识,但在跨文化沟通中,定型观念往往会造成"以偏概全""坐井观天""一叶障目,不见泰山"等认知错误,并会直接导致沟通中的误解和障碍。

偏见是建立在有限的或不正确的信息来源基础之上的,在跨文化沟通中不容易避免。从客观上来说,偏见具有简化认识过程的作用,但实际上这是一种懒惰的方法,它忽略大量活生生的语言和非语言信息,只抱着虚幻的、不一定是事实的想法,以逃避由于茫然失措带来的焦虑、不安和紧张。所以,偏见也会直接或间接地影响跨文化沟通。

(三)语言表达

语言文字是人们交流、传递信息和思想的产物,也是人们进行沟通的工具。不同的文化产生不同的语言,每种语言都有自己独特的文化内涵。因此,在跨文化沟通中语言的多样性便成为造成沟通障碍的最大原因之一。语言障碍主要体现在语义和语用两个层面。

1.语义层面

企业向国际市场进军,产品商标选择至关重要,商标选择又与语义中的词汇选择关系密切。若事先与对象市场进行跨文化沟通,则可减弱甚至避免产品进入对象市场可能遭遇的文化震荡,起到事半功倍的效果。如大家熟悉的"百事可乐",其英文原名为"Pepsi-Cola",其中"Pep"的读音使人联想起饮料的泡沫气体,"Si"使人联想起开瓶时的嘶嘶声,其音调的高低、起伏让人产生美妙的联想。该产品进入中国市场时,由于公司事先进行了有效的跨文化沟通,故没有简单地将其商标直译过来,而是充分考虑了中国市场潜在消费者的文化消费心理特点后,将产品定名为"百事可乐",充分满足了中国消费者"凡事图个吉利"的文化心理特点,同时也保持了原名特点,成功地进入了中国市场。相反,国内曾经有一家生产白象牌电池的企业在进军国际市场时,虽然产品质量一流,但由于缺乏跨文化沟通,简单地将其商标"白象"译为"White Elephant",致使其产品在国际市场上无人问津。因为"White Elephant"在英文中意指大而无用的东西。企业由于缺乏跨文化知识来进行必要的跨文化沟通,导致与国际市场失之交臂,损失惨重。

2.语用层面

不同的语言有不同的语用规则,企业由于跨文化沟通障碍忽视语用规则的差异性,将产生不必要的误会和矛盾。如外方管理者看到中方职员工作努力,称赞他们"You are hardworking",但中方员工却谦虚地回答"I feel ashamed"或"You flatter me"。双方未进行文化沟通,外方管理者认为中方员工的"努力"只是做形式,实质是"磨洋工",因此对中方员工态度大变;而中方员工则对外方管理者的态度大变感到困惑、莫名其妙,甚至恶化双方关系。由此可见,与文化相关联的语言是消除跨文化沟通障碍的关键之一。在语义、语用两方面准确地理解对方语言,有利于消除企业中的跨文化沟通障碍,从而在企业内部建立良好的人际关系,提高运作效率;在企业外部积极开拓国际市场,实施全球化战略。

(四)非语言因素

除了语言层面,非语言层面也存在着沟通障碍。非语言沟通是通过形体、表情、空间、时间等非语言方式进行的沟通。非语言沟通在生活和工作中随处可见,微笑、皱眉、开会时的座次、办公室的大小、让来访客人等候的时间长短等,所有这些都在传达出高兴或愤怒、友善或距离感、权势或地位等信息。诠释这些非语言信息的含义,人们几乎完全依靠下意识的体会和揣摩,就像时时刻刻在呼吸一样。

在人们的沟通过程中,语言的使用率仅占 7%,而非语言的使用率则占到了 93%。人们大量地使用非语言沟通,然而不同文化背景的人对非语言沟通的使用偏好不同,如果双方缺乏对对方文化背景的了解,就会造成沟通障碍。例如掌心向下的招手动作,在中国主要是招呼别人过来,在美国是叫狗过来;OK 手势在美国表示"同意""顺利""很好"的意思,而在法国表示"零"或"毫无价值",在日本是表示"钱",在泰国它表示"没问题",在巴西是表示粗俗下流。在大多数国家中点头表示认同,但斯里兰卡、印度、尼泊尔等国则用摇头的方式来表示赞同、认可的意思。因此,如果双方缺乏对对方文化背景的了解,就会造成沟通障碍。如日本人认为直视他人的眼睛是一种失礼的行为,因此一般不正视别人的眼睛;而欧美人则认为,谈话时应保持眼神接触,不正视对方被认为是不友好、轻视对方、内疚、害怕、不诚实、不可信,甚至是诡诈的表现。在信息不对称、跨文化沟通障碍存在的前提下,中国员工极易对日本管理者的埋头谈话方式产生一种被轻视的感觉,而对欧美管理者直视对方的谈话方式感到紧张、不自在,由此产生沟通障碍。

(五)沟通风格不同

世界上没有两片完全相同的树叶。人们个性、文化背景、工作经历、社会地位、所处环境的不同,导致了人们不同的沟通风格。所谓沟通风格,就是人们在沟通过程中将自己展现给对方的方式,它包括自己喜欢谈论的话题,最喜欢的交往方式,如礼仪、应答方式、辩论、自我表白及沟通过程中双方希望达到的深度等。它还包括双方对同一沟通渠道的依赖程度(即靠语言、词汇还是靠身体语言),以及对相同意思的理解主要是靠信息的实际内容还是靠情感的内容等。跨文化沟通是一个双向的、互动的过程,如果相互之间的沟通风格不同,就可能带来沟通问题。如在对强烈情绪的表露方面,美国人喜欢通过交谈、辩论来发泄心中的积愤和澄清事实,而地中海地区的许多国家则倾向于使用身体语言,如用哭来表达强烈的情绪。在另外一些国家,如日本人就不喜欢向别人表露自己的情绪。

根据人们在工作与生活中的个性特征,有效沟通主要涉及构成行为的两个基本要素,即敏感性与控制性。控制性与敏感性是一个人行为中最为重要的两个因素。两者结合在一起,也就确定了人们的沟通风格。沟通风格通常包括驾驭型(driver)、表现型(expressive)、平易型(amiable)和分析型(analytical)四种,每种沟通风格的特征都不一样,人们与不同沟通风格的人沟通时所采用的策略也应有所不同。

(六)思维方式差异

思维方式是指一个人的思维习惯或思维程度。人们在自己的文化氛围中形成了具有各自特色的看待问题和认识问题的习惯方式。不同国家和民族的人们的思维方式存在很多的不同,不同的思维方式则会导致人们在问题认知和处理方法上出现差异。在跨文化的沟通和交际中,不同的思维方式使得人们在沟通方式和对问题的认知上有较大的区别,从而容易产生误会,降低组织效率。比如西方人往往讲究务实,将注意力放在细节程序和外部因素上,对原则不太感兴趣。中国人通常在朋友见面时都会客气地问:"吃饭了没?"其实这只是中国人打招呼的一句客套话,就如同"你好!"一样,但是西方人听到了却以为是要请他吃饭呢。因此,不同文化背景的人不一样的思维方式必然导致对问题的看法不一致,从而很可能导致人们之间的误会和矛盾。

(七)商业文化类型的差异

比较明显的商业文化类型有两类:生意导向型文化和关系导向型文化。生意导向型文化中的人们注重直接评价,使用坦率、直接的语言。关系导向型文化中的人们常常会采用一种间接的、微妙的迂回方式。这种交流差异是生意导向型人和关系导向型人之间产生误解的最重要的原因。因为两种文化期望通过沟通获得的结果不同,所以就会产生混乱。

在与别人交流的过程中,生意导向型的人首先考虑的是让别人能够理解他们。因此,他们常常开门见山地说明自己的意图,并且能够说到做到。例如,德国和荷兰的谈判者就以他们直率甚至生硬的语言闻名,英国、澳大利亚、新西兰、北欧和北美的国家也属于生意导向型文化。而关系导向型谈判者最先考虑的是协调、促进人际关系,因为在团队中保持和谐的人际关系非常重要。因此,关系导向型的人常常慎察言行,尽量避免冒犯他人,使他人窘困。例如,阿拉伯国家、非洲大部分国家、拉丁美洲和亚洲国家都属于这类文化。南非、中欧和东欧、智利、南巴西、北墨西哥、中国香港和新加坡等都属于适度生意导向型文化。

三、消除跨文化沟通障碍的方式

消除跨文化沟通障碍的方式,包括确立跨文化沟通的原则、制定有效的跨文化沟通战略、培养文化敏感性、学会积极倾听、正确使用语言和非语言的沟通手段、有效地解决跨文化沟通冲突等。本模块和其他模块中对跨文化沟通的原则、文化差异、倾听、语言和非语言沟通、跨文化沟通冲突等内容均进行了详细介绍,在这里仅对如何制定有效的跨文化沟通战略进行阐述。

由于跨文化沟通较之同文化背景下的人们之间的沟通来说具有更大的复杂性和艰巨性,因此在沟通之前有必要制定一个战略,以使沟通按预定的计划进行。

(1)认识沟通的客体。在沟通前深入了解即将和谁进行沟通,这些沟通对象有什么文化特点。

（2）确定沟通的目的。即为什么需要沟通，需要达到什么样的沟通效果，完成什么样的沟通目标。

（3）了解沟通的情境。所谓情境就是指双方主体进行沟通的地点和场合，不同的情境需要采取不同的沟通语言和沟通策略。

（4）选择适当的沟通方式。根据沟通对象和沟通情境，确定简单易行的有效沟通方式，如直接面谈、电话联系或商务谈判。

（5）把握沟通的时效性。即什么时候可以进行沟通，什么时候不能进行沟通，什么时候沟通的效果最佳以及沟通所需时间等。

知识链接

四种沟通风格的特征及沟通要点

一、驾驭型

具有这种沟通风格的人比较注重实效，具有非常明确的目标与个人愿望，并且不达目标誓不罢休；他们当机立断，独立而坦率，常常会根据情境的变化而改变自己的决定，他们往往以事为中心，要求沟通对象具有一定的专业水准和深度；在与人沟通时，他们精力旺盛，节奏快，说话直截了当，动作非常有力，表情严肃，但是有时过于直率而显得咄咄逼人，如果一味关注自我观点，可能会忽略他人的情感。

与这种类型的人进行沟通，首先要试探其想法，准备各种备选方案，若某个决定不合适，可以选择其他方案，投其所好，提出新点子。若直接反驳或使用结论性的语言，啰啰唆唆，这样的沟通注定是低效甚至是无效的。

二、表现型

具有这种沟通风格的人显得外向、热情、生气勃勃、魅力四射，喜欢在沟通过程中扮演主角；他们干劲十足，不断进取，总喜好与人打交道并愿意与人合作；具有丰富的想象力，对未来充满憧憬与幻想，也会用自己的热情感染他人。他们富有情趣，面部表情丰富，动作多，节奏快，幅度大，善用肢体语言传情达意，但是往往情绪波动大，易陷入情感的旋涡，可能会给自己及其顾客带来麻烦。

与这种类型的人沟通时，首先应该成为一个好观众或好听众，少说多听，热情反馈，对其表示支持与肯定，加之适度的引导。切忌将自己的观点强加给他或打断、插话，或冷漠、无动于衷，这都会影响与这种类型的人的有效沟通。

三、平易型

这种类型的人具有协作精神，支持他人，喜欢与人合作并常常助人为乐；他们富有同情心，擅长外交，对人真诚，对公司或顾客忠诚，为了搞好人际关系，不惜牺牲自己的时间与精力，珍视已拥有的东西。这种类型的人做事非常有耐心，肢体语言比较克制，面部表情单纯，但是往往愿意扮演和事佬的角色，对于销售中敏感的问题，往往会采取回避的态度。

与这种类型的人沟通,应该了解其内心的真实想法,多谈点主题内容,多提封闭式问题并以自己的观点适度影响他。与其沟通应尽可能少提开放式问题,不要过多增加自己的主观意识,同时要避免跟着此人的思路走,因为这种人不愿对一些棘手的事做出决策。

四、分析型

具有这种沟通风格的人擅长推理,一丝不苟,具有完美主义倾向,严于律己,对人挑剔,做事按部就班,严谨且循序渐进,对数据与情报的要求特别高;他们不愿抛头露面,与其与人合作,不如单枪匹马一个人干,因而他们往往在销售过程中沉默寡言,不大表露自我情感,动作小,节奏慢,面部表情单一,有时为了息事宁人,他们会采取绕道迂回的对策,反而白白错失良机。

与这种类型的人沟通时,必须拿出专业水准与其交流,因而必须表达准确且内容突出:资料齐全,逻辑性强,最好以数字或数据说明问题,以自己的专业性去帮助其作出决定。切忌流于外表的轻浮与浅薄,避免空谈或任其偏离沟通的方向与目的。

案例解析

如何组织不受欢迎的信息

管理学客座教授罗恩·凯利从圣劳伦斯大学来到中国四川,他与东道国的大学在任教的课程数目和每班的学生人数问题上意见不一致,因此去拜见他们。他首先表达了自己的谢意,感谢他们使他在中国的教学生活如此丰富多彩,他赞扬他们的工作、学生和学院,他还提到舒适的住宿条件和精美的食物,还说,从学院骑着自行车很快就可以到一处景色秀美的地方。几乎到了双方会面的最后阶段,他才说,在他眼中,"只有一件小事"有点不如意,但他相信,出于双方感觉非常满意的友好关系,他们一定会帮助他解决这个小问题。罗恩没有强求他们立即解决,而是表示,几天之后他再问一下处理结果。通过有效率的沟通,他在中国遇到的问题很快都得到了解决。

谈论麻烦的事情对任何文化背景的人来说,都不容易开口,尤其在像中国这样的高语境文化中,人们把保持和谐的关系放在优先考虑的位置,避免让人丢面子,注重维护人际关系。所以,在信函和会议中,人们常常提及过去双方之间的和睦友好关系,还会经常提到历史上两个组织、两个国家之间的友好交往。间接性是高语境文化成员就问题进行沟通的方式。而在低语境文化中,信息一般被编码成明晰的、直言不讳的词语,人们传递不受欢迎的信息时也像说服他人一样使用客观事实,假定事实是中立的、有帮助作用的、不带个人情绪的。在上述的案例中,在中国,罗恩·凯利必须学会一种完全不同的信息组织方式。若是在他自己的国家加拿大的话,他早就会礼貌地、以内行者的姿态直接说出他关心的问题。但是在中国,如同在其他高语境文化中一样,直接进入正题往往带弦外之音,感情色彩更加强烈,意味着:"你没有尽到职责;组织的信誉值得怀疑;我们之间业已存在的关系有待重新考虑。"在高语境文化中,这样的信息是非常严肃的,会损害双方的关系。在高语境文化中,直截了当地提出问题的情况也时有发生,没有什么不妥,只是这种情况不一定是低语境文化所指的那种直接方式,比如,管理者可能会以一种直接的、听起来刺耳的口气给下属下达命令:"准备好订单的货物,中午前把它们发出去。"

当一则不受欢迎的信息必须在高语境文化中传播,而仅靠语境本身又无法传播时,沟通者就很可能以间接的方式和委婉的语言来组织信息。非语言信号也常被用来传播信息,微笑、手势和头部姿势以及其他一些非语言行为都可以表示"道歉"的意思。

(资料来源:[美]琳达·比默,艾里斯·瓦尔纳.跨文化沟通[M].孙劲悦,译.大连:东北财经大学出版社,2011:129.)

概念·要点

文化差异使人们在职场中遇到了来自组织内部和外部的跨文化沟通障碍。在跨文化沟通中,经常会由于双方的价值观、定型观念和偏见、语言表达和非语言表达、沟通风格、思维方式和商业文化类型等方面的差异,导致沟通上的障碍。

要点回顾

- 文化既包括比较抽象的意识形态、信仰、价值观、图腾等内在文化,同时也包括习俗、行为准则、制度、组织机构、建筑、衣饰等外显文化,甚至包括特定的行为,比如握手、鞠躬、拥抱等。
- 文化差异是指不同文化之间的差别,当它们相遇时会产生冲击、竞争等反应。国界、种族群体、民族、社会阶层、性别、年龄、家庭、语言、文学修养、教育程度、职业、组织等不同,均可能产生文化差异。
- 文化差异对跨文化沟通会产生很大的影响。进行跨文化沟通时,根据对对方文化的了解程度,可能出现三种情况:完全陌生、有一定了解但过于简单和比较全面的理解。在这三种情况下,文化差异影响沟通的方式是不同的,分别表现为文化迁移、文化定势和逆文化迁移。
- 沟通是人与人之间、人与群体之间通过语言和非语言方式进行信息、思想与感情的传递和反馈的过程。
- 跨文化沟通是指拥有不同文化背景的人们之间互相传递信息、交流知识和理解情感的过程。跨文化沟通相比同文化内部成员的沟通具有更大的难度和挑战性,除具备一般沟通的特征之外,跨文化沟通还具有三个特点:文化对接难度大、沟通成本高和沟通容易中断。

- 密切的跨文化沟通是当今职场的一个重要特征。职场中常见的五种跨文化沟通现象是：跨国文化沟通、跨民族文化沟通、跨地区文化沟通、跨组织文化沟通和异性之间的沟通。
- 跨文化沟通过程中应遵循求同存异原则、礼貌原则、"入乡随俗"原则、换位思考原则和尊重对方原则。
- 跨文化沟通中信息的传递过程与一般的沟通一样，涉及传送者与接收者、传送器与接收器、编码与解码、通道与噪声以及反馈等要素，这些要素构成了完整的跨文化沟通回路。但由于文化差异的存在，当来自不同文化的人或组织之间进行沟通时，失败的可能性也会大大增加。

视野拓展

一些国家和地区的文化特点

一、美国

一般而言，美国人在日常生活中不讲俗套，见到陌生人习惯打招呼，但那不一定表示是想与之做朋友。碰到认识的朋友时，你要热情主动地问候对方。别人问候你时，也要大方地回应对方，表示关心和礼貌。说话时要语气诚恳、态度大方，当别人问候你时，回答要尽量简洁。

在参加社交活动时应该注意：通常向地位较高者介绍地位较低者，向女士介绍男士，向年长者介绍年轻者。介绍后握手须简短有力，以表诚挚之意。应该指出，如果对方是女士，要等对方先伸手，以免失礼。

赴约要准时，但是需要注意，如果是在社交场合，不是公事，早到是不礼貌的，因为女主人要做准备，你去早了，她还没有准备好，会使她难为情，最好晚到10分钟。如果你是去饭店赴宴，也以晚到几分钟为宜。如果你比主人先到，则会令人难堪。如果遇到特殊情况无法按时赴约，一定要打个电话告知和解释，千万不要让人傻等。

美国人比较好客，时常会对朋友说"随时来找我"，有些邀约是相当诚恳的，但是你可不要真的"随时"上门拜访，登门拜访前一定要事先电话预约。

在用中餐或西餐时，中西方礼仪差异很大。比如，在用西餐时，餐巾是用来拭嘴的，不可以用来擦手或餐具。如果调料瓶离你比较远，可以请隔座代劳递送，不可伸手跨过邻位去取。刀叉放置的方式很有讲究，如果你还想继续用餐，刀叉应暂时斜放在盘的边缘，这表示你尚在用餐之中；如果你将刀叉完全置于盘中，也许服务生会帮你将餐具收拾干净，因为那表示你已用餐完毕。

重要场合应该注重着装礼仪，通常请柬上会有着装要求的提示。如果不清楚着装的要求，可以问一下其他参加者。请柬上有些字如"casual"表示休闲，但是并不意味着你就可以穿着十分休闲，如果写有"semiformal"表示半正式场合，但是建议你最好还是打领带。另外，如果你身着西装，记住西装外套通常只扣上扣，或者都不扣，切忌全扣。如果着西装背心，背心最下面的一粒纽扣通常是不扣的。如果你身着深色西装，应配黑色皮鞋和深色袜子，千万不要穿黑鞋配白袜。女士出席正式场合以裙装及高跟鞋为宜。

此外，美国人比较注重个人的隐私权，在工作时间内或在公司里，不会和同事谈自己的个人事情，也不喜欢别人打听自己的私事。

二、英国

英国人善于体谅对方、理解别人，做事总是力求尽善尽美，不希望给人留下坏印象，因此绅士风度随处可见。

与英国人初次见面时，以握手为礼，不像东欧人那样常常拥抱。随便拍打客人被视为非礼。英国人注重穿着，只要出家门，就要西装革履。因为他们常常通过人的外貌来判断人的性格，所以特别注意外表仪容。

英国人待人十分客气，讲话时"谢谢""请"常常不离口，因此，跟英国人讲话也要客气礼貌，不论职位高低，都要以礼相待。请人办事要客气委婉，不要使用命令的口吻，否则你会遭到冷遇。

英国人尊重女性的社会风气十分浓厚，如走路相遇、乘电梯、乘公共汽车，男士都要谦让，让女士优先。在宴会上，首先应该给女宾或女主人斟酒。在街上同行，男士应走外侧，以保护女士免受伤害。

在英国的商务礼仪中，英国人衣着讲究，好讲派头，出席宴会或晚会时，习惯穿黑色礼服，衣着笔挺。英国人时间观念比较强，如果要拜会某人，首先要预约。赴约时应该准时，最好提前几分钟到达。

英国人不习惯邀对方在早餐时谈生意。通常，他们的午餐比较简单，对晚餐比较重视，视为正餐。一般重大宴请活动多在晚上进行。应该记住，正式宴会上，通常严禁吸烟。进餐时吸烟被视为不礼貌的行为。

公务活动中通常忌谈个人私事、家事、年龄、职业、收入、宗教等问题。英国人认为"13"是个不吉祥的数字，在交往中应尽量避免。特别是在用餐时，忌讳13人同桌。如果某月的13日又恰逢星期五，则被认为双重的不吉利。

三、德国

德国人在社交场合举止庄重，讲究风度。你很少会见到他们表现出漫不经心的样子，因为在他们的意识中，这些漫不经心的动作被认为是对客人的不尊重，是缺乏教养的表现。

德国人注重礼节。在社交场合与客人见面时，一般行握手礼。与熟人朋友和亲人相见时，会拥抱亲吻。与客人交往时，习惯于对方称呼他们的头衔，但他们注重实事求是，不喜欢听恭维话。

德国人态度严谨，注重细节，对工作严肃认真，一丝不苟。在工作场合不可以开玩笑,对上司的命令必须服从。德国人的时间观念也很强,一旦约定时间,迟到或过早抵达都被视为缺乏礼貌。德国人具有很强烈的民族优越感,做事认真务实。在商务谈判中你有时可能会觉得对方很固执,然而,只要是双方认同的条款,他们会一丝不苟地去执行。

四、法国

与英国人以及德国人相比,法国人在待人接物方面有自己的观点,即特别爱好社交。对于法国人来说,社交是生活的一个重要组成部分,没有社交活动的生活就像没有色彩的世界一样单调。

法国人诙谐幽默,天性浪漫,在人际交往中大都表现得爽朗热情,喜欢高谈阔论,善于开玩笑,不喜欢不苟言笑的人,看到愁眉苦脸的人会觉得不舒服。法国人善于冒险、追求浪漫的形象已是举世公认。

渴求自由,纪律性较差是法国人的另一个特点。"自由、平等、博爱"是写进法国宪法的国家箴言。他们追求自由的意识十分强烈,喜欢自由地独来独往。跟法国人约会需要事先约定,并且准时赴约。如果他们来迟了,不要感到特别惊讶。

法国的时装、艺术以及美食是有口皆碑的,法国非常讲究服饰礼仪,在正式场合,法国人通常要穿西装、套裙或连衣裙,颜色多为蓝色、灰色或黑色,质地则多为纯毛。

在餐饮礼仪方面,值得一提的是,法国人用餐时一般不将两肘支在桌子上,不将刀叉直接放在餐桌上,而是只放一半,另一半则放在碟子上。

如果想给法国人送花,注意不要随意送上菊花、牡丹花、玫瑰花、杜鹃花、水仙花和纸花等。跟英国人一样,法国人也忌讳"13"这个数字和星期五。

五、意大利

一般而言,意大利人的时间观念不是很强,无论是赴约还是开会,可能经常会迟到,不要在意。倘若你被邀请到意大利人家里做客,不必早到,稍晚一点为宜。

如果想给意大利人送花,不要送黄雏菊,因为那表示哀悼。与意大利人握手时,避免交叉握手,因为那被视为不吉利。握手的时间不宜过长,摆动的幅度不宜过大。

意大利人喜欢当着送礼人的面打开礼物以示喜欢和谢意,如果在打开礼物的同时再加一句"这正是我想要的",那对方会非常高兴。

给意大利人送礼时,千万不要送手帕,因为那被视为不吉利。但是,丝巾会很受欢迎。意大利人也把13日和星期五视为不吉利的日子。

六、澳大利亚

在澳大利亚,人们初次见面时喜欢热情握手,访问结束时也得如此。澳大利亚人非常注重礼貌修养,谈话通常温文尔雅、轻声细语。澳大利亚人的时间观念特别强,有准时赴约的良好习惯。

（资料来源：唐艳辉，夏新燕，罗春芳，陈湘青.管理沟通[M].长沙：湖南师范大学出版社，2014：230-234.）

课后习题

一、判断题

1. 文化是比较抽象的概念，它是指意识形态、信仰、价值观、图腾等方面的内容。（   ）

2. 文化差异对跨文化沟通方式的影响表现为文化迁移、文化定势和逆文化迁移。（   ）

3. 沟通是人与人之间、人与群体之间通过语言和非语言方式进行信息、思想与感情的传递和反馈的过程。（   ）

4. 文化定势是指在跨文化沟通中，人们下意识地用自己的文化标准和价值观念来指导自己的言行和思想，并以此为标准来评判他人的言行和思想。（   ）

5. 关系导向型文化中的人们注重直接评价，使用坦率、直接的语言。（   ）

6. 跨文化沟通是指拥有不同文化背景的人们之间互相传递信息、交流知识和理解情感的过程。（   ）

7. 在参加社交活动时应该注意：通常向地位较高者介绍地位较低者，向女士介绍男士，向年长者介绍年轻者。（   ）

8. 跨文化沟通只发生在不同国家和民族之间。（   ）

9. 不断地寻找双方之间的共同点，是跨文化沟通的第一大特色。（   ）

10. 对待文化之间的差异，我们应该采取包容和尊重的态度而不是排斥和敌视对立的态度，这就是"求同存异原则"。（   ）

11. "入乡随俗"是一种有效的跨文化沟通策略和交际原则。（   ）

12. 在跨文化沟通中，经常会由于双方的价值观、定型观念和偏见、语言表达和非语言表达、沟通风格、思维方式和商业文化类型等方面的差异，导致沟通上的障碍。（   ）

13. 偏见是一种知觉上的错误，指人们在头脑中把形成的对某类知觉对象的形象固定下来，并对以后有关该类对象的知觉产生强烈反应的效应。（   ）

14. 在与别人交流的过程中，生意导向型首先考虑的是能够让别人理解他们。（   ）

15. 关系导向型的人常常慎察言行，尽量避免冒犯他人，使他人窘困。（   ）

16. 在澳大利亚，人们初次见面时喜欢热情握手，访问结束时也得如此。（   ）

17. 如果想给法国人送花，注意不要随意送上菊花、牡丹花、玫瑰花、杜鹃花、水仙花和纸花等。（   ）

18. 在英国，一般重大宴请活动多在早上进行。（   ）

19.在德国,如果你去饭店赴宴,以晚到几分钟为宜。（   ）
20.驾驭型沟通风格的人具有协作精神,喜欢与人合作并常常助人为乐。（   ）
21.表现型沟通风格的人显得外向,热情,生气勃勃,魅力四射。（   ）
22.分析型沟通风格的人擅长推理,一丝不苟,具有完美主义倾向。（   ）
23.平易型沟通风格的人比较注重实效,具有非常明确的目标与个人愿望,并且不达目标誓不罢休。（   ）
24.中国人"上下有异,长幼有序"的观念在称呼上体现得淋漓尽致。使用称呼语时应考虑谈话人的职业、职务、年龄、性别、谈话场合以及同谈话人的关系等因素。
（   ）
25.在崇尚平等的西方文化中无论地位和职位高低,人们更愿意相互直呼其名,同辈的兄弟姐妹也不例外,这体现了朋友式的亲密关系。（   ）

二、多项选择题

1.跨文化沟通过程中应遵循哪些原则?（   ）
A.求同存异原则   B.礼貌原则
C."入乡随俗"原则   D.换位思考原则
E.尊重对方原则

2.下面哪些属于组织内部的跨文化沟通障碍?（   ）
A.组织成员缺乏跨文化沟通能力   B.组织成员结构日趋多样化
C.组织层次和部门的冗余   D.信息多元化
E.社会文化多元化

3.下面哪些属于组织外部的跨文化沟通障碍?（   ）
A.组织外部沟通对象多元化   B.组织成员结构日趋多样化
C.组织层次和部门的冗余   D.信息多元化
E.社会文化多元化

4.跨文化沟通障碍的原因有哪些?（   ）
A.价值观差异   B.沟通风格差异
C.思维方式差异   D.语言表达
E.偏见

5.职场中常见的跨文化沟通现象有哪些?（   ）
A.跨国文化沟通   B.跨民族文化沟通
C.跨地区文化沟通   D.跨组织文化沟通
E.异性之间沟通

三、案例分析题

案例 1：你怎么会笑得出来？

一个中国的小伙子陈俊在一家美国驻中国的公司当部门经理，前不久他在工作中出了差错，准备去向总经理皮特道歉。在得到允许后，陈俊进入老总的办公室，还没开口就赔上笑脸，在他诚心诚意道完歉后，刚进门时的微笑一直挂在脸上。皮特望着陈俊的笑脸，说道："真的吗？""绝对！我保证！"陈俊说着脸上的笑容更加明朗。皮特说："对不起，我无法接受你的道歉，我看不出你有什么不安！"陈俊的脸通红，他急切地想要皮特明白自己的意思，强作笑脸说："相信我，我一定改过。"皮特更火了："如果你是真的难过，你又怎么会笑得出来呢？"

问题讨论：总经理皮特为何会发火？

案例 2：彭志欣准备如何与李总经理见面

经过 3 年的磨炼，彭志欣已经成长为东海汽车轴承有限公司的销售经理助理。彭志欣仍然衣冠楚楚，风度翩翩，但是显得成熟了许多。彭志欣准备与可能成为关键客户的长江汽车饰件有限公司的李总约定见面时间。李总是当初的采购部经理李海洋，他工作努力，去年从一家著名的国际工商管理学院的 EMBA 班毕业，这为复旦大学工程数学专业出身的李海洋平添了许多现代管理与营销理念的技能。原来的总经理任期期满后调任亚太区总裁，董事会经过讨论任命李海洋担任长江汽车饰件有限公司的总经理一职。李总处事严谨而不失风趣，讲究数据但是不拘泥于数据，稳重而又敢于拍板。

而彭志欣与李总的行政助理梅先生已经改了两次日程表，第一次是李总出国了，第二次是李总参加临时董事会，现在正在商定与李总第三次约会的时间。

梅先生在电话中告诉彭志欣："如果你能够在 16:50 到我们公司的话，或许我可以安排你与李总见面，但是你千万不能迟到，一定要分秒不差。若我是你的话，我肯定会将各种资料准备齐全，尤其是贵公司的报价、产品的销量、已购买该产品的公司与厂家、技术指标参数等，都要一一准备。李总想尽快完成这桩买卖，因为他要出国参加一个第二世界国家建造汽车工厂的招标活动。B 公司（竞争者）的副总经理洪先生已经来过了，但是他们没有对李总的要求给予回复，这也是李总愿意见你的原因……我们李总曾经……"

问题讨论：

1. 你能够推测李总的个性特征与沟通风格吗？
2. 你能够推测梅先生的个性特征与沟通风格吗？
3. 你打算如何通过提问来强化对李总的认识与了解？
4. 你准备如何应付李总并接到订单？

案例 3：詹佳应如何与罗亚沟通？

詹佳是汇金文化用品公司业务销售员，他刚跨入罗亚的办公室。罗亚是美味食品公司的行政经理。詹佳身穿一套藏青色西装,当他走进办公室时,年近60岁的小个子罗亚正坐在一张很大的皮质沙发上看报纸,手臂和两腿都交叉着。

詹佳:(走近罗亚,伸出他的手)

早上好,罗经理。很高兴见到你,今天你看上去特别精神。

罗亚:是的。你迟到了。

詹佳:刚才地铁出现了故障,害得我耽搁了,不过只是5分钟。

罗亚:(用手指摸了摸自己的鹰钩鼻,双臂抱得更紧了)那么好吧,我能为你做什么?

詹佳:我们公司刚进口了一批全新的文具,我想你们可能用得上。

罗亚:我就实话实说了,我们刚与红星文具社(汇金公司的竞争者)签了一份订单。

詹佳:(刚从牛皮公文包中拿出产品样本的手在颤抖,音调变高,说话变得结结巴巴)

哦!听,听到这太遗憾了。我只是迟到了5分钟,我们在电话中都已经谈妥了,你们应该等着我来的,我们公司的定价比他们要低10%~15%。

罗亚:(突然松开交叉的手臂和大腿,手托着下巴,身体向前倾斜着)

是吗?

詹佳:(自说自话地站起身来,眼睛紧盯着天花板,整了整藏青色西装)

对不起,我想我已经错过了一次机会,既然你们已经下了订单,下次我们再谈吧,好吗?

不等罗亚回答,詹佳有礼貌地道了声再见,径直走出罗亚的办公室。当詹佳离开时,罗亚刚站起的身子又重重地跌坐在沙发上,显得有些目瞪口呆。

问题讨论:

1.詹佳在他的非语言行为中犯了什么错误?

2.詹佳是否识别出罗亚的非语言暗示?

3.如果你是詹佳,你会如何与罗亚沟通?

实践训练

一、实训内容

1.将全班同学按6~7人的规模分成若干个小组,各组商定小组名称。

2.以小组为单位,选择一个组织,对该组织的跨文化沟通现象进行实地考察。

3.分析该组织的跨文化沟通类型以及存在的问题。

4.以小组为单位撰写考察报告并做课堂小组汇报。

二、实训目标

1.通过实地考察,增强学生对职场中的跨文化沟通现象的感性认识。

2.通过小组研讨和撰写考察报告,提高学生思考问题、分析问题的能力。

三、实训考核

根据考察报告和课堂小组发言情况给予评分。

◆ 模块二 ◆
跨文化沟通前的准备

模块内容
- 任务1 明确各种沟通的目标
- 任务2 了解沟通对象
- 任务3 选择合适的沟通方式
- 任务4 准备良好的沟通环境
- 任务5 拟订沟通计划表

知识目标

通过本模块的学习,你可以获得以下知识:
- 各种沟通类型的沟通目标;
- 沟通对象资料的搜集方法;
- 沟通的具体方式;
- 沟通时间的选择、沟通地点的选择和沟通地点的布置;
- 沟通计划表的拟定。

能力目标

完成本模块学习任务后,你应当能:
- 了解沟通的目标、了解搜集沟通对象资料的方法;
- 掌握搜集沟通对象的资料;
- 学会使用口头沟通、书面沟通、电话沟通和网络沟通等沟通方式;
- 把握沟通时间的选择、沟通地点的选择和沟通地点的布置;
- 学会拟定沟通计划表。

学习情境导入

美国总统尼克松访华,中美双方将要展开一场具有重大历史意义的国际谈判。为了创造一种融洽和谐的谈判环境和气氛,中国方面在周恩来总理的亲自领导下,对谈判过程中的各种环境都做了精心而又周密的准备和安排,甚至对宴会上要演奏的中美两国民间乐曲都进行了精心挑选。在欢迎尼克松一行的国宴上,当军乐队熟练地奏起由周恩来总理亲自选定的《美丽的亚美利加》时,尼克松总统简直听呆了,他绝对没有想到能在中国的北京听到他如此熟悉的乐曲,因为这是他平生最喜爱的并且指定在他的就职典礼上演奏的家乡乐曲。敬酒时,他特地到乐队前表示感谢,此时,国宴达到了高潮,而这种融洽而热烈的气氛也同时感染了美国客人。

■ 课前学习思考:
此案例中,周恩来总理为何要准备尼克松总统最喜爱的歌曲《美丽的亚美利加》?

任务 1 明确各种沟通的目标

知识学习

在组织的各种跨文化沟通活动中,不同类型的沟通,其沟通目标是不一样的。职场的人,必须明确各种类型的沟通目标,才能左右逢源,正如孟子所说:"天下熙熙,皆为利来;天下攘攘,皆为利往。"所以职场中,我们都应该明确沟通目标,没有沟通目标,双方就无法在关键环节达成共识,无法建立良好的关系氛围。

一、战略沟通

战略沟通是指有关组织使命和战略方向的高层次信息沟通。企业战略对于企业的发展与成长起着至关重要的作用,关系着企业的兴衰成败与生死存亡。有效的战略规划是业务成功的关键,它是高管们用来思考如何使企业在未来制胜的工作流程。然而,不论战略本身有多好,如果不能被正确地理解并付诸实施,最终还是会失败:一方面,员工们不知道企业要向哪个方向发展,也不知道如何帮助企业发展,为此感到沮丧和迷茫;另一方面,企业也可能无法令客户满意,其他利益相关者也会对组织的交付能力失去信心。因此,企业在制定战略规划的同时,也需要很好地传递战略,这就需要组织进行有效的战略沟通。

经济全球化要求各类组织进行高层次的快速而准确的信息分享与战略沟通,从而形成"学习型组织"(learning organization)。战略沟通是战略管理的重要组成部分,战略沟通在提升企业战略执行力中具有重要作用,作为一种管理进程,战略沟通不会在信息发出后便告一段落,它是一个循环,其中的回顾阶段便可作为战略调整的起点。

战略沟通是为达成使命而进行的信息传播活动,包括信息内容设计、信息传播渠道规划以及受众反馈监测与评估这三个主要环节。战略沟通虽然起源于军事领域,最初只应用于国家层面,但随着从国家到各种规模的企业组织乃至于重要的人士之间存在的竞争与合作关系越来越具有普遍性、关键性和复杂性,战略沟通作为一门专业,受到越来越多的重视,战略沟通就是"以形象、文字和行为的一致协调来实现一个确定的使命"。

根据战略沟通的要求,每一项组织使命和战略,都应该带有沟通的成分,包括对于组织愿景、价值观和使命的宣传,相关热点问题的探讨与解释,具体的行动与方法,以及有效的媒体联络,培训和沟通技能开发等。随着企业组织陆续进入战略管理与发展阶段,战略沟通成为新的焦点。有效的战略沟通会受到组织的结构和文化的制约与影响。例如,刻板的层级结构和庞杂机构,职位层次的差异,关注点的不同,价值观的不同,以及掌握的资源与讯息的不同等都会限制信息的共享和发送的准确性。

二、跨部门沟通

跨部门沟通是指在组织不同部门之间的各种管理活动和商务活动中,沟通主体基于一定的沟通背景,为了达到一定的沟通目标,在分析沟通客体的基础上,将特定的信息或思想、观点、态度传递给客体,以期获得预期反应效果的全过程。

企业进行跨部门沟通的目的主要有以下几个方面:(1)任务协调,即各部门的领导们可能每月都要在一起开会讨论各部门将要为系统目标的实现作出多大贡献,进行工作分配安排;(2)问题解决,即各部门成员可能会一起商讨当前工作中遇到的问题,比如如何处理预算削减造成的不良后果;(3)信息分享,即一个部门的员工可能会定期与其他部门的员工进行会谈,给他们提出一些新的想法;(4)冲突解决,即各部门成员可能会开会讨论部门间的冲突问题。

跨部门沟通过程中,需要注意以下十个问题:

第一,沟通前先做好准备。

在跟其他部门同事讨论事情之前,你需要先把一些基本问题想清楚,不要毫无准备就去,否则很可能得不到你想要的东西。下面的几个问题,应该事先想清楚:你希望对方帮你做什么事?你认为他会要求你做什么?如果对方不同意你的想法,有没有其他选择方案?如果双方没达成共识,你会有什么后果?对方又会有什么后果?

第二,了解其他部门的语言。

跨部门沟通不良,很多时候都是"语言不通"所引起的。举例来说,部门内人员平常讲的是"相同语言",他们非常清楚自己部门的规则、目标与期望。因此,想要沟通顺畅,前提就是"听懂对方的语言",学会换位思考,试着站在对方的立场思考。

第三,开诚布公。

你面对的是必须长期共事的同事,因此,凡事以诚实为上策,最忌欺骗、隐瞒事实。部门间一旦缺乏信任,会加重彼此的防御心,沟通时就会有所保留,甚至隐藏一些重要信息。相反地,互信会让双方在沟通时打开心房,他们会明确地说出自己的需求与考量,并且会提高合作意愿,共同解决问题。

第四,不要害怕冲突。

在跨部门会议上，分管领导为了维护自己部门的利益，彼此之间难免会出现一些摩擦。有些新手，因为怕把气氛弄僵，往往会变得沉默寡言，以维持表面的和谐。有时候，太过和谐，反而突显不了你对议题的重视，而且问题也不会得到解决。态度要柔软，但立场要坚定。

第五，呈现事实，专注中心议题。

让沟通聚焦的最好方式，就是呈现具体事实，引导人们迅速将注意力放在中心议题上，减少不当的臆测。尽量说事实（如各种数据等），可以将沟通过程中受"人"影响的因素降到最低。

第六，多提选项，保持弹性。

当你进行跨部门协商时，不要执着在单一做法上，而是开发多元选项，例如一次提出3~5个方案，让其他人有更大的选择空间。多元选项，能让选择不再"非黑即白"，让别人有较大的弹性调整自己的支持度，也可以轻易变换立场，不觉得有失颜面，因此能够减少沟通时的人际冲突。

第七，创造共同目标，一起合作。

无可讳言，各部门间一定同时存在合作与竞争关系。部门间若想进行建设性的沟通，一定要强调彼此的合作关系，合作的关键在于拥有共同目标。

第八，尊重沟通对象的权力。

每个小领导，都是小部门、小范围的决策者，也期待别人尊重他的这种权力。因此，当你在进行横向沟通时，一定要挑对对象。一定要注意彼此位阶的对等关系，以免造成不必要的误会。

第九，善用幽默。

幽默，可以作为沟通时的缓冲剂，也可视为一种防御机制。当你必须呈现可能会触犯到他人的事实或是要沟通棘手讯息时，以轻松或幽默的方式来传达，比较能保住对方的面子，也有助于正面的沟通。

第十，确保沟通信息无误。

跨部门协调后，须交由各部门的一线人员去执行，因此，信息传达无误，才不会让好不容易达成的共识大打折扣。

三、情感沟通

情感沟通在跨文化沟通中扮演着一个很重要的角色，对于增强凝聚力、提高效率和竞争能力具有不容忽视的战略意义。企业情感沟通就是管理者以真挚的情感增强与职工之间的情感联系和思想沟通，满足职工的心理需要，形成和谐融洽的学习和工作氛围的一种管理方式。情感管理注重职工的内心世界，其核心是激发职工的正向情感，消除职工的低沉情绪，通过感情的双向交流和沟通实现有效的管理。它是从内心深处激发每个职工的内在潜力、主动性和创造情绪，使他们能真正做到心情舒畅，并为企业创造新的优良业绩。

在跨文化管理沟通中,向同事致以一个友好的微笑,轻轻地拥抱或拍打一下自己亲密同事的肩膀等,都属于情感沟通。显然,情感沟通是企业十分基本、日常又重要的基础沟通工作。情感沟通表面上似乎与企业管理的职能和目标没有关联,但实践表明,这种情感力量是一种内在的自律性因素,它犹如一只"看不见的手",可以深入到人的内心世界,有效地规范和引导职工的行为。情感管理沟通的威力是如此巨大,员工与管理者要学习的首项管理沟通技能,应该是情感沟通技能。没有这项技能,就不会成为合格的员工或管理者。

我们在跨文化沟通过程的情感沟通中,需要注意以下三方面:

第一,完整的情感沟通过程是一个双向的循环:发送、接收、反馈。

情感沟通不是单向的过程,而是一个双向的过程。沟通者把他想表达的思想和情感,通过语言发送给接收者。当收到思想和情感以后,接收者会以各种方式给对方一个反馈,这就形成一个完整的双向沟通过程。不同文化背景下企业的双向交流被看作企业沟通能够成功与否的重要因素之一。双向交流有助于不同文化背景企业上下理解与共识的产生,能提高员工的积极性,能促进领导者工作方法的改进,同时为企业带来高品质、强竞争力、知名度以及广泛的社会支持。促进双向沟通的方法很多,不论企业是什么样的文化、选择什么样的载体,最为关键的是领导者与下属相互尊重。反馈可以加强信息提供者与接收者之间的心理沟通,提高团队士气,调动员工参与管理的积极性。同时也可以提高针对性,减少信息提供者的盲目性。

第二,相互信任是企业内情感沟通的前提。

相互信任是情感沟通的前提,只有不同文化背景的人相互建立了信任,成员间信任度才能提高,成员之间才更愿意交流合作、信息共享,才能相互给予更多支持,促成团队绩效提高。在企业的情感沟通中,信任的作用无法估量,它可以促进情感沟通,使组织成员齐心协力,造就出不可思议的业绩。不过,信任也是脆弱的,它需要沟通双方经历一段时间才能建立起来,却很容易被破坏,需要在跨文化交往中慢慢形成。

第三,要经常换位思考,让情感沟通更有说服力。

卡耐基先生说:与人相处能否成功,全看你能不能以同情的心理体谅和接受他人的观点。以同情的心理,就是站在对方的立场去看待问题,体谅他人的想法就是换位思考。同样,感情沟通也是这样,换位思考是指站在他人的立场和角度进行思考,是企业感情沟通的大智慧,因为你为对方着想,对方也会为你着想,这要求沟通者从说话者的角度来看待问题:说话者所要表达的观点是什么?他需要的是什么?他想要解决什么问题?沟通者要用心倾听,而且在听的同时把自己想象成对方,站在对方的角度去考虑问题,换位思考是双赢的有效法则。

四、客户沟通

良好的沟通对合作双方来说是双赢的,所以对企业来说,加强客户沟通是建立完善的客户关系管理的不二法则。根据美国营销协会的研究,不满意的客户有三分之一是因为产品或服务本身有毛病,其余三分之二的问题都出在企业与客户的不良沟通上。可见,客户沟通是使客户满意的一个重要环节,企业只有加强与客户的联系和沟通,才能与客户建立良好的关系。

对不同的客户应实施不同的沟通策略。要根据客户给企业带来的不同价值进行分级沟通,即针对不同级别的客户实施不同级别的沟通。例如,在与客户的沟通上,对重要客户,每个月打一次电话,每季度拜访一次;对主要客户,每季度打一次电话,每半年拜访一次;对普通客户,每半年打一次电话,每年拜访一次;对小客户,则每年打一次电话或者根本不必打电话和拜访。

站在客户的立场上与客户沟通。客户通常关心的是自己的切身利益,客户购买的不仅仅是产品或者服务,还包括企业对客户的关心以及客户对企业的信任。因此,企业只有充分考虑客户的利益,把客户放在合作伙伴的角色上,站在客户的立场上,才能获得沟通的成功。

向客户表明诚意。沟通的成功有赖于双方的共同努力,因此企业与客户沟通时,要首先向客户表明自己是很有诚意的(主要表现在对客户的态度上,如承诺的兑现),衷心希望得到客户的积极响应。如果企业都没有诚意,就不要指望得到客户热情的回报,也不要指望与客户的沟通能够获得成功。

五、与新闻媒体沟通

为适应时代发展要求,企业必须努力提高与新闻媒体打交道的能力,切实做到善待媒体、善用媒体、善管媒体,充分发挥媒体凝聚力量、推动工作的积极作用。新闻媒体能帮助名不见经传的企业创造发财童话,迅速成为市场的领导者。当企业发生危机或新闻媒体对企业失去信任的时候,新闻媒体又是企业的梦魇。在新闻媒体影响无处不在的信息时代,夸大或轻视媒体的力量都不是正确的做法。企业必须正视新闻媒体的力量,巧妙借助舆论,让媒体为企业目标的实现服务,同时防范媒体传播可能引发的危机。

与新闻媒体沟通需要注意以下问题:

第一,以诚相待,不能向记者撒谎。

如果你不知具体情况是怎样的,就说不知道,并补充说你一旦得到结果,会第一时间转告记者。

第二,与重要、主流新闻媒体人交朋友。

拥有优秀的主流的新闻媒体朋友,企业将长期受用。重要的新闻媒体人就是那些不仅在本单位掌控新闻媒体资源,其权威和影响力还可辐射到其他新闻媒体的人。

第三，别与新闻媒体过不去。

新闻也是需要参与竞争的，新闻瞬息万变，不要意气用事地起诉新闻媒体，除非有证据。

第四，同等对待各种媒体。

互联网打破了报纸以及其他传统新闻媒体的霸主地位，有很多新闻首先是从地方小报记者那里发出来，然后经过网络的迅速传播，成为央视、新华社等主流媒体深入报道的素材。

第五，谨防自己的话被断章取义。

即使被新闻媒体"逮到"，也不重复记者的负面信息。

第六，接见新闻媒体前要充分准备。

接受记者采访前要上网搜索该记者过去的文章资料，了解他的新闻报道兴趣点和写作风格。

第七，学会关注热点新闻和流行话题。

抓住媒体的胃口才能搭上新闻便车，要策划与热门新闻沾边的活动。

第八，避免电话采访。

如果有电话要求当场回答，哪怕只是"三分钟两个问题"，也不要回答。声音的感染力不如面对面地交谈加上表情和手势来得强，所以要与记者面谈。

第九，学会始终传达企业的"关键信息"。

企业高管要准备几句每次都要对新闻媒体讲的"关键信息"，并将其熟记在心，一有机会面对新闻媒体就要讲出来。

六、与政府部门沟通

企业政府关系，是指以企业为行为主体，利用各种信息传播途径和手段与政府进行双向的信息交流，以取得政府的信任、支持和合作，从而为企业建立良好的外部政治环境，促进企业生存和发展的一种关系。在企业政府关系中，企业是主体，政府公众则是客体，也即企业政府关系的作用对象。政府公众是一个庞大而复杂的体系结构，从公共关系的角度可分为三个层次：一是国家的中央政府和组织利益所触及的各级地方政府；二是政府组织机构的职能部门，企业通过这些部门与政府打交道，接受政府的管理和约束；三是政府组织中的工作人员，在与政府交往的过程中，企业需要接触到政府的各级官员、行政部门的助理和秘书，以及职能部门的其他工作人员。

企业跟政府部门沟通时，需要遵循一些基本的原则：

第一，服从政府的统一管理和领导。

为了维护整个国家利益，甚至是全球的共同利益，企业必须自觉服从政府的管理和领导。即使有些法律、法令、政策、条例等会使企业受到经济损失，但如果没有周转的余地，企业也必须履行。如政府提倡反腐倡廉，要求工商企业组织在经济活动中应该教育干部和员工不能违背廉洁奉公的原则,如果某些政府官员利用手中的权力进行权钱交易的腐败活动,企业的相关人员要坚决抵制,还可向主管当局检举,配合政府的工作。

第二,遵纪守法。

企业是法人,对政府来说是一个团体公民。它所有的活动和行为必须在法规所允许的范围内进行,就是说,政府公众的公共关系活动必须合法。与政府的沟通,不是阴暗的请客、送礼、拉关系,而是建立在公正、公平和公开基础上的。企业要守法才能在政府面前建立一个良好的政治形象,只有得到政府的认可,企业的权利和利益才能得到政府公众的保护,并且也会更赢得消费者的信任。反之,如果一个企业无视国家政府的政策和法律,为了企业利益从事违法勾当、偷税漏税、生产仿冒伪劣产品、违章作业,那企业就会受到法律的惩罚和政府的处罚,甚至被取缔,此时,更何谈与政府的沟通,更何谈实现企业的目标,更何谈实现企业利益的最大化。

第三,大力支持政府工作。

如政府号召援助灾区人民、资助"希望工程"、赞助社会公益事业、维护社会治安等活动,企业应该根据自身的实际情况,力所能及地积极参与社会活动,努力地参与这些活动可以为政府公众分挑一些重担,客观上也可以赢得社会的好评和政府公众的赞赏。

第四,企业利益与国家利益和社会利益保持一致。

企业是社会的一部分,是一个局部的群体,有自己的目标和利益。政府则是代表国家维护全体人民的利益,是社会利益的代表。企业追求自己的利益是无可厚非的,但这种对利益的追求必须与社会利益一致,才能得到政府公众的认可,从而获得政府公众的信任和支持,如果违背了局部利益应服从整体的社会利益这一点,不能很好地做到企业利益与社会利益相一致,政府公众则可能失去对企业的信任,那么,获得政府公众的帮助和支持、协调政府关系将成为一种不现实的空想。

案例解析

联合利华本土化

联合利华在中国的历史可追溯至80年前,利华兄弟在上海黄浦江畔建立了中国肥皂有限公司。1986年,联合利华重返中国,始终把成为中国化的跨国公司作为其努力的目标,并取得了显著的进展。

从1986年到2001年,联合利华在中国的投资共计约10亿美元,引进了100多项先进的专利技术,直接雇用了4000多名中国员工,间接提供了14000个就业机会,生产20多种品牌的产品,涵盖了人们日常生活的各个方面。

联合利华在中国的业务主要分为三块。

第一部分:家庭及个人护理用品,联合利华股份有限公司,品牌有中华、洁诺、夏士莲、力士、旁氏、多芬、凡士林、奥妙和金纺。第二部分：食品，联合利华食品（中国）有限公司，属联合利华独资企业，主要品牌包括家乐和立顿。生产家乐牌鸡精、鸡粉、速食汤料、色拉酱、花生酱，立顿红茶、绿茶、茉莉花茶等。第三部分：冰激凌，和路雪（中国）有限公司，属联合利华独资企业，生产梦龙、百乐宝、可丽波、可爱多等和路雪冰激凌。

经过多年的大力培植，这些品牌都已家喻户晓，成为中国消费者日常生活中的常用品牌，年纳税额共计6亿元人民币左右。

为实现公司在中国长期发展的承诺，联合利华投资1亿6600万人民币，于2000年2月在上海成立了其全球第六个研发中心——联合利华中国研究发展中心。该中心着重产品配方的研究，并注重将中国传统科学所倡导的天然成分引入联合利华的产品中，以使联合利华的产品更适合中国消费者。

2002年，随着中国加入世贸组织，联合利华在上海成立了全球采购中心，依托中国丰富的资源，向全球出口原料及成品。2003年联合利华在合肥建立了家庭及个人护理产品生产基地。该生产基地成为联合利华全球最大的生产基地之一，不仅为联合利华中国提供高质量的产品，更有潜力发展为联合利华全球生产中心。2004年，联合利华决定在上海建立公司总部办公楼，作为中国地区总部。

这个过程中，如何推进联合利华的"中国化"——即本土化进程是联合利华最关键的一步，请从政府沟通的角度，分析联合利华的"中国化"。

该案例中，联合利华本土化需要做长期、细致的工作。他们工作的目标受众包含以下群体：有最终决策权的国家领导人及上海市领导人、有关政府部门主管领导、联合利华在华各方面的合作者、新闻界、社会公众。而在当时的条件下，联合利华实现"本土化"的核心问题在于政府支持。联合利华从以下方面着手：

1. 项目策划

(1) 公关目标

完成联合利华高层与中国政府有关主管领导的沟通，借此机会表达联合利华在华长期投资的信心，阐明联合利华"本土化"战略的立场，同时在"本土化"过程中的关键问题（如合作发展民族品牌、在华资产重组、控股公司在华上市等）上获得必要的支持。

(2) 公关策略

在1998年的适当时候，安排联合利华两位总裁同时访问中国，通过这在联合利华历史上破天荒的举措，再次表明联合利华在中国长期投资的信心与诚意，进而通过以下举措完成既定公关目标：会见有决策权的领导人，沟通情况，获得必要的支持；联合利华总裁在华期间，宴请有关政府主管部门代表，进行必要的沟通；同时宴请在华合作单位代表，以维系长期稳定的合作关系。

2. 项目实施

(1)会见:为了减少会见申报的中间环节,中国环球公共关系公司利用自身的新华社背景,协调新华社作为两位总裁访华的中方接待单位,由新华社直接上报国务院,减少了申报会见的时间。1998年6月10日下午,国家有关领导接见了联合利华两位总裁。会谈期间,联合利华方面表达了在中国长期投资的信心,同时就"本土化"进程中的一些问题与中方交换了看法。在早些时候,上海市政府相关领导也接见了联合利华的两位总裁。借此机会,联合利华阐述了将总部设在上海的原因,同时双方就在上海的联合利华资产重组问题交换了意见。

(2)宴请:1998年6月10日,联合利华举办了丰盛的晚宴。两位总裁宴请了中国有关政府机构的负责人、中方合作单位代表及社会知名人士。同时,两位总裁借此机会还宴请了联合利华的退休职工,表达了关爱之情。

世界营销大师科特勒说过:"过去企业的竞争力主要靠的是高科技、高质量,而现在却要强调高服务和高关系。"高服务和高关系就是指企业在竞争生存中的公共关系,其中就包括企业形象的树立和维护、政府关系的协调等。有些企业遇到问题才会想到求助于政府,这样效果不佳。倘若它们在日常的发展过程中就注意与政府建立良好的关系,那么很多危机都能在政府的合法帮助下迎刃而解。

概念·要点

目标是个人或组织希望实现的结果,沟通是一种行为、一个过程,沟通之所以发生,源于沟通主体一定的目标。只有当沟通的目标清楚、明确的时候,沟通工作才有可能顺利开展。跨文化沟通更是如此,跨文化沟通的信息发出者与信息接收者具有不同的文化背景,二者的文化背景存在差异,因此,跨文化沟通过程中需要明确沟通目标,做好战略沟通、跨部门沟通、情感沟通、客户沟通、新闻媒体沟通、政府部门沟通等。

任务2 了解沟通对象

知识学习

跨文化沟通是一项十分复杂的活动,影响因素多,可控性难度大,所以需要在沟通前全面地收集沟通对象的资料,以便更好地了解沟通对象。一般来说,凡是对沟通产生影响的因素,都包括在搜集对象资料的范围内。因此,应当使用恰当的搜集方法搜集沟通对象的资料。

一、搜集沟通对象的资料

沟通是在一定的法律制度和特定的政治、经济、文化背景下进行的,这些因素会直接或间接对沟通结果产生影响。特别是跨文化沟通,其相关环境因素甚至会对沟通结果产生决定性影响,因此,跨文化沟通前也应当认真搜集相关的信息资料。

(一)文化环境信息

1.沟通对象所在国家和地区的政治状况

(1)沟通对象所在国家和地区的宏观经济政策。计划经济体制下的国家,企业的经营权很大程度上受经济政策的影响,这就要求我们弄清楚此次沟通中,有多少内容列入国家计划,有没有相应的计划指标,以最大限度降低己方风险。而在市场经济条件下,企业贸易有较大自由权,比较少受政策的影响。但是每个国家在不同的历史时期,经济发展状况不同,经济目标不同,都对应着一些相应的宏观调控政策,这些政策对行业发展有着决定性影响,因此,在搜集沟通对象信息时,这些信息需要充分考虑。

(2)沟通对象所在国家和地区的政局稳定性。政局的稳定性关系到沟通结果,因此,我们需要了解对方国家、地区的政治制度,政策倾向,政府的更迭,非政府组织对政府的影响,发生战争和武装冲突的频率等,将沟通的政治风险降到最低。

(3)沟通对象所在国家和地区的贸易倾向。

2.宗教信仰

宗教信仰往往涉及民族尊严,我们的跨文化沟通必须尊重对方的宗教信仰,因此,我们需要对沟通对象所信仰的宗教礼仪、节日、宗教禁忌有充分的了解。

3.法律制度

首先,我们需要了解我国的法律制度,如经济合同法、税法等。其次,需要了解沟通对象所在国的经济法规及相应的国际法,比如,沟通对象所在国的财税政策、联合国国际货物销售合同公约、联合国国际贸易法委员会仲裁规则等法律制度。

4.商业习惯

商业习惯在跨文化沟通中显得尤为重要。几乎每个国家都有自己的贸易规则和习惯,如果不了解这些习惯,沟通过程中就容易产生误解和歧义,影响沟通的结果。

商业习惯的表现形式各种各样,例如,是否所有沟通内容都需要用文字形式表现,我方一个项目是否可以和多个对象同时进行谈判沟通,沟通常用语言是什么,合同文件是否可以用两种语言表示,是否两种语言都具有同样的法律效力,等等。

这里需要强调的是,语言是跨文化沟通必不可少的工具,良好的外语技能有助于沟通效果的提升,提高沟通的效率和质量,避免误解和歧义。例如,如果能在别的国家使用当地的语言,能为自己赢得更多尊重。法国人对自己语言的热爱和保护到了非常狂热的程度,尽管大多数法国人都懂得英语,但是用法语沟通会比用英语沟通更容易得到法国人的热情与欢迎。

5.社会文化

掌握沟通对象所在国家和地区的社会文化信息,会有利于沟通和交流,对沟通结果产生推动作用。

社会文化包括文化教育、生活方式、社会习俗等多个方面,如,商业沟通中习惯使用的称呼;是否只在工作时间谈业务,业余时间是否也可以谈业务;社交场合中是否应该携带妻子;赠送礼品的方式和内容;是否守时;饮食习惯等。

6.基础设施

沟通对象所在国家的基础设施是否完善,关系到沟通对象对沟通结果的履约能力,在跨国的投资贸易中,还会影响投资的结果和收益,如该国家和地区的通信状况,交通运输状况等。

(二)对方的信息

跨文化沟通过程中,首先需要了解对方的基本信息,以沟通对象为企业举例,需要了解对方企业的性质、注册资本、营业范围、营业利润等信息。掌握这些信息,可以有效避免因错误估计对方情况而导致的失误和损失。跨文化的企业主要分为两类,当地知名企业和知名度不高的企业,我们对这两种类型的企业应当区别对待。知名度高、注册资金雄厚、主营业务清晰、股东实力强大的企业,与他们进行沟通,需要掌握沟通技巧,沟通要实现的目标也不能定得过高,因为与这些企业沟通,一旦沟通目标实现,我们利益就有了保证,较少发生受骗或损失的情况。而与知名度不高的企业沟通时,要确认其身份是否合法、资产是否真实有效、主营业务是否清晰、经营状况是否正常,这些企业往往处于创业初期或成长期,因此,他们的沟通条件不会太苛刻,较容易实现己方利益最大化。但是对于知名度不高、没有确切办公场所、股东身份难以核实、主营业务不清晰的"皮包"公司,要特别谨慎,不能被对方的虚假信息、优惠条件所迷惑,避免导致己方的损失。再以沟通对象为个人为例,你在与别人沟通时,首先要对沟通对象进行简单的调查了解,沟通过程中,自己应百分百热情,并注意沟通对象的反应是顺势还是逆势的。沟通时表情要自然,语气要和气亲切,表达得体,给人信任感和诚实感。自己的声音要大到让在场人都能够听到,语速不要过快或过慢,适时停顿以让倾听者能够及时消化和吸收,说话要有分寸。

(三)对方的信誉

对方的信誉主要包括:主体的合法性、信誉、履约能力。如果沟通对象的主体不合法或不具备合同要求的履约能力,那么沟通就是无效的,甚至会导致己方承受损失。

1.沟通对象法人资格的审查

沟通对象代表的企业,应当提供有关证件材料,如法人成立注册登记证等,我们应当详细掌握沟通对象所代表的企业名称、注册地址、成立时间、注册资本、经营范围等基本信息,还需要掌握沟通对象的公司性质是母公司还是子公司或分公司。沟通对象所代表的公司性质不同,其具有的权利、承担的责任也是不同的。同时,还必须掌握沟通对象的国籍,不同国家有不同的文化习惯,受不同的法律制约。同时,上述所有材料,需要通过有效途径进行验证。如果对方通过第三方沟通,也必须对其代理人进行了解,掌握其代理人的权利和被授予的其他权利。

2.沟通对象的信誉、履约能力的审查

沟通对象的注册资本、资产负债情况、收支状况、销售状况、现金流状况也需要己方获悉和了解。沟通对象虽然能通过上文所述法人资格的审查,但并不一定具有很强的行为履约能力，因此，我们可以通过公共会计组织审计的企业年报、银行、资信评估机构出具的证明来对其进行审查。

对方的商业信誉和履约能力，我们可以通过调查对方的经营历史、经营作风、产品在市场的信誉、财务状况，以及以往的商务活动中对方是否存在不良的商业行为等进行确认。在跨文化沟通中，我们必须要避免"外商是我们的老客户，信用应该没问题""客户是朋友的朋友，怎么能不信任""对方是国际大公司，跟他们做生意放心"等想法，对于老客户的经营状况，也要定期调查，特别是其突然下大订单或举措异常时，更要特别小心谨慎。

(四) 对方的真正需求

沟通对象的真正目的是什么，对方所要实现的利益是什么，哪些是他们的附属利益，对这些方面，己方需要做到心中有数。

(五) 目标市场信息

市场信息，是指我们进行沟通的宏观环境，在目标市场基本确定的情况下，对目标市场的相关资料进行搜集和整理，也是信息搜集的重要一环。市场信息的搜集，主要包括以下三个方面：

1.需求情况

目标市场的需求总量、需求结构、需求的满足程度、潜在需求量等方面的情况，需要我们进行搜集和整理，摸清楚目标市场上的消费者的消费需求、消费心理，掌握消费者对产品的消费意向，客观估计该产品的竞争力，以利于我们和沟通对象进行沟通和谈判。

2.销售情况

沟通对象的产品在近几年的销售量及其变化趋势，销售价格及其变化趋势，替代产品情况，该产品的进出口情况，也需要我们进行信息搜集。

3.竞争情况

目标市场上竞争对手的数量，主要竞争对手的生产规模、产品性能、价格水平等；竞争对手所采用的销售渠道、销售组织形式、优惠措施、售后服务；竞争产品的市场占有率等信息，也需要我们进行搜集。

当沟通对象为个人时，查询个人信用对于良好的沟通也非常重要，可以通过同行业的相关人员了解该对象以往沟通的信用情况，也可以通过他的姓名、身份证等材料了解他的个人信息（如居住地、婚姻状态、配偶信息等）、商业信息（如个人在贷款、担保、信用卡、保险等与金融机构或者住房公积金管理中心等机构发生信贷关系而形成的个人实际履约行为记录等）、公共信息（如个人纳税、参加社会保险以及个人财产状况及变动等信息）、特别记录等（如民事、刑事、行政诉讼和行政处罚的记录等）。还可以通过对方雇主提供的信息，金融机构、商业机构或其他利益关系人提供的信息，国家机关的公告、媒体的公开报道等方面获取对方的基本信息。

二、搜集沟通对象资料的方法

(一)大众传媒

如今是一个信息社会,信息内容包罗万象,承载信息的载体也多种多样,在我们日常生活中,大众信息传播媒介传播着大量的信息,其中包括很多重要信息,是我们搜集沟通对象资料的一个有效的途径。

1.互联网

互联网是当今社会非常重要的信息传播渠道,在网络中,我们可以方便、快捷地查阅沟通对象的信息和相关环境的分析。互联网具有信息量大、信息及时、信息范围广等特点,是我们搜集沟通对象资料的一个便捷方法。

2.报纸杂志等书籍

报纸、杂志、书籍、内部刊物等,都刊登了大量的文字、图表、数字、图片等信息,通过这些信息资料,可以获取沟通对象的资料。

3.各类官方的统计报告

各国政府、国际组织、行业协会定期发布的各类统计报告中包含了大量准确的宏观信息资料。各银行组织、信息咨询公司、各上市公司的定期报告中也包含了大量准确的微观信息,而且资料详尽,提供了大量的原始数据,可以从这些数据中获取沟通对象的信息。

(二)市场调查

市场调查是一种针对性很强的信息收集方法,只要调查问卷设计得合理,调查对象选择正确,采用这种方法会得到价值很高的信息,市场调查最常采用两种方法:访谈法和问卷法。

1.访谈法

访谈法是指调查者面对面访问对象,通过问答的方式获取信息的方法。访谈可以召集多人举行座谈,也可以采用个别对象走访的方式。其中对知情人员的访谈尤为重要,通过对知情人士的访谈,可以获得详细、准确的信息,比如走访记者、公司代理人、当地驻外使馆人员等。另外,走访专门机构,如商务部、对外经济贸易促进会、银行、进出口公司、本公司驻国外的办事处、大使馆等,也可以获得很有参考意义的信息。

2.问卷法

问卷法是指事先印刷好问卷,将问卷发放给需要调查的相关人员,收集填写好的问卷后进行分析的方法。问卷调查法最关键的是:问题设计既要科学,又要有针对性;既要有封闭式问题,也要有开放式问题。

(三)实地考察法

可以通过现场观察、会议考察两种方式开展实地考察。

1.现场观察法

现场观察法即调查者亲自到对方所在地现场收集信息。这种方法可以弥补上述间接方法搜集信息的不足,亲临现场观察,可以得到最为真实可靠的信息。但是这种方法也有局限性,例如,受交通条件限制,有些现场难以观察;受客观条件限制,观察者的观察不够全面,也难免带有观察者的主观偏见。

2.会议考察法

通过参加展览会、交流会、联谊会等各种专题会议,来获取对方的资料。

(四)咨询法

通过公共关系公司、专业的咨询公司来获取沟通对象的信息资料,尤其是通过知名咨询公司获取的资料具有很高的价值,但这种方法获取信息的成本也较高。

知识链接

优秀企业高管提升跨文化沟通能力的经验

联想集团前首席执行官比尔·阿梅里奥说:"沟通是我每天都在做的事情。我经常在北京、香港、新加坡、美国等地出差,与当地经理人讨论公司的发展。"

今天,像阿梅里奥这样的跨文化沟通者在许多公司已非常普遍。印度维普罗亚太区总裁韦·保罗说:"现在,许多创业公司一开始就是微型跨国公司,20名员工在硅谷,10名员工在印度。如果公司的产品不止一种,有些产品可能在马来西亚或中国制造,有些设计在中国台湾,而客户支持在印度或菲律宾,工程方面则可能在俄罗斯及美国,这将成为未来的潮流。"

在这股潮流中,跨文化沟通的技巧,特别是跨文化沟通前的资料搜集,日益成为跨国团队合作的基石。如何促进习惯、文化不同的高层管理团队高效互动?以下是联想等优秀公司的关于资料搜集的经验。

了解双方的思维和习惯。阿梅里奥的感受是,美国和欧洲的经理人擅长表达自己的想法,而且希望让所有人都了解自己的想法;中国的经理人往往倾听得更多,而且他们经过深思熟虑后才会表达自己的观点,如果中国同事没有说话,只是在点头,这并不一定意味着他们表示同意。

(资料来源:靳娟.跨文化商务沟通[M].北京:首都经济贸易大学出版社,2014.)

案例解析

在一次秋季广交会上,我国的外贸人员在一个清雅的接待室里与外商谈判。中方人员说道:"由于国际、国内铅价猛涨,我们准备适当提高出口的蓄电池价格。"听到新的价格,外商连连摇头。对方说:"还是以前的报价就谈,否则谈判就结束"。眼看谈判陷入僵局,外贸人员找到北京电池出厂负责人,要求他们压一压出厂价。副厂长等人一算账,认为压价就肯定赔钱,无法接受这个建议。如果你是中方的代表,你要怎么做?

该案例中，中方与外方矛盾焦点在价格上，中方由于事先没有进行沟通前的信息准备，没有对沟通相关市场行情进行搜集，导致在谈判中无法说服对方。中方人员应当事先掌握国际市场铅价及蓄电池价格上涨幅度、原料价格上涨对产品成本的影响、本厂产品与外国同类产品价格的对比情况，并在沟通过程中将上述情况以数据形式清晰展现，表达出成交的诚意，且说明成交后沟通双方各自可以获得的盈利，让外方无可辩驳，用事实和数据展示强大的说服力。

概念·要点

跨文化沟通中的搜集沟通对象资料的过程十分复杂，我们需要运用恰当的搜集方法，搜集沟通对象的文化环境信息、公司信息、信誉、真正需求、目标市场信息等，以确保沟通的顺利进行。

任务3 选择合适的沟通方式

知识学习

在跨文化的沟通过程中，有多种沟通方式可以选择，我们应当根据沟通的情境，选择最有效、最适合的沟通方式。

一、口头沟通

口头沟通在人与人之间的语言和非语言沟通过程中起着重要作用，是应用最广泛的一种沟通形式。口头沟通具有沟通对象的广泛性和沟通形式的灵活多样性等特点。

(一)口头沟通的特点

1.口头沟通的优点

(1)辅助运用多种媒体，适用于复杂问题的沟通

在口头沟通过程中，沟通者既可以传达语言信息，也可以传达非语言信息，同时，沟通过程中还可以借助投影、模型等媒体，提升沟通效果。同时，口头沟通适用于复杂问题的沟通，如，双方对问题知之甚少或分歧较大时，口头沟通会比其他沟通方式效果更好。

(2)现场得到对方的反馈，提高沟通效率

口头沟通具有即时性特点，在沟通过程中，双方可以听到对方的观点和观察对方的行为，获得对方语言和非语言的反馈，从而进行新一轮的沟通。所以，口头沟通大大提高了沟通效率，缩短了解决问题的时间。

(3)有利于培养感情,建立友好关系

口头沟通,双方面对面交流,表示双方彼此重视,有亲切的感觉。如果沟通目标顺利达成,双方可以产生认同感,培养感情,建立起友好的关系。所以,口头沟通比较容易提高沟通成功的可能性。

2.口头沟通的缺点

(1)对时间地点要求较高,较费时间

较正式的口头沟通,需要提前安排双方见面的时间和地点,这种安排本身就比较耗费时间。同时,在口头沟通过程中,双方起初的寒暄,过程中对重点事情的一再强调,反复的讨价还价,都会让口头沟通耗费较多时间。

(2)不利于掩饰情绪

在口头沟通过程中,双方都会通过非语言信息来推测和理解对方的真正意图,因此,任何一方要掩饰自己的非语言信息都比较困难。同时,口头沟通过程中的非语言信息丰富,容易因为不了解对方的文化而产生不必要的误会,特别是在冲突较大的情况下,双方不容易控制自己的情绪,往往使沟通陷入僵局。

(二)口头沟通的技巧和艺术

1.保持良好的说话神态

面对面的口头沟通过程中,双方不仅会从说话的语言中,而且也会从说话的神态中推测对方的意思。因此,说话神态是口头沟通的重要手段之一,说话神态应当注意以下几点:

第一,外表形象应干净整洁和适合环境;

第二,具有体面的姿态;

第三,保持礼貌、友好和自然的态度;

第四,保持愉快的情绪;

第五,保持目光接触和交流。

2.提高声音质量

声音质量包括音调、音量、语速和语调四个方面,应当注意这四个方面的运用,提高声音质量。

3.确保表达清晰和准确

口头沟通过程中,要确保思维清晰、词语含义准确,要比较准确地表达自己的意思,避免使用易引起争论和产生歧义的语句。

4.巧用语言艺术

(1)直言不讳

直言不讳是一种最简单的表达方式,在许多场合中都是最恰当的表达方式,是真诚的表现,也是说话者自信的表现。但值得注意的是,直言不讳不是粗鲁和不讲礼貌,使用直言不讳的表达时，要配合使用语音、语调、表情等，这样比较容易让对方接受。

(2) 委婉

在不便直言不讳的情况下，可以采取委婉的表达方式，使用这种表达方式主要是基于以下原因：一是因为不方便、不雅等原因，而不能直接说明；二是在对方接受正确意见存在感情障碍时，委婉的方式比较易于让对方接受。

例如，在中华人民共和国成立之初的一次记者招待会上，一位美国记者问周恩来总理："请问中国人民银行有多少资金？"周恩来总理回答说："中国人民银行现有18元8角8分。"周恩来总理借用人民币币种的总额来代替资金总额，巧妙、婉转地回答了美国记者的问题。

(3) 模糊

模糊是以不确定的语言来描述事物和进行交流，以达到不伤害对方、又保护自己的目的。

例如，有人问："你说广州的产品好还是上海的产品好？"一个富有经验的商业人员一般会回答："各有各的特点。"

(4) 反语

一般有难言之隐，或者因为忌讳而不能直说时，常采用反语。

例如，《红楼梦》中探春见凤姐带来一大群人，故意问她："何事？"

凤姐笑道："因为丢了一件东西，连日访查不出人来，恐怕旁人赖这些女孩子们，所以大家搜一搜，使人去疑儿。倒是洗净她们的好办法。"

探春冷笑道："我们的丫头自然都是些贼，我就是头一个窝主。既如此，先来搜我的箱柜，她们所偷来的都交给我藏着呢。"

(5) 沉默

沉默在口头沟通中，可以表达多种含义：它既可以表示无言的赞许，也可以表示无声的抗议；既可以代表欣然的默认，也可以代表保留己见；既可以用来说明自己决心已定，无须多言，也可以用来说明自己别无他见。

(6) 自言自语

这里所指的自言自语，并不是独处场合的自言自语，而是公开场合的自言自语，这种自言自语，表面上是自己说给自己听，实际上，常常是说给对方听。

(7) 幽默

幽默常常可以化解尴尬、化解矛盾、含蓄地拒绝，幽默也可以作为有力的反击工具。但是幽默的运用必须要自然，防止带来负面作用。

例如，第二次世界大战时期，一位好友问当时的美国总统罗斯福关于美国潜艇基地的情况，罗斯福反问那位好友道："你能保密吗？"好友答道："能。"罗斯福笑着说："你能我也能。"好友也就知趣地不再追问了。

二、书面沟通

跨文化沟通过程中,特别是商务活动中,经常采用书面沟通的方式,主要是因为书面沟通比非书面沟通要更加正式,给对方认真、正式的感觉,这种沟通方式也更容易让对方采取行动。当我们需要对沟通情况保留记录、需要传递复杂的信息、需要把同一个信息传递给许多人阅读时,通常需要采用书面沟通的形式。

(一)书面沟通的特点

1.书面沟通的优点

(1)可长期保留,并且可以作为法律凭证,失真性小;

(2)书面沟通的发送者可以避免由于言辞激烈或表情流露不当等原因,与对方发生正面冲突;

(3)内容可以复制,便于大规模传播和多人阅读;

(4)内容更有逻辑性和严密性,所要表达的信息能够更充分、完整地表达出来,减少了个人情绪和语言等因素对信息传达的影响;

(5)传达者可以反复推敲、修改所要表达的信息,直到满意为止。

2.书面沟通的缺点

(1)写作时间较长,与口头沟通相比,相同时间内,书面沟通传达的信息更少;

(2)信息传达者无法了解接收者对信息理解是否正确,容易产生沟通障碍;

(3)反馈机制慢,信息接收者不能及时反馈信息;

(4)不能运用非语言沟通的优势,部分"只可意会,不可言传"的内容无法充分解释。

(二)书面沟通的技巧和艺术

1.便于阅读

良好的书面沟通一般要做到清晰简明和浅显易懂,方便阅读,具体如下:

(1)清晰简明。良好的书面沟通,应该像人与人之间的交谈,容易阅读,让接收者没有任何障碍。如果书面沟通表达不清晰,对方可能产生误解,而此时信息发送者无法及时解答和帮助,而且很多情况下,人们往往拒绝看那些不符合要求的书面文稿。

(2)浅显易懂。良好的书面沟通,应当清晰表达信息发送者的意图,让接收者迅速捕捉到发送者的观点。因此,应当尽量使用容易理解的词语,尽量使用短句而不是长句。同时,信息发送者提出观点之后,还需要进行必要的论证、补充。书面沟通的文稿,也需要符合排版规范和布局要求,方便信息接收者阅读。

2.适当个性化

口头沟通最大的特点是,讲话者可以根据对象的不同采用不同的方式和风格,使沟通具有个性化。良好的书面沟通,也需要根据接收者的不同而采用不同风格,同一件事情与不同接收者沟通时,其正式程度和强调的要点也应当不同。

例如,对于供应商延迟交货,如果与本公司上司沟通,只需要采用非正式的书面沟通,如用一封电子邮件说明原因即可。但要求供应商提供更好的服务而书写的公文,就需要正式一些,以便留底存档。

3.适度创新性

很多人误以为,书面沟通应该是正式的,结构上严格遵照写作规范、内容论证符合逻辑、语言清晰简明即可,这样导致大量的书面文稿千篇一律、刻板教条,无人愿意阅读。表面上创新性和书面沟通是矛盾的,因为创新要求非限制、非规范,而书面沟通要求规范性、逻辑性,但实际上,创新性书面沟通是要求:在提供事实、细节和分析判断的同时,又能针对某种情况提供创新性、新颖性的见解。

书面沟通过程中,需要注意不同文化背景的差异,就书面沟通的合同而言,在那些注重人与人之间关系的国家,例如中国,其争端解决往往不完全依赖法律机制,而常常依赖双方间的关系。在这种文化背景中,书面合同很短,主要用来描述商业伙伴各自的责任。而西方国家,例如美国,他们强调"把人和事区分开来",所以不太注重后续交流,而东方国家,例如日本,保持与大多数外国客户的后续交流被视作国际商务沟通的重要部分,他们在合同签订很久以后,仍然会进行信件、图片和互访等沟通。

三、电话沟通

在现代社会中,电话是人们社交活动不可缺少的工具,沟通过程中,往往需要利用电话与对方取得联系。美国《电话综述》(Telephone Review)报道,一个人一生平均有8760个小时在打电话。在视频电话没有普及之前,人们都是通过语音电话传递信息,要想拥有"带着微笑的声音",就必须熟悉和掌握电话沟通的技巧。

(一)电话沟通的特点

1.电话沟通的优点

(1)电话沟通更快捷。人们随身携带手机,不需要提前预约,我们就可以联系到对方,并且在短暂的电话沟通过程中,获得所需要的信息。

(2)沟通时间短。电话沟通的时间比面对面的口头沟通时间要短,因此,可以在短暂的时间里,获取更多的信息。

(3)沟通更容易控制。电话沟通发生在两个人之间,沟通更容易控制。

2.电话沟通的缺点

(1)不容易建立密切的联系。电话沟通中,无法运用非语言沟通,因此,缺乏非语言沟通的电话沟通,不容易建立密切的联系。

(2)容易打扰到对方,特别是直接拨打对方手机的时候。

(3)容易产生沟通误解。电话沟通中无法使用非语言沟通,仅靠语言进行沟通,容易产生误解。

(4)不容易准确表达复杂的信息。

(二)电话沟通的技巧和艺术

1.打电话

(1)选择适宜的通话时间。商务沟通的电话,尽量安排在对方工作时间,如果对方有午休习惯的话,也应当避开这个时间段。同时,通话时间不宜过长,一般3~5分钟为宜。

(2)打电话之前做好准备。打电话之前,应当明确沟通的要点,同时,准备好纸笔记录通话过程中的重要事项。

(3)注意电话的礼仪。电话被接通时,除非与对方非常熟悉,否则应当先报出自己的信息,让对方清楚你是谁。通话过程中,应当注意礼貌用语。通话结束时,应当道谢和再见,一般来说,由打电话的人先挂断电话,但是如果和长辈、上级、客户通话时,应当等对方先挂断电话。

2.接电话

(1)迅速、礼貌地接听电话。正常来说,应当在听到电话铃响三次之内接起电话。如果在电话响过三遍以后才作出反应,容易让对方产生不愉快的情绪。日本著名社会心理学家铃木健儿说过:"打电话本身就是一种业务,这种业务的最大特点就是无时无刻不在体现每个人的特性。现代化大生产的公司里,职员的使命之一就是一听到电话铃声就立刻去接电话。"

(2)认真倾听并积极反馈。作为信息接收者,应当认真倾听对方的信息,并积极做出反馈,若遇到信息不清楚时,也应当迅速告知对方。

(3)规范地代转电话。如果对方请我们代转电话时,首先应当准确获悉对方的信息,要找哪个部门或个人,并礼貌告诉对方,请他稍等片刻。之后我们迅速找人或者将电话转给相应部门。

(4)做好电话记录。如果电话无人响应,我们应当准确记录信息,并与对方再次核实信息,以免记录错误。

四、网络沟通

网络沟通是指以互联网为工具,以文字、声音、图像及其他媒体为媒介的沟通方式。随着电子信息技术的发展,网络沟通正在接管我们的生活,我们大部分人已经离不开网络沟通。网络沟通打破了时间与空间的限制,让人与人之间的沟通不受时空的限制,但是由于网络覆盖了各种文化背景、经济背景、教育程度的用户,沟通过程中可能产生误解和对立,因此,掌握网络沟通的规则和礼仪就显得非常重要了。

(一)网络沟通的特点

1.网络沟通的优点

(1)不受时间、空间限制,信息资源丰富。随着信息技术的发展,人们可以通过互联网轻松搜索到自己需要的文字、影像等信息,网络沟通空间大、内容无限。网络不仅可以跨越地域、文化和时空方便人们进行沟通,而且可以通过"超链接",把信息链接到其他相关信息上,使网络沟通中所能承载的信息量远远超越现实中能够获取的数据量。

(2)沟通具有互动性、便捷性。我们可以通过互联网对网络信息进行阅读、下载或评论,并且可以对信息进行加工处理。互联网不仅能向用户显示文字信息,还可以显示声音、图像等信息,人们可以通过留言、视频通话,实现多种沟通方式。随着网络技术的不断发展,我们可以在更广阔的领域内实现声、图、像和文字等一体化的多位信息的共享和人机互动,让我们的沟通更加便捷。

(3)沟通更加开放、平等。网络面向每一个人,大家都可以利用互联网发表自己的观点、见解,互联网的开放性、虚拟性,决定了沟通的平等性。

(4)沟通形式的丰富性。网络通信工具的种类越来越多、功能越来越强大、使用也越来越便捷,而且经济成本也越来越低,甚至很多功能是免费的,所以人们可以选择各种沟通方式,如,网上浏览信息、阅读电子邮件、进行群体视频交流等。

2.网络沟通的缺点

(1)存在信息失真的问题。网络是一个信息传播的大平台,大家都可以进入这个平台,以致于产生了网络信息良莠不齐的情况,开始出现许多内容爆炸,只为吸引大众眼球的失真信息。

(2)网络沟通受限问题。网络沟通受计算机和网络的限制,部分不发达地区,网络沟通受技术限制,难以开展。

(3)缺乏安全感。网络沟通信息量大,信息公开透明,如果操作不当,容易导致私密信息被公开。

(二)网络沟通的技巧和艺术

1.互相尊重、以人为本

网络沟通中需要互相尊重。虽然网络是虚拟的,但是既然你参与到网络中,就应当注意自己的态度,尊重对方,无论是利用网络工具聊天、论坛跟帖还是商务电子邮件往来,都必须尊重他人,不侵犯他人的言论自由。同时,人作为网络中的主体,一切应以人为本,尊重网络人、方便网络人、开心网络人。

2.注重礼仪、提高修养

网络礼仪是把一般的礼仪迁移到网络情境之下,让网络参与者都能够遵守的网络公约,如表2-1所示,在网络沟通过程中,一定要遵守这些基本的礼仪。

表2-1 网络礼仪的具体内容

五大精神	正确做法
正确	(1)注意写作格式,检查文法; (2)使用适宜的格式、用语和称谓; (3)检查文法,注意用词、标点符号

续表

五大精神	正确做法
简洁	(1)别做重复的询问; (2)用字宜简单明了,经过思考后才发送,有效率地回复信息; (3)熟悉网络术语的简写; (4)少用斜体字等字体格式; (5)先停下来浏览先前的文章,看看是否已有相同的回应内容
清楚	(1)写电子邮件时尽量写出清楚、完整的句子,使用结束语和署名; (2)在公开信息中要加入个人邮件地址以方便别人联络; (3)使用电子邮件时,要写信件主题,主题中可以简述邮件内容,让人容易辨识
安全与隐私	(1)不继续使用即时信息软件时,记得退出自己的账号; (2)时时提醒自己:这里是公开场合; (3)意识到网络上有其他观众并注意隐私保护; (4)别把自己或者别人的密码、住址、电话号码、身份证号码给网络上的陌生人
友善与尊重	(1)进入聊天室,跟大家打招呼是礼貌的,离开时最好也跟大家道别; (2)版主、主持或者管理人,也应该尊重所有成员,不滥用权力; (3)注意大写英文字母带有吼叫之意; (4)时时保持礼貌,别煽风点火; (5)表情符号等标记可以缓和气氛

(资料来源:陈吉利,网络礼仪:信息技术课程新热点[J].中国信息技术教育,2008(3):37-39.)

知识链接

对方看到你打电话的表情

日本有一个特别有名的推销员,有人结合他的经历写了一本书,叫《史上最伟大的推销员》。这个推销员的伟大之处在哪儿呢?他的工作中又有哪些有趣的故事?

有一天晚上,他回到家后,比较累了,决定先睡一觉。但他定了一个闹钟,同时告诉他老婆,晚上十点的时候一定要把他叫起来,因为他跟一个很重要的客户约好在十点半的时候打电话。

到十点的时候,不等他老婆催他,他听到闹钟就醒了,然后去洗手间洗漱,接着又是刮胡子,又是穿衬衫、打领带,还穿上了西装和皮鞋。最后拿了个本子,在电话机旁正襟危坐,一到十点半就准时给对方打电话。

业务倒是谈得很顺利,十几分钟就搞定了。但是他这番怪举动让他老婆很奇怪:不就一个电话吗?有必要搞得跟个神经病似的吗?大半夜的还要起来精心打扮一通,好像现在不是晚上,而是星期一一大早。你能解释这位推销员做法的原因吗?

这位日本推销员认为,如果他很邋遢、很懒散的话,虽然对方看不到他的样子,但是他自己的精神面貌会通过语气传达到对方那里。经过这么一番打扮,他看起来正式多了,人也精神了。虽然对方看不见他,他也要尊重对方,他相信对方可以通过电话看到他的表情。一个人的成功与伟大,从来都不是无缘无故的,他凭借着这样的好心态赢得了众多的客户,很多客户觉得,不管什么时候和这个推销员打电话,都会感觉他精神百倍,好像全心全意地在做这件事。客户要是感觉到你是全心全意的,哪怕只是对待一通电话,他也会觉得受到了极大的尊重。

(资料来源:陈乾文.别说你懂职场礼仪[M].北京:龙门书局,2010.)

案例解析

一封电子邮件导致的"秘书门"事件

2006年,某国际网络公司北京分部,公司大中华区总裁KC Lee和他的高级女秘书因不当的电子邮件发生激烈争吵,导致两人先后被迫辞职。此事后来被评为2006年互联网上十大事件之一——"秘书门事件"。

事件的起因很简单。2006年4月7日晚,公司大中华区总裁KC Lee回到办公室取东西,到门口才发现自己没带钥匙。此时,他的私人秘书Tracy已经下班。Lee试图联系Tracy,未果。数小时后,KC Lee还是难抑怒火,于是在凌晨1:13,通过内部电子邮件系统给Tracy发了一封措辞严厉且语气生硬的"谴责信"。KC Lee在发送这封电子邮件时,同时传给了公司几位高管。原邮件是用英文写的,英文表达的语气是比较强烈的,主要内容翻译成中文大致是:

> Tracy,在星期二的时候,我刚刚告诉过你不要想当然,但是今晚,你想当然地认为我有钥匙而把我锁在办公室外,而我办公室尚有许多未处理的事情。
>
> 从现在开始,你必须在检查完所有你服务的经理们的需求后才可以离开办公室,这包括午餐时间和一直到下班为止,好吗?

令KC Lee意外的是,Tracy以一封咄咄逼人的邮件进行回复,并让中国公司的所有人都收到了这封邮件。Tracy的邮件是直接用中文写的,内容如下:

> KC,
>
> 　　第一，我做这件事是完全正确的，我锁门是从安全角度考虑的，北京这里不是没有丢过东西，一旦丢了东西，我无法承担这个责任。
>
> 　　第二，你有钥匙，你自己忘记带，还要说别人不对。造成这件事的主要原因都是你自己，不要把自己的错误转移到别人的身上。
>
> 　　第三，你无权干涉和控制我的私人时间，我一天就八小时工作时间，请记住中午和晚上下班时间都是我的私人时间。
>
> 　　第四，从到公司的第一天到现在为止，我工作尽职尽责，也加过很多次的班，我也没有任何怨言，但是如果你们要求我加班是为了工作以外的事情，我无法做到。
>
> 　　第五，虽然咱们是上下级的关系，也请你注意一下你说话的语气，这是做人最基本的礼貌问题。
>
> 　　第六，我要在这里强调一下，我并没有猜想或者假定什么，因为我没有这个时间也没有这个必要。

　　网络传播的速度快、范围广，此事在网上被炒得沸沸扬扬，评论五花八门，你认为，应当如何评价此事？

　　1. KC Lee 在英文邮件中的语气确实很过分，最后对下属采用反问的语气，明显体现出一种盛气凌人的姿态。

　　2. 邮件沟通中，抄送是一种很敏感的做法。KC Lee 把邮件抄送给了公司其他高管，意味着想要向 Tracy 表明此事没那么简单。

　　3. Tracy 的回复也值得考究。一般来说，中方职员在回复上司的英文邮件时，也应选择英文，而 Tracy 选择了中文，似乎有一种对立情绪。

　　4. 最引起争议的是，Tracy 将措辞强烈的回复邮件抄送给了中国公司的全部同事，这个举动彻底将事情闹大了。

　　（资料来源：杜慕群.管理沟通[M].北京：清华大学出版社，2009：223-225.）

概念·要点

　　口头沟通、书面沟通、电话沟通、网络沟通，各有特点和适用情境，我们在跨文化沟通过程中，应当选择最有效、最适合的沟通方式，这将起到事半功倍的效果。

任务4　准备良好的沟通环境

知识学习

一次成功的沟通,需要事先做好对方的背景调查工作,收集沟通对方的信息,选择适当的沟通方式等,但是只做这些还远远不够,还需要准备良好的沟通环境,才能让沟通达到预期目标。

一、沟通时间的选择

正式的沟通,一般都选择在白天,这时大家都能以充沛的精力投入到沟通中,较好确保头脑清醒,思维敏捷,不会或较少犯错误。正式的沟通,一般不建议选择在晚上进行,尤其是在白天进行激烈的交锋之后,此时人们通常都会比较疲劳,不由自主产生一种倦怠心理,常常会有一些疏漏出现,进而导致谈判无法顺利开展,或导致己方的损失。不过,在某些具体情境下,沟通时间选择在晚上,也是一种沟通策略,沟通时间的选择,要根据具体情况而定,需要事先征求对方的意见,给对方以充分的选择权,以表达我方的诚意。沟通时间的选择,需要注意以下几点:

(一)避免在身心处于疲惫、低潮时进行沟通

例如,在夏天的午后,天气闷热,人们会感到疲乏、困顿,此时大家一般都需要休息,不宜进行正式的沟通。再如,去国外或者异地进行沟通时,经过长途跋涉,人也比较疲乏,尽量避免立刻进入沟通模式,要充分休息调整之后,再进行正式的沟通,这样也显示出对对方的尊重。

(二)避免在一周休息后的第一个工作日早上进行沟通

经过周末的休息,第一个工作日早上,人们心理上仍没有进入工作状态,或者第一个工作日早上需要处理的事情较多,不适宜马上进入沟通状态。

(三)避免在连续紧张工作后进行沟通

人们经过连续紧张的工作后,思维凌乱、情绪不佳,尽量不要在这个时间选择正式的沟通,以免影响沟通的顺利进行。

(四)避免在身体不适的时候进行沟通

人们身体不适时,例如在牙痛、感冒等情况下,往往思路不清晰,思维无法集中,不能集中精力进行正式的商务沟通。

(五)避免在一天之中最疲劳的时间进行沟通

现代心理学、生理学研究认为:傍晚四时至六时是人一天的疲劳在心理、生理上都达到顶峰的时候,容易焦虑不安,思考能力减弱,此时的工作最没有效率,因此在这个时候进行沟通是不合适的。

(六)贸易沟通的时间选择

贸易沟通时,不要在最急需某种商品或急需出售某种商品时进行商务沟通,要有一个适当的提前期,做到"凡事预则立"。同时,要注意时间因素的重要性,选择对自己最有利的时间,对沟通非常重要。

(七)沟通间隔时间的选择

一般来说,一个重要事项的沟通,很少能够一次就完成,大多数的沟通都需要数次,乃至数十次,才能达成协议。在多次沟通无结果但双方都不想中止沟通的时候,一般会安排一段暂停时间,双方沟通人员暂停沟通进行休息,这就是沟通的间隔时间。沟通间隔时间的存在,往往对缓和紧张气氛、舒缓僵局有重要的作用。特别是双方沟通进入僵局、互不相让的时候,双方暂停沟通两天,可以由东道主安排旅游、娱乐节目等放松形式,双方在友好、愉悦的氛围下,彼此的态度、观点都会有所改变,这样在短暂的沟通间隔后重新进入沟通时,双方都比较容易让步,达成协议。

二、沟通地点的选择

(一)商务沟通地点的选择

沟通地点的选择,只有三种情况:我方所在地,对方所在地,既不是我方所在地又不是对方所在地的其他地方。我们所论述的沟通地点,主要是指面对面的沟通,上文所述的书面沟通、电话沟通、网络沟通,就不受沟通地点的限制了。这三种沟通地点各有利弊,具体如下:

1.我方所在地

(1)优点

①我方熟悉环境,不会给我方沟通人员造成心理压力,有利于以放松、平静的心态进行沟通;

②查阅相关资料和邀请有关专家比较便利,可以随时向我方相关人员汇报沟通进展;

③选择我方所在地沟通,我方占据了地利人和,同时给对方沟通者造成一定压力,沟通结果更有利于我方。

(2)缺点

①在我方所在地进行沟通,沟通过程中容易受到相关人员的干涉和影响;

②增加了接待对方的一些事务性烦琐工作。

2.对方所在地

(1)优点

①我方人员可以不受外界因素打扰,全身心投入到沟通中;

②可以直接与对方决策者进行沟通,使对方无法借口无决策权而拖延沟通时间;

③减少了接待性的烦琐工作。

(2)缺点

①不熟悉环境,陌生情况下,容易产生压力;

②查阅相关资料和邀请有关专家比较不方便。

3.其他地点(既不在我方所在地也不在对方的其他地点)

(1)优点

①对沟通双方都比较公平;

②不受外界干扰,保密性强,可以全身心投入到沟通中;

③双方都减少了接待性的烦琐工作。

(2)缺点

①双方查阅相关资料和邀请有关专家比较不方便;

②双方的费用支持较高。

选择沟通地点时,如果是贸易类沟通,还需要特别注意:如果是买方,则应该主动避开买方市场;如果是卖方,则应该尽量避开卖方市场。这两种情况都难以进行平等互利的沟通,要特别注意贸易类沟通地点的选择。

(二)人际沟通地点的选择

人际沟通过程中,要因人、因事、因时选择地点,最佳地点是有条件的、辩证的、可以变化的。在自己熟悉的地方进行人际沟通,一般情况下是有利的。但若对方是老人、长者、女士等,让他们屈身就己,于情于理都说不过去。反之,采用他们的选择,自己前往他们的地盘,则更能体现对他们的照顾、体谅和尊重,这样做本身就极有利于社交的成功。同样的道理,不同的事、不同的时间,最佳地点也不尽相同。

三、沟通地点的布置

(一)商务沟通地点布置

在商务活动中的面对面沟通时,沟通地点的布置会影响沟通的氛围,现就正式商务沟通地点的布置作一简单说明:

沟通地点最好能够设置两间,一间是主会议室,另外一间是备用室,最好能再设立一间休息室。

主会议室作为主要沟通场所,应当光线充足、宽敞、整洁,并且备有所需的物品。除非经过双方同意,否则主会议室不得设置录像、录音等设备,这样会增加沟通双方的心理压力,言行举止都会小心谨慎,难以畅所欲言。

备用室是沟通双方小范围交流,或者其中某一方进行讨论的场所,应当与主会议室相近,也需要备齐所有的接待用品。

休息室,应当布置得让人觉得轻松、舒心,最好能设置一些娱乐设施,让沟通人员能够放松心情,舒缓彼此紧张的心情。

(二)人际沟通地点布置

人际沟通地点不同,其环境特点和整体氛围是不同的,比如,家庭的气氛通常比较温馨,休闲娱乐场所的整体环境比较令人放松,而工作地点则更容易使人感到紧张和疲惫等,根据不同的对象特点和沟通内容,选择最令对方感到放松和愉悦的地点,并要尽可能地避免商业氛围较浓的沟通场合,除非是那些需要通过商务谈判来保持联系的大客户。不恰当的沟通地点会使对方感到不舒服、不方便或者受束缚,不要为了自己的方便而让对方感到麻烦。

知识链接

文化差异对沟通时间观念的影响

美国沟通人员重视效率,喜欢速战速决。美国经济发达,生活、工作节奏极快,因此美国人养成了信守时间、尊重谈判进度和期限的习惯。在沟通过程中,他们往往希望尽可能减少繁多的仪式尽快进入正题。而日本人则非常有耐心,一般不愿率先表明自己的意图,而是耐心等待、静观其变。在谈生意时,拖延战术是日本人常用的一个"武器"。他们会使对方渐渐失去耐心,一旦知道谈判对方有截止期限,他们会更加从容不迫地慢慢谈。

案例解析

在警察眼皮底下谈成生意

英国某啤酒公司的副总裁在去南美做商务旅行时,接到总部的传真,要他在归途中顺便去牙买加和当地一家甜酒出口公司的经理谈生意。但问题是,他没有去牙买加做公务旅行的签证,临时办一个时间又来不及。

于是,他只好以旅游者的身份来到金斯顿的诺尔曼雷机场。在检查护照的关口,移民官从他皮包的工作日志及来往信函中判断他是公务旅行,所以不允许他入境。他反复向移民官声明,自己不过是在返回伦敦前,来这进行短暂的休整。这才被允许入境。

他一住入旅馆,便打电话和那位甜酒出口商联系。刚打完电话,就来了位移民局的官员,说他是因商务目的来到此地,却没有取得应有的签证。说他将受到有关部门的严密监视,一旦发现他从事商务活动,便会立即被驱逐出境,并处以最高额罚款。

足足两天,他身边总有一位警察跟着,像个影子似的,使他不得不像个旅游者一样打发时间。看来此行只能是白费时间和金钱了。

但是他却在离开之前,在警察眼皮底下谈成了生意。

✿ 请你思考,他是如何做到的,如何选择了沟通的时间和地点呢?

该案例中,英国的副总裁发现他所入住的旅馆设有游泳池,游泳池休闲区有一个供客人喝饮料的地方,所以便选择在这个地点进行商务沟通。监视的警察只见他与一位身着比基尼泳装的妙龄女郎坐着喝饮料,还有一搭没一搭地和酒吧服务员聊天。谁知道,那位服务员竟是出口商扮演的,而那位妙龄女郎,则是他的女秘书。这位英国副总裁,选取了最合适的沟通时间和地点,促成了此次商务沟通。

(资料来源:石永恒.商务谈判实务与案例[M].北京:机械工业出版社,2008.)

概念·要点

为了保证沟通的顺利开展,需要选择良好的沟通环境,注意沟通时间、地点的选择和沟通地点的布置,凡事预则立,选择对自己最有力的沟通环境是非常重要的。

任务 5　拟订沟通计划表

知识学习

古人曰:"凡事预则立,不预则废。"不论做什么事情,事先有准备,就能让你更容易地成功,不然就会失败。

在现代社会的复杂经济条件下,计划是必不可少的。生活、工作、商务活动都是一样,每个人对自己的人生都会有计划,在工作上会制订自己的计划和目标,如果我们对生活、工作、商务活动没有制订计划和目标,就像无头苍蝇,只会让自己到处乱撞而找不到出路,就如同行驶在大海中的船,没有目标只会让自己沉没和灭亡。跨文化沟通过程中,各种因素千变万化,竞争也越来越激烈,因此,事先拟定沟通计划表就显得尤为重要。计划的好坏,有时直接影响沟通结果的好坏。

计划就是对诸多有关情况进行认真的综合分析,以找出有利因素和不利因素;做计划可以预测将会出现的问题,这样不会在问题突然出现时感到诧异,做计划可以通过周密的预测,把"意料之外"的不可控因素转化成"意料之中"的可控因素,制定出各种相应对策,并在必要的时候对工作进行调整,变被动为主动,化不利为有利,从而有效地减少各种变化所带来的损失。因此,制定出切实可行的沟通计划表,是建立正常的工作秩序、提高工作效率的必要程序和方法,可以推动整个工作的顺利开展。

跨文化沟通的成败往往取决于沟通其中一方对信息资料的掌握程度。信息资料掌握越多,在沟通中越容易驾驭谈判的进程。通过了解和分析这些信息资料,能够对双方在沟通中所处的地位,各自最大的需求和让步的范围、幅度、沟通的时限等有一个清醒的认识。这样,在沟通中就能做到审时度势、进退自如。因此,想要驾驭沟通过程,事先拟定沟通计划表就显得尤为重要了。

沟通计划表一般包含三个部分:

(一)标题

标题应当简单明了,说明具体沟通的内容,如《×××项目沟通计划表》。

(二)正文

正文一般包括沟通主题、沟通预期目标、沟通程序、沟通组织以及沟通时间、地点等信息。

(三)落款

落款包括沟通计划书制定者的名称、计划书完成时间等信息。

以下是一个商务沟通计划表的基本格式:

关于×××项目的沟通计划表

由于……,双方定于××年×月×日,在××(地点)举行商务沟通。

一、沟通主题

二、沟通团队组成

主谈:公司谈判全权代表;

决策人:负责重大问题的决策;

技术人员:负责技术问题;

法律顾问:负责法律问题;

(人员安排根据实际情况而定)

三、双方利益及优劣势分析

双方希望通过谈判得到的利益及优劣势分析。

1.我方利益:

2.对方利益:

3.我方优势:

4.我方劣势:

5.对方优势:

6.对方劣势:

四、谈判目标

1.最理想目标:

2.可接受目标:

3.最低目标(底线):

4.目标可行性分析:

五、谈判程序及策略

1.开局(开局策略及分析):

2.谈判中期策略及分析

3.冲刺阶段

如何把握底线,如何最大限度保留合作契机。

六、谈判相关资料准备(相关法律资料等)

七、应急方案(对谈判现场可能出现的针对谈判目标的各种状况进行预测,并提出相应的应急预案)

八、附件

落款:计划书的制定者××
时间:××年×月×日

知识链接

商务沟通计划表范本

由于……,双方定于××年×月×日,在××(地点)举行商务沟通。

一、沟通主题

就铁矿石问题,我方与日本、澳大利亚和巴西方面公司四方商议定价。

二、沟通背景

(1)经济粗放式增长使得我国成为世界最大的铁矿石需求国之一。根据钢铁产量的相关资料,我们预计××年全球铁矿石的需求量为16.3亿吨,其中中国的需求量为8亿吨,占全球的近一半。

(2)本国铁矿石储量丰富但有近80%属于贫矿,开采难度大、成本高。

(3)受金融危机的影响,铁矿石价格日益上涨。美国的次贷危机将引发全球经济衰退的概率越来越大,全球经济很可能面临1929年大萧条以来的最大危机。

(4)供求关系的天平将向需求方倾斜。根据各大矿山的扩产计划估算与各国钢厂产能预算来看,供过于求的情况将更加严重。

三、沟通团队人员组成

甲方:中国武钢集团有限公司

主谈:AAA,公司谈判全权代表;

决策人:BBB,负责重大问题的决策;

技术顾问:CCC,负责技术问题。

乙方:日本新日本制铁株式会社

主谈:DDD,公司谈判全权代表;

决策人:EEE,负责重大问题的决策;

技术顾问:FFF,负责技术问题。

丙方:澳洲必和必拓(BHP)集团有限公司

主谈:GGG,公司谈判全权代表;

决策人:HHH,负责重大问题的决策;

技术顾问:III,负责技术问题。

丁方:巴西矿业巨头淡水河谷

主谈:JJJ,公司谈判全权代表;

决策人:KKK,负责重大问题的决策;

技术顾问:LLL,负责技术问题。

四、四方利益及优劣势分析

(一)我方

我方利益:

1.要求对方尽早交货;

2.维护双方长期合作关系;

3.确立长期稳定的交易价格。

我方优势:

1.我方占有世界矿石进口市场近1/2的份额,对方与我方无法达成合作将对其造成巨大损失;

2.国际铁矿石供过于求。

我方劣势:

1.供货方公司占有世界铁矿石出口80%的市场;

2.在铁矿石定价上,我方一直不掌握定价权;

3.我方矿石库存不足,若不达成定价协议会被动提高成本,将可能造成更大损失;

4.按照铁矿石谈判原则,即只议价不议量;被动接受原则,即任何一家矿山与钢厂达成矿价协议,其他各家谈判均接受此结果。

(二)日方

日方利益:

1.继续掌握铁矿石定价权;

2.与供货方建立长期、持续、稳定的关系。

日方优势:

1.日方参与世界各矿业公司部分股权;

2.日方一直在矿石供需价格上有定价权。

日方劣势:对于我方来说,无明显劣势。

(三)供方(巴西方和澳大利亚方)

供方利益:

1.尽量提高铁矿石价格;

2.夺得铁矿石长期定价权;

3.拖延谈判进度、避免签订长期价格供应合同。

供方优势:

1.寡头垄断世界出口市场;
2.世界需求日益增长,供给略显有限。

供方劣势:

国内需求相对暗淡;矿石库存量增加,若不与联合需求方达成合作协议,将会造成巨大损失。

五、沟通目标

(一)战略目标

1.要求供方在一定程度上给予中方非经济事项补偿;
2.尽可能地以铁矿石最低涨幅价格为定案,签立长期供需合同。

原因分析:国内需求旺盛,国家经济建设亟需钢铁实体经济的支持。

(二)底线

1.至少签订2个会计周期的交易合同;
2.合同事项中铁矿石价格总体增幅不超过10%;
3.供方应在合同签立后立即发货,以缓解我方钢铁供货压力。

六、程序及具体策略

(一)开局方案

首先,把握主动,营造积极进取的气氛。仪表整洁、自信端坐,表现出追求效率和成功的决心,以此博得南美洲巴西方好感的同时,又得到澳洲方的肯定。

其次,联合日本方向巴西方发起凌厉进攻,迅速确立合同事项。然后利用合同条款反压澳方(铁矿石谈判的被动接受原则,即任何一家矿山与钢厂达成矿价协议,其他各家谈判均接受此结果)。(澳洲人精于谈判,多以最低报价成交,很难取得价格突破口。)

对方提出矿石报价高于我方谈判目标时的应对方案:采用以静制动的策略,即我方表现出谦逊一面,将话语权暂交予日本方。之后迅速摸清日方底牌及其让利尺度,同时趁机思考驳回高报价的缘由。

(二)磋商阶段

1.倾听策略:及时了解供方要求,博得对方信任;
2.试探策略:审时度势,提出我方要求,寻得四方利益共同点,探出对方的利益尺度;
3.还价策略:对缺少依据的报价,坚持深入分析,争取发现报价中的缺陷;
4.让步策略:明确我方核心利益所在,实行以退为进策略,退一步进两步,四方同时就事项作出让步,给人以合情合理之感;
5.突出优势:以资料作支撑,以理服人,强调与我方协议成功会给对方带来的利益,同时暗示对方若与我方协议失败将会有巨大损失;
6.打破僵局:合理利用沟通间隔,首先冷静分析僵局原因,再运用肯定对方形式否定对方实质的方法,适时用声东击西策略,打破僵局。

（三）僵持阶段

1.注意隐藏己方的弱点;

2.转移话题,如讲讲轻松幽默的笑话;

3.休局阶段:如有必要,根据实际情况对原有方案进行调整。

（四）最后谈判阶段

1.把握底线:适时运用折中调和策略,严格把握最后让步的幅度,在适宜的时机提出最终报价;

2.埋下契机:在谈判中形成一体化谈判,以期建立长期合作关系;

3.总体条件交换:以各自的条件做整体,一揽子的进退交换以求达成协议;

4.达成协议:明确最终谈判结果,出示会议记录和合同范本,请对方确认,并确定正式签订合同时间。

七、准备谈判资料

相关法律资料:《中华人民共和国反垄断法》《国际合同法》《国际货物公约》《国际经济法》《国际贸易法》。

传统的铁矿石谈判机制三大原则:

1.只议价不谈量;

2.实行"多对多谈判"方式;

3.被动接受原则,即任何一家矿山与钢厂达成矿价协议,其他各家谈判均接受此结果。

八、相关应急方案

（一）日方为自己利益,率先就铁矿石作出我方难以接受的价格让步

应对措施:若日方只顾及本国利益,放任铁矿石涨价,我方暗示将通过联合国内稀土出口方、汽车进口方,对日本贸易作出壁垒措施。

（二）供方报价幅度超过10%,态度强硬

应对措施:我方应出具数据,使供方明白目前铁矿石市场供大于求的事实。同时晓以情理,让对方意识到失去下游链中我方客户订单可能造成的损失,要求其作出让步。

（三）供方坚持提价幅度超10%,不可斡旋

应对措施:我方应在作出价格让步后表示:

1.在结算合同上按照中国式结算周期进行结算,结算周期定为1月1日至12月31日,即在中国的一个财政年度内;

2.要求供方根据不同地区、不同铁矿石品位、不同矿山,分别确定一个铁矿石离岸价格,双方一旦确认该价格,不论什么企业都应执行该价格,不能再分为长协价和现货价;

3. 要求使用商业承兑汇票进行支付,签发后 6 个月内承兑;

4. 以美元作为结算货币。

×××（制定者姓名）

×年×月×日

案例解析

说话时机

某酒店服务员小罗第一天上班,被分配在酒店 A 楼 5 层做接待员。由于刚经过 3 个月的岗前培训,她对工作充满信心,自我感觉良好,白天的接待工作也还算顺手。

晚上十点,电梯门打开,走出两位来自中国香港的客人。小罗立刻迎上前去,微笑着说:"你好,先生。"看过客人的房卡后小罗接过他们的行李,带领他们走进房间,进房后随手为他们倒了两杯茶。

接着她开始一一介绍房间设施。这时,一位客人说:"我们知道了。"但是小罗没有什么反应,仍然继续介绍着。另一位客人从自己的钱包里拿出一张百元人民币,不耐烦地递给小罗。

"不好意思,我们不收小费的。"小罗嘴上说着,心里却想,自己是一片好意,怎么会被误解了？这使小罗感觉十分委屈。

启示:在这个案例中,小罗的热情遭到厌烦的真正原因在于她没有把握好说话的时机。晚上十点,两位客人也许刚下飞机,需要休息;或者他们是酒店的常客,对房间设施都十分熟悉,所以此时并不适合为客人作详细的房间介绍。

要点回顾

- 跨文化沟通过程中,需要了解不同沟通类型的目标,如战略沟通、部门沟通、情感沟通、客户沟通、新闻媒体沟通、政府部门沟通的目标。

- 跨文化沟通是一项十分复杂的活动,影响因素多,可控性差。一般来说,凡是对沟通产生影响的因素,都包括在搜集沟通对象资料的范围内。因此,应当使用恰当的方法搜集沟通对象的资料。

- 沟通过程中,沟通对象的资料收集和分析,是最重要的一个环节,搜集沟通对象的资料主要包括:对方的基本情况、对方的信誉、对方的真正需求、目标市场信息、相关环境信息等。

- 在沟通过程中,有多种沟通方式可以选择,我们应当根据沟通的情境,选择最有效、最适合的沟通方式,沟通方式主要有:口头沟通、书面沟通、电话沟通和网络沟通。不同沟通方式各有优劣势,应当根据沟通的情境,选择最恰当的沟通方式。

- 一次成功的沟通，需要选择良好的沟通环境，才能让沟通实现预期目标，因此，应当注意沟通时间的选择、沟通地点的选择和沟通地点的布置。
- 古人曰："凡事预则立，不预则废。"不论做什么事情，事先有准备，就能让你更容易地成功。因此，应当学会事先制订沟通计划表，确保沟通的顺利进行。

视野拓展

文化意识培训是跨文化沟通前的重要准备工作

文化意识培训是跨文化沟通前的重要准备工作，只有员工的意识和观念改变了，行为才会随之改变。中兴公司在给管理干部和员工进行跨文化沟通培训时，重点宣传并介绍了以下五个思路步骤：定义第一文化、包容第二文化、尊重第二文化、了解第二文化和建立第三文化。

第一步：定义第一文化。

出于人类的本能，我们会倾向于肯定自己，进而认为只有自己的文化才是正统的，而其他文化的人也会认为自己的才是正统的。当我们走出国门，会被夸赞道中华民族聪明、勤劳，但也要做好心理准备，可能会听到有人评价中国人善钻营、唯利是图。作为一个专业的跨国经理人，应该学会用中性词来描述和文化相关的事物，避免文化偏见。文化没有好与坏，只有合适与不合适。每一种文化都有自己的特点，只有在文化和文化的比较中才能显现出来。

在进行跨文化培训时，我经常会以一个提问开始授课："在这个世界上哪一种文化是最好的？"这本身就是一个错误的问题。然后我再告诉学员（或者由学员回答）：这个世界上没有哪一种文化可以被称为"最好的文化"，因为每个人都会认为自己的文化是最好的。我们可以热爱自己的中国文化，为她的杰出和优秀而自豪，但如果给外籍人士宣讲时告诉他们中国文化是世界上最好的，那么就会无形中贬低了其他文化，就会伤害到其他国家的同事和客户，引起他们的排斥心理。

第二步：包容第二文化。

正如黑格尔所说：存在即合理。无论是天主教文化、穆斯林文化，还是中国的儒家文化，它们强大的生命力都证明了自身存在的合理性。承认文化差异的存在，是一个现代跨国经营管理者必备的意识和思维模式。有一次在印度进行跨文化培训，我向大家介绍中国："中国有13亿人口，是世界上人口最多的国家。"下面的印度学员马上接口："我们是第二多。"我接着说："中国有5000年的历史。"印度学员又答："我们的历史比这个还长。"两个文明古国的同事若希望和睦相处，只有互相包容。能够走过几千年而屹立至今的每一种文化都值得我们的重视。

第三步：尊重第二文化。

尊重，是企业文化管理的前提，更是跨文化管理的前提。如果一位国际企业中的经理认为自己的文化价值体系优越，坚持以自我为中心的管理观对待不同文化价值体系的员工，必然会导致管理失败，甚至遭到抵制。

在进行跨文化培训时,要强调跨文化意识存在很多感性的因素。我在授课时谈到的思路和想法都是我自己的,如果学员有任何不同的感受可以随时打断我发表自己的看法,培训是一次分享而不是单纯的授课。

在海外安排培训时间,要尽量配合当地同事的习惯,比如国内的企业经常会利用晚上或周末的时间给员工进行培训,而在海外很多国家,公司是不可以利用员工的业余时间组织培训的。培训工作者要按照当地做法,让大家放下手中的工作,利用上班时间参加培训。如果是在伊斯兰教国家,还要调整上课时间以避免和本地员工的祷告时间冲突。

第四步:了解第二文化。

有了包容的意识、尊重的态度,对于一个跨国旅行者来说已经足够了,你可能会做出一些错误和可笑的行为,当地人会因为你是外国游客而予以同情和谅解。但是,对于一个跨国公司的专业人士而言,仅有尊重和包容是不够的,还要进一步对自己提出专业的要求——了解第二文化,以此作为跨文化培训管理者的努力方向。

有些文化会把宗教信仰或者享受生活排在努力工作之前,企业的人事制度就要考虑到这一点,不能把中国的做法整套照搬。有些文化,甚至地方劳动法,都忌谈年龄、婚姻状态等,企业招聘时就要留意,避免出错。同时要注意对方的生活习惯,例如,不要试图和穆斯林女性握手,也尽量不要在晚上十点之后打电话给一个天主教家庭,这些细节都能够表现出一个跨国培训管理者的专业素养。

有一次在孟买培训,坐在最前排的一个印度员工在我授课时一直很有节奏地摇着脑袋,开始我以为他不同意我的观点,可他发言时表达的想法却和我的完全一致,并且他继续有节奏地摇头。我实在忍不住了,就问他:"据我了解,印度文化也是点头代表肯定,摇头表示否定的,你是不同意我的意见吗?"经过他的解释我才知道:在印度,如果是有节奏地、缓慢地向两边摆动脑袋是表示同意你的观点,如果不同意,他们会较急促、用力地摇头,动作是不一样的。

在海外做跨文化培训,要学会随时请教,并请听课的同事介绍一些当地的文化,比如最流行的食物是什么,婚丧习俗是怎样的,了解当地社会的权力距离、个人主义的程度、时间观念、人们崇尚的生活方式,等等,把每一次授课的机会都当成向不同文化学习的机会,在培训学员的同时也不断地进行自我培训和提升。

第五步:建立第三文化。

当第一文化和当地的第二文化相遇时,通常会出现三种情形。一是用第一文化同化第二文化,即用本国文化对东道国实施文化渗透,甚至侵略。这种方式早期时被少数跨国公司采用,在实践中已遭到多方面的抵制。二是第一文化被第二文化同化。这是本地化走向另一个极端的例子,努力的方向是好的,但实际上没有哪个跨国公司可以完全摆脱自己本国的管理模式,全盘放弃自己先进的经营理念和优秀的企业文化而无条件地适应当地文化,这样反而会适得其反。当前被普遍采纳的跨文化管理模式是第三种,即建立一种双赢的第三文化。将企业文化建立在一种核心的价值观上,这种价值观应具有开放性、兼容性和持久性的特点,可以和不同的文化融合,以适应本地化管理的需要。

1990年10月麦当劳在中国开了一家分店,地点设在深圳的老街,我马上成了它的常客,巨无霸和罗宋汤都是我的最爱,后来去了北美,我找遍了美国和加拿大的麦当劳,竟然没有看到任何一家供应热汤,才知道热汤是专为中国客人准备的。而据从法国回来的朋友讲,法国的麦当劳还有酒水供应,以照顾法国人的餐饮习惯。后来我在印度德里吃的巨无霸居然是咖喱鸡做的,因为印度教不吃牛肉。这充分体现了麦当劳文化融合的能力,值得其他跨国企业学习。

在企业中,我们还需要通过培训促使员工行动的改进。尤其在强调了文化差异以后,帮助大家建立一个高效的跨文化团队,增强员工的凝聚力和归属感,使大家朝着共同的企业愿景和工作目标努力。我经常把"国际员工职业规范"的培训安排在跨文化培训之后,使各种不同文化的同事在尊重文化差异的基础上一起来执行公司的职业规范,求大同存小异,从而建立起自己的第三文化。

(资料来源:根据网络资料整理,http://www.8848cc.com/info2/6/5851-1801.html。)

课后习题

一、判断题

1. 所有国家的沟通时间,都应该选择在工作日的上午进行。（　　）
2. 跨文化沟通过程中,应该尽量将沟通地点选在我方所在地。（　　）
3. 跨文化沟通前的资料搜集,不能全部依靠网络信息,因为可能存在虚假宣传。（　　）
4. 在参加跨文化沟通前应该注意:事先搜集对方的资料信息和文化习惯,以免因为文化习惯的不同导致误解。（　　）
5. 在跨文化沟通方式的选择上,都应该选择书面沟通,因为书面沟通有据可依,方便后续查阅。（　　）
6. 相互信任是企业内情感沟通的前提。（　　）
7. 跨文化沟通是指拥有不同文化背景的人们互相传递信息、交流知识和理解情感的过程。（　　）
8. 完整的情感沟通过程是一个单向的循环。（　　）
9. 要经常换位思考,才能让情感沟通更具有说服力。（　　）
10. 从某种层面讲,与政府部门搞好关系,是企业创品牌、求发展的一种有效手段。（　　）
11. 与政府部门沟通时,企业需要服从政府的统一管理和领导。（　　）
12. 当企业利益与政府和国家利益不一致时,企业应当追求自己的利益,可以与社

会利益不一致。（ ）

13.市场调查方法主要包括访谈法和问卷法。（ ）

14.对方的信誉主要包括：主体的合法性、信誉、履约能力。（ ）

15.目标市场信息主要包括：需求情况、销售情况和竞争情况。（ ）

二、单选题

1.企业需要进行跨部门沟通的主要原因，不包括以下哪项？（ ）

A.任务协调　　　　　　　　B.问题解决

C.信息分享　　　　　　　　D.对话交流

2.根据美国营销协会的研究，不满意的客户有（ ）的问题都出在企业与顾客的沟通不良上。

A.三分之一　　　　　　　　B.四分之一

C.三分之二　　　　　　　　D.四分之二

3.与客户的沟通过程中，对重要的客户，至少（ ）打一次电话。

A.一个月　　　　　　　　　B.一个季度

C.半年　　　　　　　　　　D.一年

4.在西方，（ ）可以独立地左右整个社会的舆论，被称作对社会经济、政治局势的变动具有独特作用的一根支柱。

A.政府部门　　　　　　　　B.新闻媒介

C.执政党派　　　　　　　　D.政府官员

5.下列哪项不属于搜集沟通对象资料的方法？（ ）

A.大众传媒　　　　　　　　B.市场调查

C.实地考察法　　　　　　　D.电话咨询

6.下列哪项不属于文化环境信息？（ ）

A.宗教信仰　　　　　　　　B.法律制度

C.商业习惯　　　　　　　　D.对方的信誉

7.下列哪项属于目标市场信息的搜集？（ ）

A.需求情况　　　　　　　　B.社会文化

C.基础设施　　　　　　　　D.对方的信誉

8.口头沟通的优点包括（ ）。

A.便于保留　　　　　　　　B.不易发生冲突

C.利于培养感情　　　　　　D.内容可以复制

9.下列哪项不属于书面沟通的缺点？（ ）

A.写作时间长　　　　　　　B.容易产生沟通障碍

C.反馈机制慢　　　　　　　D.不利于掩饰情绪

10.沟通地点选择在我方所在地的优势是（ ）。

A.我方熟悉环境　　　　　　　B.我方人员不受外界因素干扰
C.减少接待的烦琐　　　　　　D.对沟通双方都公平

11.公共距离要求人与人交往中距离保持在（　　）。
A.10～30厘米　　　　　　　　B.30～90厘米
C.100～200厘米　　　　　　　D.200厘米以上

12.当交往双方开始共同畅谈人生观、兴趣、爱好、理想时,说明两个人的关系已经进入了（　　）。
A.接触期　　　　　　　　　　B.涉入期
C.亲密期　　　　　　　　　　D.恶化期

13.下列哪一阶段的任务是交往双方在建立信任感的基础上具有较深情感卷入的交往过程?（　　）
A.定向选择阶段　　　　　　　B.稳定交往阶段
C.情感探究阶段　　　　　　　D.外表接触阶段

14.下列哪一项属于人际关系的内部构造要素?（　　）
A.行为局部　　　　　　　　　B.信息媒介
C.实物媒介　　　　　　　　　D.交流活动

15.人在摆设、佩戴、使用和接收某种物体时传递出来的、具有一定意义的信息称为（　　）。
A.表情语言　　　　　　　　　B.物体语言
C.手势语言　　　　　　　　　D.姿势语言

三、简答题

1.为保证沟通的顺利进行,需要搜集哪些方面的信息资料?
2.信息搜集整理的方法有哪些?
3.一个完整的沟通计划表应该包括哪些内容?
4.一个良好的沟通环境,应该注意哪些影响因素?

四、案例分析题

案例1:是欠条还是还款证明?

某年4月,黄先生承建北京某农业发展有限公司养猪舍七栋,承包工程款总计8.4万元。双方约定工程开工时,农业公司应付给黄先生总工程款的70%,即58800元,但农业公司却只付给黄先生30000元,其余款项一直未付。2002年4月7日,农业公司的会计乔女士为黄先生出具了一张写有"还欠黄某工程款28800元"的证明,并盖有公司财务专用章。黄先生依此欠据将农业公司告上法庭,要求立即给付工程款28800元。

然而在法庭上,被告农业公司在承认欠黄先生工程款28800元的同时,提出此欠款已由当时经手人乔女士偿还了,并为黄先生出具了还款证明,"还欠黄某工程款

28800元"中的"还"字应读为 huán,故不同意黄先生的诉讼请求。

顺义法院认为:原告为被告承建养猪舍工程,被告应按约定给付工程款。被告为原告出具的证明,应视为欠款证明,法院对原告的请求予以支持;被告辩称此证明为还款证明,因未提供相关证据证实,法院不予采信。最终判决被告北京某农业公司给付原告黄先生工程款 28800 元;案件受理费 1162 元由被告负担。

问题讨论:结合本案例,谈谈书面沟通的重要性。

案例 2:电子邮件诽谤案

伦敦法庭要求英国一名男子向他的前雇主支付 26000 英镑的损失补偿,这是英国民事法庭审理的首例匿名电子邮件诽谤案。另外,法庭还要求这位名叫大卫·弗兰克尔(David Frankl)的男子支付约 100000 英镑的诉讼及调查费用。

现年 50 岁的弗兰克尔一直否认他分别于 1999 年 4、5、6 月份向他原来任职的 Takenaka 建筑公司的伦敦总部发送电子邮件。这些电子邮件以克里斯蒂纳·里尔特(Christina Realtor)的化名称该公司的副总经理布莱恩·科菲曾和"她"私通 18 个月,并拒绝抚养"她"生下的一名男婴。这些邮件还指责布莱恩·科菲就公司的财产向"她"吹"枕边风",还说科菲经常说谎、对"她"进行殴打并威胁要杀死"她"。

伦敦高级法院法官埃利奥特最后判定这些邮件是由弗兰克尔捏造并发出的。他的这一裁决是在一位专家的调查报告的基础上作出的。这位专家通过每封邮件唯一的"IP"识别码追踪到了土耳其 Thames Water 公司雇员所用的一台便携式电脑。当时弗兰克尔正在 Thames Water 公司工作,后来该公司认定他就是这些邮件的作者并将其解雇。

法官称专家提供的这些线索价值极高,这是英国法庭审理的首例匿名电子邮件诽谤案。法官判给了 Takenaka 公司 1000 英镑作为被诽谤成虚伪、采用双重标准以及冷酷无情的形象的补偿。这位法官还说对科菲的诽谤要严重得多,尽管这些诽谤的传播范围被限制在公司的圈子内,他判给了科菲 25000 英镑。

伦敦最高法院要求因特网服务提供商 Compuserve 协助追踪这些邮件的来源,这样 Takenaka 公司和科菲才得以追踪到 Thames Water 公司并找到弗兰克尔。法庭要求弗兰克尔在 28 天之内支付这些损失补偿。

问题讨论:结合本案例,你认为应该如何进行网络沟通?

案例 3:美国高管的网络沟通错误

一位美国公司的高管觉得员工太懒惰了,比如一上班就给自己冲咖啡,经常待在茶水间里聊天,下午不到 5 点经常有人偷偷提前下班。因此,他给全体员工发了一封电子邮件,邮件中说,希望所有人早上 7 点到公司,8 点开会,下午 5 点前不能离开。这封电子邮件被一名员工传到雅虎网站,引起了轩然大波,因为美国文化是很反对高压管理的。结果这个公司的股价跌了很多,这名高管也因此被辞退。

问题讨论：请分析该高管在网络沟通中犯了什么错误。

案例 4：AB 汽车客户满意度回访

李新是 AB 汽车特约维修中心的客户经理，最近一段时间，他常常通过电话回访进行客户满意度的调查。今天早上，他一到公司，就开始了电话回访。

场景一：

"是陈强吗？"

"我是，哪位？"

"我是 AB 汽车公司特约维修中心的。"

"有事吗？"

"是这样，我们在做一个客户满意度调查，想听听您的意见。"

"我现在不太方便。"

"没有关系，用不了您多长时间。"

"我现在还在睡觉，晚点打过来好吗？"

"我待会也要出去啊，再说这都几点了，您还在睡觉啊，这个习惯不太好啊，我得提醒您。"

"我用得着你提醒吗？你两小时后再打过来。"

"您还是现在听我说吧，这对您很重要，要不然您可别怪我。"

客户挂断。

场景二：

"您好，请问是陈强先生吗？"

"我是，哪位？"

"您好，我是 AB 汽车公司特约维修中心的客户经理，我叫李新。"

"有事吗？"

"是这样，您是我们公司的老客户，为了能为您提供更好的服务，我们现在在做一个客户满意度的调查，想听取一下您的意见，您现在方便吗？"

"我现在不太方便。"

"哦，对不起，影响您工作了。"

"没有关系。"

"您看您什么时候方便呢，我到时候再给您打过来。"

"噢，您中午再打吧。"

"噢，那不会影响您吃饭吗？"

"您十二点半打过来就可以了。"

"好的，那我就十二点半打给您，谢谢您，再见！"

问题讨论：

1.本案例中的第一个回访达到预期效果了吗？为什么？

2.本案例中的第二个回访取得了怎样的效果？为什么？

（资料来源：张岩松.现代商务沟通[M].北京：清华大学出版社，2012.）

实践训练

一、实训内容

1.书面沟通的写作

实训目标：掌握信函的撰写礼仪

实训学时：1学时

实训地点：教室

实训背景：奥新公司拟赞助红星小学 30 名农民子弟工（贫困生），款额为每人每学年 1000 元，并对贫困生的学习成绩和道德品德有相应要求。

实训方法：请代表该公司就此事给红星小学拟写一封信函，要求如下：

(1)每位学生独立完成信函的写作，完成后相互交流、讨论；

(2)信函要求格式规范，内容正确，字迹清楚，表达准确；

(3)有条件的学校，可以要求学生利用计算机完成信函的写作；

(4)教师结合学生撰写信函的情况，在全班总结讲评。全班评出最佳表现者。

2.电子邮件沟通的写作

使用电子邮件发送信息。在收件人一栏输入自己的电子信箱地址，给自己发一封公务信件。然后作为信息接收方，感受一下信件格式、所用文字、语气是否恰当。

二、实训测试：你是网络沟通的高手吗？（单项选择题）

(1)你在回复朋友的邮件时，会在主题栏里(　　)。

A.根据具体内容重新拟定一个标题

B.习惯使用英文标题

C.总是用 Re、Re……代替

(2)你认为电子邮件内容的篇幅应该是(　　)。

A.越短越好

B.越长越好

C.不计长短

(3)有一封你认为很重要的电子邮件，于是你会(　　)。

A.给客户发送一封，然后打电话通知对方你已经向他发送了邮件

B.等待两天，如果没有得到回复，再发送一次

C.为了让对方及时收到，一连将相同内容的邮件发送几次

(4)你对自己的电子信箱会作出如下哪一项处理？(　　)

A.每天打开信箱查看一次，及时处理所有邮件

B.每周打开信箱查看一次,对全部邮件进行处理

C.想起来就查看一次,有些邮件不必回复

(5)你在发送电子邮件前保持的习惯是(　　)。

A.发送前再认真检查一遍,确认无误后再发出

B.为了节省时间,提高效率,写完后立即发送出去

C.把收件人地址核对准确,信件内容不必检查

(6)你是否喜欢在邮件里和朋友开玩笑?(　　)

A.是的,因为我们关系良好

B.是的,但在每次开玩笑时都标明"开玩笑"

C.不是,开玩笑容易被误解

(7)你用 QQ 聊天时,对方夸大事实,并且撒谎,你会(　　)。

A.讨厌撒谎的人,立即拆穿对方的谎言

B.只要不是恶意的欺骗,没必要拆穿谎言,继续正常聊天

C.不会拆穿谎言,但从此不再与对方聊天

(8)你与普通网友的 QQ 聊天方式是(　　)。

A.对方问一句,你答一句,很少主动开口

B.主动发问,不放过任何问题,包括对方的年龄、工资等

C.保持主动,但有些个人隐私问题必须回避

(9)遇到想深入交往的网友时,你会(　　)。

A.礼貌地请求加其为好友,如被拒绝就不再打扰对方

B.加其为好友,并索要对方照片

C.请求加其为好友,没有得到回复就再三提醒

(10)你与普通网友聊天时,对"真诚相待"的理解是(　　)。

A.网络是一个虚拟世界,不可向任何人实话实说

B.反正谁都不认识谁,说实话也无所谓

C.以诚信为主,但不能什么个人信息都公布于众

得分标准:

题号 选项	1	2	3	4	5	6	7	8	9	10
A	3	3	3	3	3	1	1	2	3	1
B	2	1	2	2	1	2	3	1	1	1
C	1	2	1	1	2	3	2	3	1	3

测试结果：

1. 将军级交流者(30分)

你完全是一个网络交流的高手，你在网络世界左右逢源，游刃有余。

2. 尉官级交流者(16~29分)

你在网络交流艺术方面还存在一定欠缺，需要进一步努力，才能成为一个真正的网络交流高手。

3. 列兵级交流者(15分以下)

你对网络交流艺术掌握甚微，甚至不清楚最起码的交流知识，在网络空间里不会受他人欢迎。你应该认真研究一下相关学问了，否则怎么能成为一名"将军"呢？

(资料来源：张喜春，刘康声，盛暑寒.人际交流艺术[M].北京：清华大学出版社，2009。)

◆ 模块三 ◆
跨文化沟通中信息的发送

模块内容

- 任务1　分析沟通对象
- 任务2　确定沟通主体策略
- 任务3　编辑沟通信息
- 任务4　选择沟通渠道

知识目标

通过本模块的学习，你可以获得以下知识：
- 沟通对象的风格类型；
- 跨文化沟通的主体策略；
- 跨文化沟通信息的编辑；
- 跨文化沟通渠道的选择。

能力目标

完成本模块学习任务后，你应当能准确判断出沟通的对象，针对沟通对象特点确定出沟通的主体策略；根据策略编辑完整有效的沟通信息，进而选择相应的沟通渠道。

学习情境导入

赶走客人的主人

主人请客吃饭，眼看约定的时间已过，只来了几个人，主人不禁焦急地说："该来的没有来。"已到的几位客人一听，扭头就走了两位。主人意识到他们误解了他的话，又难过地说："不该走的走了。"剩下的客人中有一个听了想，那我就是那个该走的人吧，扭头也走了。主人又马上意识到他误解了自己的话，急忙对走的那位客人说："我不是在说你呀！"结果剩下的客人也都气呼呼地走了。

■ **课前学习思考：**

1. 为什么主人说了三句话气走了所有的客人？
2. 什么是沟通中的信息发送？跨文化沟通的信息发送要注意什么？

任务 1　分析沟通对象

知识学习

一、什么是沟通对象

沟通对象又称沟通客体,即信息的接收者,它包括个体沟通对象和团体沟通对象;团体的沟通对象还有正式群体和非正式群体的区分。沟通对象是沟通过程的出发点和落脚点,因而在沟通过程中具有积极的能动作用。

进行有效的跨文化沟通的一个关键就是"知道对谁说",也就是要明确跨文化沟通的对象。如果说得很好,但选错了对象,自然也达不到沟通的目的。如果一个物理学家在学术会议上与其他物理学家讨论测不准原理,那么他可以自由地运用专业术语。但是,如果是向一群普通人解释这个原理,他就必须要用比较通俗的语言,方便大家理解。不要对着外行人使用业内行话,跨文化沟通的关键是理解。跨文化沟通最忌讳两件事:一是对人讲话态度傲慢;二是故作高深,让人云里雾里。

二、沟通对象的类型

良好沟通的第一步就是选择正确的沟通对象。沟通的对象是多种多样的,对于职场而言,一般跨文化沟通对象有两种:

(一)当事人

企业成员、部门之间总会发生一些冲突和矛盾,处理这类问题的基本原则是与当事人直接沟通。例如,销售部和市场部之间发生的冲突,就应该由两个部门的经理直接进行沟通。

(二)指挥链的上、下级

员工之间发生冲突,除了相互之间进行直接沟通以外,还可以请上司帮忙解决。同样,部门之间的障碍,双方之间既可以直接沟通,也可以找上一级管理者帮忙处理。这种按照指挥链的上、下级的关系进行沟通的方式是职场沟通中常见的方式。

三、沟通风格的界定及应对方法

沟通风格可以从多种维度进行界定。例如:从管理者沟通风格角度可将沟通风格分为封闭型、隐秘型、盲目型和开放型;从《论语》"仁者可谓方也矣"的角度可将人物形态分为"内方外方""内方外圆""内圆外圆""内圆外方"。与不同形态的人交往要用不同的沟通之道。每种沟通风格的界定方法都有一定的道理。本教材以 PDP (Professional Dyna-Metric Programs,行为特质动态衡量系统)将人分成四种类型为基础,根据不同人群的性格特点分析其沟通特点及应对方法,包括支配型、沟通型、耐心型、精确型四种类型。

(一)支配型(老虎型)

该类型的人以权威为导向,重实质报酬,该类型的群体约占人口的15%,其性格类型为充满自信、好胜心强、主动且企图心强烈,是个有决断力的领导者。一般而言,老虎型的人胸怀大志,勇于冒险,看问题能够直指核心,并对目标全力以赴。

老虎型的沟通风格:野心勃勃、自信、喜欢指挥他人、有紧迫感、给人以压力、意志坚强。与这类人沟通要言简意赅,一针见血,突出结果,弱化过程。

(二)沟通型(孔雀型)

该类型的人同理心强,擅言语表达,擅长自我宣传。孙中山及美国总统克林顿皆是营造气氛、宣扬理念、塑造愿景的能手,他们都是属于孔雀型领导类型。孔雀型人的共同特质为:人际交往能力极强,擅长以口语表达感受而引起对方共鸣,很会激励并带动气氛。他们喜欢跟别人互动,重视群体的归属感。由于他们富有同理心并乐于分享,具有很好的亲和力,在服务业、销售业、传播业及公共关系等领域,孔雀型的领导者都有很杰出的表现。

孔雀型的沟通风格:活泼、喜欢表现、善于自我推销、喜欢有趣的事、外向且任性。与这类人沟通不要抢他的风头,要以鼓励为主,给他表现的机会以保持他的激情。孔雀型的人一贯待人热情,但很多时候这种表示可能只是出于职业习惯,尤其在与他"推心置腹"交流时不要忘记要有所保留,他并非华而不实,而是的确具有"另外一面"。

(三)耐心型(考拉型)

该类型的人爱好和平,做事持之以恒,忍耐度佳。他们的共同特质为平易近人、敦厚可靠、避免冲突与不具批判性。在行为上,表现出不慌不忙、冷静自持的态度。他们注重稳定与中长远规划,现实生活中,常会反思自省并以和谐为中心,即使面对困境,亦能泰然自若,从容应付。在决策上,他们需要较充足的时间做规划,他们意志坚定、步调稳健。考拉型人可说是一群默默耕耘的无名英雄,在平凡中见其伟大,占人口的20%。南非国父曼德拉即是考拉型人的最佳写照。

考拉型的沟通风格:对人敏感、富有同情心、有耐心、注重他人的感受、性格温和。与这类人沟通时要注意观察对方的反馈与表现,他们的包容性很强,可以尽可能地将自己的想法表达出来。

(四)精确型(猫头鹰型)

该类型的人喜欢精确,重视专业性,循规蹈矩。他们的共同特质为重计划、有条理、细节精准。在行为上,表现出喜欢理性思考与分析,较重视制度、结构、规范。他们注重执行游戏规则、循规蹈矩、事无巨细、重视品质、敬业负责。重计划、有条理、细节精准、喜制度、重规范,游戏规则要明确。

猫头鹰型的沟通风格:爱思考、周密细致、表现稳定、拘谨犹豫、追求完美、行动力差、感情不外露。与这类人沟通时重点侧重于分析思考,侧重过程与计划。确保资料齐全,举证充分。这类人逻辑性强,数字观念强。应引导其分析方向,表达准确,内容突出,鼓励或激励其尽快作出决定。

知识链接

PDP 的全称是 Professional Dyna-Metric Programs(行为特质动态衡量系统),它是一个用来衡量个人的行为特质、活力、动能、压力、精力及能量变动情况的系统。PDP 根据人的天生特质,将人群分为五种类型,包括支配型、外向型、耐心型、精确型、整合型,为了将这五种类型的个性特质形象化,根据其各自的特点,这五类人群又分别被称为"老虎""孔雀""考拉""猫头鹰""变色龙"。PDP 是一个进行人才管理的专业系统,能够帮助人们认识与管理自己,帮助组织做到"人尽其才"。

案例解析

飞利浦照明公司某区人力资源的一名美国籍副总裁与一位被认为具有发展潜力的中国员工交谈。他很想听听这位员工今后五年的职业发展规划以及期望达到的位置。中国员工并没有正面回答问题,而是开始谈论起公司未来的发展方向、公司的晋升体系,以及目前他本人在组织中的位置等等,说了半天也没有正面回答副总裁的问题。副总裁有些疑惑不解,没等他说完已经不耐烦了。同样的事情之前已经发生了好几次。谈话结束后,副总裁忍不住向人力资源总监抱怨道:"我不过是想知道这位员工对于自己未来五年发展的打算,想了解他希望在飞利浦做到什么样的职位而已,可为什么就不能得到明确的回答呢?""这位老外总裁怎么这样咄咄逼人?"谈话中受到压力的员工也向人力资源总监诉苦。

在该案例中,副总裁是美国籍,而那位员工则是中国籍。中美之间在思维方式、生活习惯、文化背景、教育程度等多个方面都存在着显著的差异。正是由于这些文化差异的存在,才使得双方在沟通交流的过程中产生了一系列障碍。

案例中"中国员工并没有正面回答问题",原因可能是多种多样的。

1. 语言障碍,没有透彻理解美国副总裁所说话语的原意

中文和英文之间存在很大的差异,在我们学习英文的过程中我们可以体会到,对于一个中国人,要完全体会英文背后的文化是很困难的一件事。例如,"pull one's leg"本意是"开玩笑",但我们很容易就理解成"拉后腿"的意思了。

2. 文化和思维方式明显不相同

假设这位中国员工直接回答了副总裁的问题。比如,中国员工回答:"……想在五年之内做到营销部经理的职位。"很显然,按照中国人的传统心理,这样的回答违反了中国人一向谦虚、委婉的心理习惯。太直接反而会显得自己高傲自大。谦虚也可以给自己留有后路,万一做不到那个理想的位子,也不至于丢面子,被人耻笑。恰恰相反,

美国人一向简单明了,很直接,这也是他们一贯的思维方式。

另外一个方面,美籍副总裁询问这位员工对于自己未来五年发展的打算,以及想要在飞利浦做到什么样的职位。这是由于美国人很注重个人在企业的发展状况,希望通过个人才华的施展和努力来取得企业的辉煌业绩和达到理想目标。这也许与美国一贯重视个人的发展和个人利益有着莫大的关系,包含了明显的个人主义思想。而从中国员工的回答来看,基本上是"从集体到个人",习惯于重视集体,轻视个人。他先谈论的是与公司有关的一些情况,如公司未来的发展方向、晋升体系,接着才说到自己在公司所处的位置等。

3.中国员工有意回避从正面回答

这可能是由于员工根本不知道自己希望达到什么位置。有些员工似乎没有一个明确的奋斗目标或规划,只是做一点算一点,抱着得过且过的心理,而有些美国人做某一件事总是事先做好精心的策划,然后在一个明确的目标的指导下采取行动。而且美国领导也希望自己的员工能在一个明确的目标下努力,只有每一个员工都朝着一个方向前进,这样整个企业才能有个共同的向上的方向。

总之,分析清楚沟通对象的特点,以准确的信息发送方式进行沟通,才能将可能产生误会的概率降到最低。

概念·要点

在我们的日常生活和工作当中,每一天都会通过各种各样的方式与形形色色的人进行沟通,这就需要我们根据不同沟通对象的特点来选择不同的沟通方式、沟通内容等,只有这样才能提高沟通的效率和效果。沟通对象的性别、性格、生理特征、心理特征等各方面都有相应特点,在沟通过程中要注意提前了解沟通对象的突出特点,才能有的放矢。

任务 2　确定沟通主体策略

知识学习

一、沟通主体策略的定义

(一)沟通主体

沟通主体是指有目的地对沟通客体施加影响的个人和团体,诸如党、团、行政组织、家庭、社会文化团体及社会成员等。沟通主体可以选择和决定沟通客体、沟通媒介、沟通环境和沟通渠道,在沟通过程中处于主导地位。

(二)沟通主体分析的两个基本问题

沟通主体分析包括两个基本问题:一是"我是谁";二是"我在什么地方"。沟通者分析"我是谁"的过程就是自我认知的过程。分析"我在什么地方"的过程就是自我定位的过程。

"我是谁"的问题与沟通者的可信度直接相关,需要解剖沟通者自身的物质认知、社会认知和精神认知,分析自身内在动机和外在动机之间的统一程度。"我在什么地方"则是要对自身的地位、能力、个性特点、价值观和形象等方面有客观的定位。

(三)沟通者的可信度——"我是谁"

1.什么是可信度

所谓可信度,简单地说就是沟通者如何让对方感觉到自己是值得被大家信任的。可信度包括初始可信度和后天可信度。初始可信度是指在沟通发生之前受众对沟通者的看法。后天可信度是指沟通者在与受众沟通之后,受众对沟通者形成的看法。即使受众事先对你毫不了解,你的好主意或具有说服力的写作和演说技巧也有助于你赢得可信度。因此,获得可信度的最根本办法是在整个沟通过程中表现出色。

2.影响可信度的因素和提升技巧

影响可信度的因素主要有身份地位、良好意愿、专业知识、外表形象和共同价值等,可以通过对初始可信度的强调及对后天可信度的加强来提高沟通主体的可信度(见表 3-1)。

表 3-1 影响可信度的主要因素和提升技巧

因素	建立基础	对初始可信度的强调	对后天可信度的加强
身份地位	等级权利	强调你的头衔或地位	将你与地位很高的某人联系起来(如共同署名或进行介绍)
良好意愿	人际关系健康、长期记录值得信赖	涉及关系或长期记录	通过指出受众利益来建立良好意愿
专业知识	知识和能力	包括经历和简历	将你自己与受众认为是专家的人联系起来,或引用他人话语
外表形象	富有吸引力	强调受众认为有吸引力的特质	通过认同你的受众利益来建立自己的形象;运用受众认为活泼的非语言表达方式及语言
共同价值	道德准则	在沟通开始时就建立共同点和相似点,将信息与共同价值结合起来	

(四)沟通者的自我背景

"我在什么地方"也就是自我定位,首要的就是沟通者如何对自我背景进行测试。

沟通者自我背景测试框架包括：我的沟通目标是否符合社会伦理、道德伦理？在现有内外部竞争环境下，这些目标是否具有合理性？我就这个问题做指导性或咨询性沟通的可信度如何？是否有足够的资源（如信息、资料等）来支持我的目标实现？我的目标是否能得到那些我所希望的合作者的支持？我的现实目标是否会与其他同等重要的目标或更重要的目标发生冲突？目标实现的后果如何，能否保证我及组织得到比现在更好的结果？

二、沟通目标和沟通主体策略的类型

(一)沟通目标的确定

沟通目标分为三个层次：总体目标、行动目标和沟通目标。总体目标是指沟通者期望事项得到的最根本结果。行动目标是指导沟通者自身走向总体目标的具体的、可度量的、有时限的步骤。沟通目标是指沟通者就受众对书面、口头沟通起何种反应的期望。例如，某公司为了实现研究开发部门、制造部门和市场部门的有机协调，公司总经理决定让这三个部门的负责人每月召开一次例会，共同讨论在研究开发、制造、市场这三个部门之间高效协调的对策。在这个协调会上，总经理的总体目标是为了实现公司内部各部门之间的沟通；行动目标是要求各部门每月协调讨论一次；而沟通目标是要求各部门的负责人了解各个部门之间工作的实际情况，并且让各部门的负责人领会每个阶段公司的意图。

(二)沟通主体策略的类型

沟通主体策略包括四种类型：告知策略、说服策略、征询策略、参与策略。

告知策略：向对方叙述或解释信息和要求，要求对方接受你的信息。

说服策略：向对方说明做或不做的利弊并提出自己的建议，以供对方决策时参考。

征询策略：通过商议来共同达到沟通目的，使执行方案得到受众认同。

参与策略：通过共同讨论去发现解决问题的办法。

三、跨文化沟通主体策略的选择与运用

(一)告知策略

一般用于沟通者为权威或沟通者信息掌握程度上处于完全控制地位的状况，沟通者仅仅是向对方叙述或解释信息和要求，沟通的结果在于让受众接受你的信息。如老板要求下属知道规定完成的任务，并不需要他们提供意见。

(二)说服策略

一般发生在这样的背景下：沟通者为权威或在信息方面处于主导地位，但受众有最终的决定权，沟通者只能向对方说明做或不做的利弊并提出自己的建议，以供对方参考，但沟通者的目标在于让受众根据自己的建议去实施这样的行为。如销售人员向客户推销产品，或技术部门主管向预算委员会提出增加研究开发经费的建议，对方可

以接受或不接受沟通者的建议,最终决策权在于受众。

(三)征询策略

一般用于沟通者希望就计划执行的行为得到受众的认同,或者沟通者希望通过商议来共同达到某个目的。双方都有付出,也都有收获。如沟通者和同事商量,希望同事支持他向高层管理者提出某个建议。

(四)参与策略

具有最大程度的合作性。沟通者可能起先尚没有形成最后的建议,需要通过共同讨论去发现解决问题的办法。如采用头脑风暴法,让与会者就某个创新性的问题提出新的思想。

上述四种策略中,告知策略和说服策略统称为指导性策略,征询策略和参与策略统称为咨询性策略。

知识链接

有效沟通的沟通主体共时性原理是指:有意义、真实的信息必须由适当的主体发出,并通过适当的渠道传递给适当的另一主体接受,此原理可称为有效沟通的沟通主体共同适当性或共时性原理。人们要想达成有效的沟通,信息的发出者和接收者都应该是而且必须同时恰好是应该发出和应该接收的沟通主体,发送者和接收者的主体适当或共时性这两者缺一不可。如信息虽由适当的主体发出,但接收者不对;或者接收者对了,但发出者身份或地位不适当,都会导致沟通失败。只有有意义的信息从适当的主体发出,并准确地传送给了适当的主体并及时接收,沟通才可能是有效的。

案例解析

案例一:假如你是一家专门为航天工业提供零部件的生产企业的总经理,德国籍员工LEE是销售分公司经理,他直接对你负责。很长一段时期以来,LEE分管的分公司总是达不到计划的要求,销售人员人均收入低于公司的平均水平,而且LEE每月的报告总是迟交。在得到年度中期报告后,你决定找他谈谈,并约了他。但当你准时到LEE办公室时,却发现他不在。他的助手告诉你,LEE手下的一位销售部门负责人刚刚突然拜访,抱怨一些新员工上班迟到,中间休息时间太长。LEE马上与那位经理去销售部,打算给销售员们做一番"精神"训话,激励他们勿忘业绩目标。当他回来的时候,你足足等了15分钟。

案例二:你公司还有一位美国籍员工LULU,刚从国内某著名大学管理学院获得了MBA学位,最近加入了你的公司,任职于财务部门,负责财务计划小组内的工作。她是揣着非常有力的推荐与学历证明进入公司的。虽然LULU来的时间不长,人们已发现她在加强个人声誉方面似乎有点不择手段。近来,你听到越来越多有关 LULU 的讨论，比如：她行为傲慢，时常自我推销，公开批评小组内其他成员的工作。当你第一次与她就小组业绩进行交谈时，她否认小组中存在的问题。她宣称如果有什么的话，那就是她通过提高小组工作标准对小组业绩产生了负面影响。在听到了来自她同事的最近的一系列抱怨后，你决定再次安排时间与 LULU 谈谈。

这两个案例能较好地帮助我们厘清两类不同的人际沟通方式。

对于 LEE，可以发现他在管理方面能力比较缺乏，在管理下属的工作上显得不称职。这时，你作为 LEE 的上级，为他提供有关建议或准确的信息是非常重要的，应该让他意识到问题所在以及如何解决问题。所以，你应该对他采用指导性沟通方式。

至于 LULU 的案例，则表明了何时应采取咨询性沟通策略。当问题源于态度、个性冲突或者其他与情绪有关因素时，沟通者就需要对方提供咨询意见，即采取共同讨论和协商的方式，帮助下属认识到问题所在。（不需要去帮助解决问题，因为当他们意识到问题所在后，他们自己是完全有能力去解决问题的。）就 LULU 来说，她的管理能力并不欠缺，她在这个职位上也是合适的，只是她没有意识到自己在工作方式和工作态度中存在的问题，也没有意识到应向他人征求咨询性意见。相反，如果对 LULU 采用指导性沟通策略，就会使问题恶化，引起她的防范心理，并可能使她排斥自身的改变。沟通者如果对她指手画脚，建议她如何做工作或不该做什么，可能会使她的抵触情绪更加严重。

概念·要点

沟通主体策略包括四种类型：告知策略、说服策略、征询策略、参与策略。其中，告知策略和说服策略统称为指导性策略，征询策略和参与策略统称为咨询性策略。

任务 3　编辑沟通信息

知识学习

一、什么是信息沟通

信息沟通是指可解释的信息从发送人传递到接收人的过程。具体地说，它是人与人之间思想、感情、观念、态度的交流过程，是情报相互交换的过程。

要准确理解信息沟通的含义，需注意以下几点：信息沟通首先是信息的传递，如果信息没有被传递，信息沟通就没有发生；成功的信息沟通，不仅需要信息被传递，还要信息被理解；信息沟通的主体是人，即信息沟通主要发生在人与人之间；由于管理过程中各种信息沟通相互关联、交错，所以管理者把各种信息沟通过程看成是一个整体，即管理信息系统。

信息沟通的作用在于使组织内的每一个成员都能够做到在适当的时候，将适当的信息，用适当的方法，传给适当的人，从而形成一个健全的、迅速的、有效的信息传递系统，以有利于组织目标的实现。信息沟通可提供充分而详实的材料，是正确决策的前提和基础。信息沟通是组织成员统一思想和行动的工具。信息沟通是在组织成员之间，特别是领导者和被领导者之间建立良好的人际关系的关键。

为改进信息沟通工作并提高效率，信息沟通要满足以下要求：沟通要有认真的准备和明确的目的；沟通的内容要确切；沟通要有诚意，以取得对方的信任并建立起感情；提倡平行沟通，即在组织中同一层次之间的相互沟通；提倡直接沟通、双向沟通和口头沟通；设计固定沟通渠道，形成沟通常规。

信息沟通的原则包括准确性原则、完整性原则、及时性原则、非正式组织策略性运用原则。

准确性原则：当沟通所用的语言和传递方式能被接收者理解，才是准确的信息，沟通才具有价值。

完整性原则：信息沟通是手段而不是目的，必须以保证维护组织的完整性为前提。

及时性原则：沟通要恰当、适时、及时，这样才能实现有效沟通，否则就会延误时机或适得其反。

非正式组织策略性运用原则：职场沟通中，非正式组织沟通比正式组织沟通来得更有效。因为人们在非正式组织中会更放松，沟通的效果也会更好。

二、高效编辑沟通信息的关键点

高效编辑沟通信息的关键点包括：能有效运用信息沟通过程的沟通目标、论据观点、内容组织和逻辑结构等方面设计的策略；能运用全面对称、简明清晰、具体生动、谈话连贯等信息表达技能；沟通过程能正确把握问题导向、自我责任导向和事实导向的沟通策略；意识到并能运用沟通过程的注重理解、表里一致和价值认同等策略。

一样的问题，不同的表达会得到不一样的结果。例如《精心与抽烟》这个故事所阐述的道理：两个有烟瘾的人，一起去向一位素以严苛出名的禅师学习打坐。当他们打坐的时候，由于摄心，烟瘾就被抑制了，可是每坐完一炷香，问题就来了。那一段休息时间被称为"静心"，可以在花园散步，并讨论打坐的心得。每到静心时间，甲乙两人便忍不住想抽烟，于是在花园互相交换抽烟的心得，愈谈愈想抽。

甲提议说："抽烟也不是什么大不了的事，我们干脆直接去请示师父，看能不能抽。"

乙非常同意，问道："由谁去问呢？"

"师父很强调个别教导,我们轮流去问好了。"甲说。

甲去请教师父,不久之后,微笑着走出禅堂对乙说:"轮到你了。"

乙走进师父房里,接着传来师父怒斥和拳打脚踢的声音,乙鼻青眼肿地爬出来,却看见甲正在悠闲地抽烟。他无比惊讶地说:"你怎么敢在这里抽烟?我刚刚去问师父的时候,他非常生气,几乎把我打死了。"

甲说:"你怎么问的?"

乙说:"我问师父,'静心的时候,可不可以抽烟?'师父立刻就生气了,你是怎么说的,师父怎么准你抽烟?"

甲得意地说:"我问师父,'抽烟的时候可不可以静心?'师父听了很高兴,说'当然可以啦'。"

因此,实现有效沟通的关键在于准确编辑沟通信息,只有遵循了"导向定位、信息组织、信息表达、语言选择、信息载体、情感尊重"的流程,才能将信息准确地传递出去,进而使信息的接收方了解信息发出方的真正意图。

三、职场中跨文化沟通信息的编辑

(一)导向定位

1.问题定位:对事不对人

比较以下三种说法,看哪种说法更容易让人接受。

A.我不喜欢你这身打扮

B.你的这身打扮与公司的衣着规定不符

C.大家希望你能打领带上班

很明显,第三种表达直接针对问题,对事不对人。既解决了问题,又不会产生消极影响。

2.责任导向定位:自我显性

自我显性型沟通:承认思想源泉属于自己而非他人或集体,承担个人评论的责任。例如,一位管理者和他的下属之间有这样一段对话。

下属:"其他人都说我的工作是很棒的。"

管理者:"那么除了我之外,就没有人对你的工作不满或建议改善一下吗?"

下属:"……,×××抱怨我有时因为取巧想走捷径,结果要他帮我收拾残局。"

管理者:"他这种抱怨对不对?"

下属:"也许对吧。"

管理者:"那你为什么取巧?"

下属:"我的工作堆积如山,我怕完成不了。"

管理者:"工作积起来了,就去取巧,这种情况经常发生吗?"

下属:"不时有。"

这段对话很明确地体现了自我显性的责任导向定位,这位下属并未将责任推至抱怨他的同事身上,而反省是因为自己投机取巧致使同事产生不满。看似简单的对话,实际上将问题的本质挖掘了出来,也便于管理者对症下药。

3.事实导向定位:客观描述

例如,假设你是一名管理者,你想告诉下属他们接电话时不恰当的方式和说话的语速可能会给顾客留下不好的印象。你就此事与下属沟通,可能有以下两种方式:

方式一:"小刘,你接电话的方式真是太唐突了,你需要从现在开始接受职业化的训练。"

方式二:"小刘,我正在关注你在电话中与顾客的交谈方式,我想和你讨论一下。我注意到你讲话的速度相当快,因而我担心一些顾客可能很难理解你所表达的,毕竟你比顾客更了解、更熟悉情况。"

很显然,第二种方式是以客观描述来分析问题,而非主观判断和感受。这样的沟通更能让信息接收者采纳建议。

(1)描述性沟通的步骤

职场中描述性沟通显得非常重要,我们要把握其方法,以便更好地运用。描述性沟通主要包括三个步骤:

步骤一,描述客观事情、行为和环境;

步骤二,关注自己的行为和反应,而非他人的态度;

步骤三,关注解决问题的方案。

(2)描述性沟通的原则

应以已建立的规则为基础,以可能的结果为基础,与同一人先前的行为作比较,要避免引起对方的不信任和防卫心理。

(二)信息组织

职场工作中收集到的信息有很多种,好的、坏的、完整的、零碎的、论据性的、结论性的等等,将其有序整理并组织成清晰的概念,就是信息组织的过程。只有沟通者组织好清晰的概念传达给受众,才能实现有效的沟通。

信息组织的关键在于:明确沟通目标、把握论据观点、合理组织内容、关注逻辑结构。

沟通目标可能是规定某一个问题,或者使你的建议被采纳,或者赢得下属(同事或领导)的尊重。不同沟通类型的沟通目标是不一样的,具体见表3-2。

表3-2 沟通目标差异

沟通类型	沟通目标
指导性沟通	往往是要求受众接受沟通者的观点,或产生沟通者所期望的行为或结果。指导性沟通的目标设定较为简单,因为这种沟通的确定性较大

续表

沟通类型	沟通目标
咨询性沟通	可能是为了获取某种信息,得出某个结论,或者得到对方的支持。此类沟通事先对结果甚至对过程都没有很大的确定性。具体的行动目标和沟通目标,往往要随着沟通过程的进行作适当的调整

目标设定要明确沟通的主导目标(刚性目标),列举出所希望实现的全部目标,界定好其中一两个最重要的目标。考虑对方的目标以及他们可能的反应,在主导目标的规范下,通过对对方目标的分析和整理,考虑对对方的目标进行整合,确定最终的行动目标和沟通目标;要注意把握适度灵活原则,行动目标和沟通目标的设定要兼顾刚性和弹性;要界定好总体目标、战略、策略和任务之间的关系(如图3-1所示)。

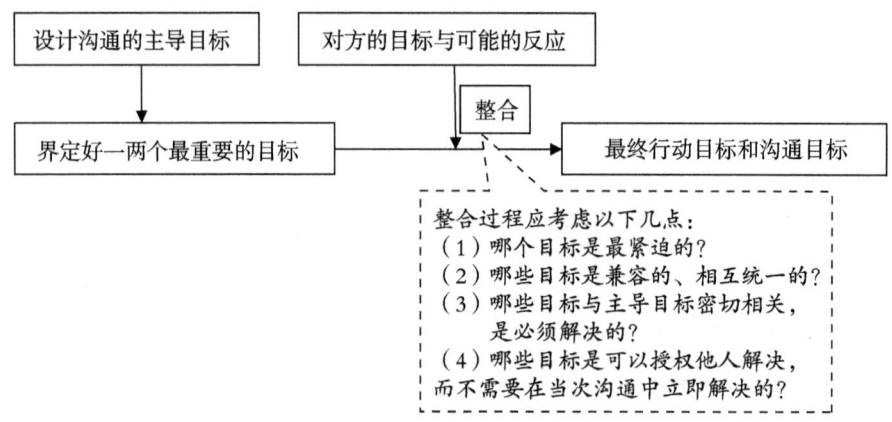

图 3-1　沟通目标设定示意图

(三)信息表达

信息表达包括全面对称、简明清晰、具体生动、谈话连贯。

1.全面对称

传递的信息是完全诚实、真诚的;传递的信息是精确对称的,但要注意采用正确的语言层次,内容要正确,写作模式同样要正确。正如 Peter Drucker 所说:"人无法靠一句话来沟通,总是得靠整个人来沟通。"职场中跨文化沟通时更要注重非语言沟通的重要作用,各个国家、组织都有着特定意义的非语言沟通特质。沟通全面对称组成图如图3-2所示。

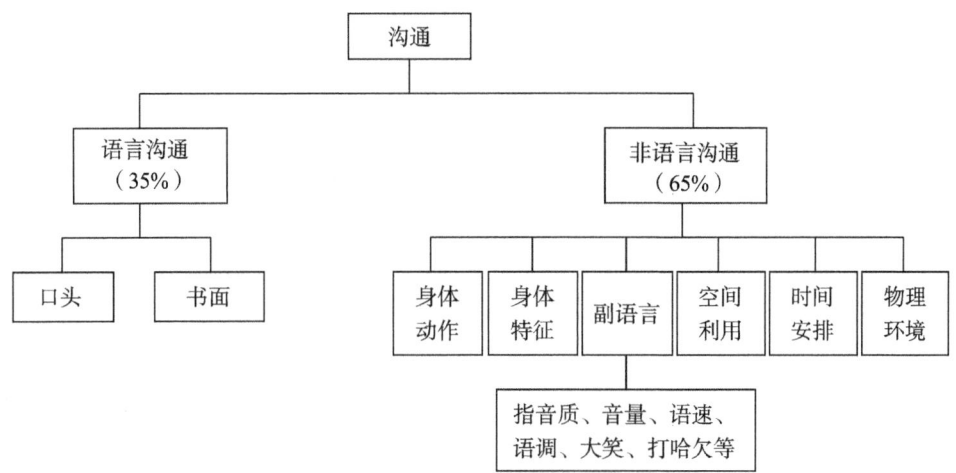

图 3-2　沟通全面对称组成图

沟通距离的暗示含义。亲密距离:0～0.5米,私人距离:0.5～1.2米,社交距离:1.2～3.5米,公众距离:3.5米以上。

时间安排的暗示含义。是否守时反映对会面的重视程度;谁等谁、等多久反映两者的从属关系;是否准时赴约的心理准备取决于双方的价值估量。

形体的暗示含义。细微的动作可以体现语言无法表达的内涵,比如:双手交叉环抱在胸前,表示对对方的意见不认同或有所防备;身体散漫地靠在椅背上表示对沟通的话题不感兴趣或很放松、不紧张。

2.简明清晰

作用:节约沟通双方时间,表达对对方的尊重。

建议:消除冗长的表达,只包括和沟通相关的材料,避免不必要的重复。

3.具体生动

含义:运用具体、明确、活泼、生动的语言,而不是含糊乏味的语言。

建议:用具体的事实和图表;强调语句中的动词或关键词;选择活泼、有想象空间的语句;运用类比等方式,突出希望强调的主题事实。

4.谈话连贯

含义:前后话题在形式、内容上的连续性。

建议要点:轮流讲话、时间控制、主题控制。具体建议:学会提问,不急于下结论,给别人适当的插话机会;避免长时间停顿;内容应与先前讲过的相关;轮流讲话,肯定对方。

(四)信息载体

根据所借用的媒介的不同,沟通可划分为语言沟通与非语言沟通。

语言沟通是指以语词符号为载体实现的沟通,主要包括口头沟通、书面沟通、电话沟通和网络沟通等。

1.口头沟通和书面沟通

语言沟通根据形式不同可以分为口头沟通和书面沟通。口头沟通是指借助语言进行的信息传递与交流。口头沟通的形式很多,如会谈、电话、会议、广播、对话等。书面沟通是指借助文字进行的信息传递与交流。书面沟通的形式也很多,例如,通知、文件、通信、布告、报刊、备忘录、书面总结、汇报,等等。

2.语言沟通和非语言沟通

语言沟通和非语言沟通相辅相成,但它们之间存在着明显的区别。语言沟通在词语发出时开始,它利用声音这个渠道传递信息,它能对词语进行控制,是结构化的。非语言沟通是连续的,通过声音、视觉、嗅觉、触觉等多种渠道传递信息,绝大多数是习惯性的和无意识的,在很大程度上是无结构的。

(五)情感尊重

情感尊重包括:注重礼节、表里一致、价值认同、积极倾听。

1.注重礼节

含义:关注对方的情感,真诚、有礼貌;关注信息内容,周到、有素养。

建议:沟通者不仅要意识到听众的观点和期望,还应考虑听众的感情;从受众能接受的角度准备每一项信息,把自己放在对方的立场。职场中跨文化沟通礼节性的建议,一般性做法包括:强调真诚、机智、周到,以尊重人的语气表达,选择非歧视性表达,强调积极、令人愉悦的事实;对下属的做法包括:平等对待,相信下属,以平常心看待自己。

2.表里一致

含义:内在想法与外在表现要保持一致和同步。

建议:尽量规避表里不一致的三种情形,即处事态度与意识和态度之间不一致;个人感觉与表达意见之间的不一致;表达内容与举止之间的不一致。

3.价值认同

含义:使对方感到自己被认可、被承认、被接受和有价值;而不是否认他人存在、他人的重要性和独特性。排斥性的表现形态:优越感导向(奚落、自夸、事后诸葛亮等),过于严厉、冷漠。认同性的表现形态:尊重对方,灵活开放,双向沟通。

价值认同策略思路:先提炼对方主要观点,后整理零碎看法;先指出与对方一致之处,再提出相异之点;先肯定对方行为观点,再批评缺点;先指出解决问题的正确做法,后指出以前错误;先实现对方自我激励,后指出具体方法。

4.积极倾听

核心:积极倾听而非单向输出,敢当学生,以学习他人的思考理念,双向互动。

策略:认知双向沟通的重要性,从肯定对方的立场出发进行倾听;克服先验意识和心智模式;给对方以及时适当的反应。学会倾听是成功职业人的基本素质。表3-3将好的倾听习惯和不好的倾听习惯进行了比较。

表3-3 倾听习惯比较

好的倾听习惯	不好的倾听习惯
了解对方心理	喜欢批评,打断对方
集中注意力	注意力不集中
创造谈话兴趣	表现出对话题不感兴趣
观察对方身体语言	没有眼神交流
辨析对方意思并给予反馈	反应过于情绪化
听取对方的全部意思	只为了解事实而听

知识链接

说话的技巧

先端正说话态度。良好诚恳的态度,才能使自己的语言犹如春风细雨一般,叩开别人的心扉,滋润着干涸的心灵,激发人的斗志,增长人的勇气。多激励别人。多说一些激励别人的话,肯定别人的能力,那样才能让别人感到兴奋,从而产生一种壮志未酬的情怀。给别人信赖。给人充分的信任,便给人十足的勇气和力量,能让正在沉沦的灵魂得到拯救,能让绝望的心燃起信心和希望。不要恶言恶语。口出恶言,只能激起别人的反感和抗拒,给人的心灵造成无法弥补的创伤,让人心灰意冷,觉得世界上没有人会相信自己。

1.说话过程中要保持两个基本原则

(1)观点对错不判断。我们在说话时最容易犯的错误就是自己在心里判断对方的观点,其实每个人的观点,只是对事物的不同的看法,很难做出谁对谁错的判断。之所以要判断,是因为在我们自己的头脑中,有一套自己处理事情、甄别是非的价值观或方法论,它不能代表别人,更不能代表真理。如果边听边判断,就会对说话者在心里定格,也就难免会在谈话中带有情绪、言词上有不良表现。只有耐心地倾听完其表述,才会知道事情的原委,作出正确的分析、判断,也许对方能给你带来一套全新的观念或创意。抱着将要发现新大陆的心态去倾听,他(她)会兴致勃勃。

(2)充分的尊重。孔圣人说,三人行,必有我师。就像世界上没有两片完全相同的树叶一样,每个人对事物的看法也是不同的,抱着一种学习的态度去与人交流,这是产生尊重的基础。尊重能让你在交流中保持良好姿态;尊重能让对方感觉到你的真诚可敬;尊重能让人向你展示他心灵的最深处。想让别人尊重自己,自己首先要尊重别人。

2. 尽量不使用否定性的词语

心理学家调查发现,在交流中不使用否定性的词语,会比使用否定性的词语效果更好。因为使用否定词语会让人产生一种被命令或被批评的感觉。虽然明确地说明了你的观点,但更不易于被接受。

3. 换一个角度表达更易使人接受

汉语是世界上最复杂的语言之一,这种复杂性,也说明了它的丰富多彩,同样的一种观点会有多种表达的方式。我们在要表达自己的观点前不妨深思三秒钟,也许会生成更精彩、更让人喜欢的表达语言。

4. 运用好你的肢体语言

肢体语言包括身体各个部分为表达自己观点而配合的各种动作。文字、语调、肢体动作构成了人交流的一个表达系统,只有各个部分完美地配合,才能产生最佳的效果。研究表明,交流时文字、语调、肢体动作等所产生的作用是不同的,文字占7%,语调占38%,肢体动作(语言)占55%。

5. 寄予希望比命令更有效

命令式的语言会给人以歧视、不尊重的感觉,这种感觉会削弱人的积极性,有时还会让人反感,这样自然会对结果产生不良的影响。例如,"你必须在五天内完成这项工作。"可换成这样的说法:"依你的能力,相信你会在五天内出色地实现我们的目标。"这种表达交流方式,在工作中的效果是最显著的。养成这样布置任务或工作的习惯,不但不会降低你的权威,反而会更大提升你的魅力。

6. 一语概全最伤人

说话时就事论事是最基本的要求,但很多时候人们说话时,就会把意思扩大化、深层化。例如,孩子在倒水时不小心把杯子打碎了,家长有时就会说:"你天生就是一个败家子。"想一想,就打碎一个杯子,就把人定性为败家子,会多么伤孩子的心。不妨换一种说法:"没关系,以后注意,你能自己倒水,说明你在成长,我们很高兴。"切记,从观念上不要给任何人下结论;从语言上不要给任何人下定论。事情是变化的,人也是变化的,每个人都有善良的一面,每件事都有积极的因素,就事论事,决不以偏概全。

7. 情绪不稳定时少说话

人在情绪不稳定或激动、愤怒时,智力是相当低的,心理学研究证明,人在高度的情绪不稳定时,智力只有6岁。在情绪不稳定时,常常表达的不是自己的本意,道理理不清,话也讲不明,更不能做决策,不要相信"急中生智"的谎言。生活、工作中,一句话反目成仇,甚至闹出命案的例子举不胜举。

8. 幽默的话语分时说

有人很幽默,给人添加了不少交流的欢乐,但幽默要分时分地使用,切不可不分时间、地点随意幽上一默。唐王李世民是一代明君,但却因大臣的一个幽默错杀了一员大将。有一次,李世民接到密报,说边疆守将王和可能要谋反,遂约几名朝廷重臣商议,这时大臣李展内急,因事情紧急,李世民与几个重臣就先开始商议对策,正在大家拿不定主意时,李展如厕回来了,他回来看大家都很严肃,就想幽默一下活跃一下气氛,说道:"恶疾之存,伤身误国,斩之最佳!"他本意是说自己拉稀,又伤自体还误国事,没有了才最好呢。可李世民没有那么想,他以为李展是让他杀了王和,就说"依卿之意吧",李展还说"皇上圣明"。事后查明,王和根本没有反心。

9.爱是一股无穷的力量

说话时以爱为根基,从关爱的角度去表达自己的观点,会让人产生力量。

10.能让出成绩也是一种艺术

谁都不会喜欢一个抢功的人,人们往往更希望得到鼓励,让出成绩也是鼓励,这主要是指智慧上的成绩。说话能让人喜欢,不只是一个表达技巧的问题,还要我们养成学习、观察的好习惯,不断地约束与修炼自己,要常反思,悟出来的才能真正成为自己的。良言一句三冬暖,恶语伤人六月寒,提升自己的语言魅力吧!

案例解析

名医劝治的失败

春秋战国时期,有一位著名的医生,名叫扁鹊。有一次,扁鹊谒见蔡桓公,站了一会儿,他看了看蔡桓公,说:"国君,你的皮肤有病,不治,病怕是要加重了。"蔡桓公笑着说:"我没有病。"扁鹊告辞后,蔡桓公对他的臣下说:"医生就喜欢给没病的人治病,以显示自己有本事。"

过了十几天,扁鹊又前来拜见蔡桓公。他仔细看了看蔡桓公的脸色说:"国君,你的病已到了皮肉之间,不治会加重的。"蔡桓公见他尽说些不着边际的话,气得没有理他。扁鹊走后,蔡桓公还没有消气。

又过了十多天,扁鹊又来朝见蔡桓公,他神色凝重地说:"国君,你的病已入肠胃,再不治就危险了。"蔡桓公气得叫人把他轰走了。

再过了十几天,蔡桓公出巡。扁鹊远远地望见蔡桓公,转身就走。蔡桓公觉得很奇怪,便派人去追问。扁鹊叹息说:"皮肤上的病,用药物敷贴就可能治好;皮肉之间的病,用针灸就可能治好;肠胃之间的病,服用汤药就可以治好;但如果病入骨髓,那么生命已掌握在司命之神的手里,医生是无能为力了。如今国君的病已深入骨髓,所以我不敢去谒见了。"蔡桓公听后仍不相信。

五天之后,蔡桓公遍体疼痛,他连忙派人去请扁鹊。可这时扁鹊已经逃往秦国躲起来了。不久,蔡桓公便病死了。

对于这则关于扁鹊的轶事,后人大多认为是蔡桓公固执己见、讳疾忌医,终于自食恶果。也有人用这则故事来说明扁鹊高超的医术。这些说法都有一定道理。但是从沟通的角度来说,扁鹊是有责任的,可以说这是一次失败的沟通。扁鹊虽劝治了三回,但没有起任何作用,反而延误了病情,导致蔡桓公死亡,这跟扁鹊在编辑沟通信息方面缺乏技巧是有一定关系的。

(资料来源:徐谷波.管理方法与艺术[M].北京:中央广播电视大学出版社,2011.)

概念·要点

编辑沟通信息包括:导向定位、信息组织、信息表达、信息载体、情感尊重。

任务 4 选择沟通渠道

知识学习

一、什么是沟通渠道

沟通渠道是指由信息源选择和确立的传送信息的媒介物,即信息传播者传递信息的途径。信息源必须确定何种渠道是正式的,何种渠道是非正式的。一般来说,正式渠道由组织建立,它传递那些与工作相关的活动信息,并遵循着组织中的权力网络;非正式渠道是指在组织正式沟通渠道之外的自发的传播信息的渠道,它对于组织和群体会产生一定的影响,有时还能起到正式传播渠道所起不到的作用。

二、沟通渠道的类型

(一)按语言表达方式分类

按语言表达方式划分,沟通渠道可分为三类:口头沟通方式、书面沟通方式和非语言沟通方式,在这方面,跨文化沟通与其他沟通没有什么区别。常见的跨文化沟通渠道有:书信、面谈、电子邮件、电话、书籍、电视、电影、广播、QQ、微信、手机短信、网络即时通信软件、网络聊天室、网站、传真等。

(二)按个体对象分类

按个体对象划分,沟通渠道可分为个人的和非个人的两大类型:个人沟通,通过个人沟通渠道,两个或更多的人直接互相交流,他们可以面对面,通过电话、QQ、微信,甚至通过邮件交流。个人传播渠道中有一种现象被称为口头传播影响,并在许多产品领域都行之有效。非个人沟通包括主要媒体、氛围和活动。主要媒体包括报刊媒体、广播媒体、展示媒体。氛围是特别设计的环境,用于建立并加强买主购买某一产品的倾向。活动是安排好的事件,向目标受众传达信息。

举一个经典的沟通渠道案例,2001 年 IBM(国际商业机器公司)召开了一次为期 4

天的网上会议,参会人员是全球各地的 5 万多名员工,展示了大批员工虚拟集会的可行性。这次网上会议的召开利用了 IBM 的内部网站,参加会议的员工通过 IBM 的局域网在实时的聊天室里交流意见,或在网上布告栏中贴出自己的意见,而且可以投票选出自己认为合理的建议。通过这次会议,IBM 的管理层收集了数千条建议,很多员工表示将在工作中尝试采用这些建议。

三、选择跨文化沟通方式与渠道的原则

(一)效果原则

效果原则指的是在选择跨文化沟通的方式与渠道时,应该注意所选方式与渠道能不能达到预期的效果,能不能实现预期的目标。应该选择能够达到预期效果的方式与渠道,而不应该选择不能达到预期效果或事与愿违的方式与渠道。例如,信息发出者需要给信息接收者传达大量的重要信息,却选择了口头方式、广播渠道,这就使得信息接收者很难记住并对接收到的信息做深入的理解。所以,信息发出者如果需要给信息接收者传达大量的重要信息,应该选用书面的沟通方式。

(二)效率原则

效率原则指的是在选择跨文化沟通的方式与渠道时,应该注意所选方式与渠道能不能快速地传递信息。现代社会生活节奏很快,效率显得尤为重要,所以应该选择能够快速传递信息的方式和渠道。尤其是对一些紧急的信息来说,效率的重要性不言而喻。随着通信技术的进步,高效率的沟通渠道越来越多,例如:电话、QQ、微信、手机短信、电子邮件、网络即时通信软件等。

(三)成本领先/低成本原则

成本领先原则就是低成本原则。低成本原则指的是,在选择跨文化沟通方式与渠道的时候,首先要考虑人力、财力、物力等方面的成本,尽量降低成本。例如,在与国外的联系人联系时,能采用电子邮件进行沟通的就不要打国际长途;能通过视频会议进行的,就不要申请护照、办签证、坐着飞机跑到国外去谈判。违背低成本原则的情况也时有出现,主要是出国人员在精神、阅历方面得到了补偿,是给出国人员提供的一种福利。有的时候是因为对方的邀请,出于对对方尊重的考虑,也会违背低成本原则。

(四)安全原则

所谓安全原则就是跨文化沟通的方式与渠道应该是安全的,不会给信息发出者与接收者或其他人带来危险。有的信息只能信息的发出者与接收者二者知道,如果被第三方发现,可能会给二者或其他人带来危险。此时需要选择安全的沟通方式与渠道。通常,口头沟通方式与非语言沟通方式比较安全。有时也会因为距离的原因选择书面沟通方式,此时通常要求信息接收者接收到信息后马上销毁。

(五)对等原则

对等原则指的是信息接收者可以采用信息发出者采用的沟通方式和渠道给对方

进行信息反馈。若信息发出者使用口头沟通方式与信息接收者进行沟通,信息接收者可以以口头沟通方式进行回应。若信息发出者使用书面沟通方式与信息接收者进行沟通,信息接收者可以以书面沟通方式进行回应。有时候为了遵守重视/尊重原则违背对等原则也是可以的。例如,当信息发出者使用书信沟通渠道时,信息接收者使用面谈的沟通渠道以示对信息接收者的尊重与重视。

(六)重视/尊重原则

重视原则指的是信息发出者选择的沟通方式与渠道要能够表现出对信息接收者的重视与尊重。当信息接收者足够重要的时候,信息发出者需要与信息接收者面对面沟通,甚至需要带上礼物亲自登门拜访。纸质的信件比微信、手机短信更能显示出对信息接收者的重视。重视/尊重原则有时会因为安全原则而被违背。例如,当男孩子向女孩子表白的时候,可能怕被拒绝而不好意思,于是把本来应该当面说的话改成了手机短信。

(七)异化—归化原则

在这里,异化原则指的是在可行的情况下,为了尽可能地给信息接收者提供方便,信息发出者选择信息接收者常用的沟通方式与沟通渠道;归化原则指的是在信息发出者无法使用信息接收者常用的沟通方式与沟通渠道之时,信息接收者选择使用信息发出者常用的沟通方式与沟通渠道。例如,外籍员工(信息接收者)使用 SkyPe 进行网上即时沟通而不用 QQ,信息发出者可以下载 SkyPe 软件与之沟通;外籍员工来到中国后如果不换国内的电话号码,与之通电话话费会非常高,而且单位不一定有能打国际长途的电话,所以可以帮外籍员工购买国内的电话号码,以便与之沟通。

(八)得体原则

得体原则指的是选择的跨文化沟通方式与渠道相对信息本身的性质、信息接收者与信息发出者的关系、沟通的目标而言,是恰当的,也就是说所选的跨文化沟通方式和渠道与本次跨文化沟通的环境是和谐的。例如,下面这个例子中,选择书面的电子邮件就是比较得体的跨文化沟通方式与渠道。2009 年 2 月,澳大利亚维多利亚州连日高温,甚至有房子因高温而着火,于是以电子邮件的形式向维多利亚大学商务与酒店管理学院教务秘书表达关切之意。

(九)可行原则

可行原则指的是选择的跨文化沟通方式与渠道应该是可行的。选择跨文化沟通方式与渠道需要考虑该方式、该渠道是不是囿于某些条件限制而无法使用。当所选方式与渠道因受某些条件约束而无法使用的时候,该方式、该渠道就是不可行的;反之,该方式、该渠道就是可行的。例如,当信息发出者想要通过电话给信息接收者发出信息的时候,如果信息发出者无法找到电话,那么通过电话渠道传递信息就是不可行的。

(十)多元化原则

多元化原则指的是跨文化沟通的方式与渠道应该是多种多样的,不能太单一,以便能够更好地实现沟通的目标。例如,当选择面谈渠道的时候,信息发出者应该有意识地综合使用口头方式、书面方式和非语言方式,从而更好地实现沟通目标。在双方面谈之后,可以选择会议纪要的渠道,把双方面谈的主要内容记下来,以备后用。

(十一)灵活原则

灵活原则指的是在选择跨文化沟通的方式与渠道时,应该灵活处理,不能拘泥于惯例或经验。灵活原则要求信息发出者与信息接收者随时随地注意沟通工作的进展状况,根据沟通的目标与实际情况,灵活地选择合适的沟通方式与渠道。例如,根据对等原则,信息接收者应该选择与信息发出者相同的沟通方式与渠道,但是,为了表现出对信息发出者的重视与尊重,信息接收者可以选择其他沟通方式与渠道反馈信息。

四、选择最合适的跨文化沟通方式和渠道

慎重选择沟通方式和渠道是跨文化沟通的基础。不同的沟通渠道适合的情境是不一样的。比如:

(1)当你想发布消息、分享个人信息时,选择面对面沟通;

(2)当你需要很快地发布或收集信息,或者沟通双方不能见面时,选择电话沟通;

(3)当你希望留下重要的或日常的信息,接收者能在方便时回复时,选择语音信箱沟通;

(4)当你的信息必须跨越时间和地域,或者书面记录很重要,需要快速传递信息时,选择传真沟通;

(5)当你不需要太快的反馈,不在意安全和保密性,需要与分散的群体有效沟通时,选择电子邮件沟通;

(6)当你需要获得群体决定和一致性时,或者单纯发布信息效率不高时,选择面对面会议沟通;

(7)当你需要获得群体决定和一致性,但成员分布在各地时,选择电话或视频会议沟通;

(8)当你需要书面记录来解释政策、讨论程序或收集信息时,选择便函沟通;

(9)当你与外部的客户、政府部门、供应商或其他人沟通,需要书面记录或信函往来时,选择信函沟通。

知识链接

有效沟通在企业管理中的重要性

1.准确理解公司决策,提高工作效率,化解管理矛盾

公司决策需要一个有效的沟通过程才能施行,沟通的过程就是对决策的理解传达的过程。决策表达得准确、清晰、简洁是进行有效沟通的前提,而对决策的正确理解是实施有效沟通的目的。在决策下达时,决策者要和执行者进行必要的沟通,以对决策达成共识,使执行者准确无误地按照决策执行,避免因为对决策的曲

解而造成的执行失误。

一个企业的群体成员之间进行交流包括相互在物质上的帮助、支持和感情上的交流、沟通，信息的沟通是联系企业共同目的和企业中有协作的个人之间的桥梁。同样的信息由于接收人的不同会产生不同的效果，信息的过滤、保留、忽略或扭曲是由接收人主观因素决定的，是他所处的环境、位置、年龄、教育程度等相互作用的结果。由于信息感知存在差异性，因此需要进行有效的沟通来弥合这种差异性，以减少由于人的主观因素而造成的时间、金钱上的损失。准确的信息沟通无疑会提高我们的工作效率，使我们舍弃一些不必要的工作，以最简洁、最直接的方式取得理想的工作效果。为了使决策更贴近市场变化，企业内部的信息流程也要分散化，使组织内部的通信向下一直到最低的责任层，向上可到高级管理层，并横向流通于企业的各个部门、各个群体之间。信息的流动过程中必然会产生各种矛盾和阻碍因素，只有在部门之间、职员之间进行有效的沟通才能化解这些矛盾，使工作顺利进行。

2. 从表象问题过渡到实质问题的手段

企业管理讲求实效，只有从问题的实际出发、实事求是才能解决问题。而在沟通中获得的信息是最及时、最前沿、最实际、最能够反映当前工作情况的。在企业的经营管理中出现的各种各样的问题，如果单纯地从事物的表面现象来解决问题，不深入了解情况，接触问题本质，会给企业带来灾难性的损失。

个人与个人之间、个人与群体之间、群体与群体之间开展积极、公开的沟通，从多角度看待一个问题，那么在管理中就能统筹兼顾，未雨绸缪。在许多问题还未出现时，管理者就能通过沟通从表象上看到、听到、感觉到，经过研究分析，把一些不利于企业稳定的因素扼杀掉。企业是在不断解决经营中的问题中前进的，企业中问题的解决是通过企业中有效的沟通实现的。

3. 激励职工，形成健康、积极的企业文化

人具有自然属性和社会属性，在实际的社会生活中，在满足人的生理需求时还要满足精神需求。每个人都希望得到别人的尊重、社会的认可和自我价值的实现。一个优秀的管理者，就要通过有效的沟通影响甚至改变职员对工作的态度、对生活的态度。把那些视工作为负担，对工作三心二意的员工转变为对工作非常投入，工作中积极主动，表现出超群的自发性、创造性的员工。在有效沟通中，企业管理者要按不同的情况将职工划分为不同的群体，从而采取不同的沟通方式。如按年龄划分为年轻职工和老职工，对年轻的、资历比较浅的职工采取鼓励认可的沟通方式，在一定情况下让他们独立承担重要工作，并经常与他们进行工作生活方面的沟通，对其工作成绩认可鼓励，激发他们的创造性和工作热情，从而为企业贡献更大的力量。对于资历深的老同志，企业管理者应重视、尊重他们，发挥他们的经验优势，经常与他们接触，相互交流，给予适当的培训，以调动其工作积极性。

案例解析

他的脸是办公室的晴雨表

很多德国公司的中国员工，往往待不了几天就跳槽，原因是德国公司的气氛太压抑。导致气氛压抑的直接原因就是"可怕"的德国老板。

赫敦咨询管理有限公司的Phoebe，虽然年轻，但已经是位有好几年经验的人力资源经理了。Phoebe有幸在20世纪90年代初就领略到德国人"古板""严谨"的工作作风。大学刚毕业那会儿，她进入一家外资银行，行长就是德国人。她回忆，那个时候，所有人对德国行长都怕得不得了，连中国香港员工也不例外。不到万不得已，谁都不会主动和行长说话，对他都是敬而远之。老板脸一沉，办公室一片死寂；老板心情好，大家统一微笑。老板的脸就是办公室的晴雨表。

对于老板的命令，员工只有服从的份，更别说商量了。Phoebe清楚地记得，她刚到银行不久，行长的秘书休产假去了。她在毫无准备的情况下，被指派暂时接替行长秘书的工作。一次，行长让她找出"Mercedes-Benz"和"DaimlerChrysler-Benz"两个文件，他开会要用。Phoebe听了半天，还是不知道这"Mercedes-Benz"和"DaimlerChrysler-Benz"到底是什么东西，也不知老板要的文件是关于什么的。行长没有考虑到她是顶替的，对文件不熟悉，没有任何解释和提示。Phoebe也根本不敢问，毫无头绪地对着一大堆文件，不知从何下手。

第二天，不见文件的老板给她下了最后通牒，明天早餐会前必须把文件放在他桌上。德国行长压根不关心为什么Phoebe没能找到文件，而她更不敢解释。Phoebe一度曾想请假，不去上班，避免见到德国行长。可是躲得过初一，躲不过十五，只好硬着头皮上。终于，Phoebe找到了"Mercedes-Benz"和"DaimlerChrysler-Benz"这两个文件，才发现原来就是奔驰车呀！

点评：

两个小小的文件，就给Phoebe带来了这么大的麻烦，原因何在？大概就在这德国老板身上。严谨、敬业的工作作风，严厉、苛刻的对人态度，让员工对他敬若神明。在下属心中有如此高不可攀的地位，下属自然无法平等、对等地与之交流。本来就因为文化差异而交流不畅，再这么缺少沟通，工作起来当然就更难了。如果Phoebe能尝试多种沟通渠道，就会降低被动性。比如，鼓起勇气给老板发条短信问一下，或是私下问问资深的老员工。总之，沟通并不是只有面对面说话这样一种方式。

概念·要点

沟通渠道是指由信息源选择和确立的传送信息的媒介物，即信息传播者传递信息的途径。

沟通渠道的类型，按语言表达方式可分为口头沟通方式、书面沟通方式和非语言沟通方式三类；也可分为个人的和非个人的两大类型。

选择跨文化沟通方式与渠道的原则包括：效果原则、效率原则、成本领先/低成本原则、安全原则、对等原则、重视/尊重原则、异化—归化原则、得体原则、可行原则、多元化原则和灵活原则。

> **要点回顾**
>
> - 沟通对象又称沟通客体，即信息的接收者，包括个体沟通对象和团体沟通对象。
> - 对于职场而言，正确的沟通对象有两种：当事人、指挥链上的上下级。
> - 根据不同人群的性格特点分析其沟通特点及应对方法。包括支配型、沟通型、耐心型、精确型四种类型，对应不同性格特点的人群会有相应的沟通特点。
> - 沟通主体是指有目的地对沟通客体施加影响的个人和团体，沟通主体应分析的两个基本问题：一是"我是谁"；二是"我在什么地方"。
> - 沟通目标分为三个层次：总体目标、行动目标和沟通目标。沟通主体策略包括四种类型：告知策略、说服策略、征询策略、参与策略。告知策略和说服策略统称为指导性策略，征询策略和参与策略统称为咨询性策略。
> - 信息沟通是指可解释的信息由发送人传递到接收人的过程。具体地说，它是人与人之间思想、感情、观念、态度的交流过程，是情报相互交换的过程。
> - 沟通的原则包括：准确性原则，即当沟通所用的语言和传递方式能被接受者所理解时，这才是准确的信息，这个沟通才具有价值；完整性原则，即信息沟通是手段而不是目的，必须以保证维护组织的完整性为前提；及时性原则和非正式组织策略性运用原则。
> - 职场中跨文化沟通信息的编辑过程包括：导向定位（问题定位、责任导向定位、事实导向定位）、信息组织、信息表达、信息载体、情感尊重。
> - 沟通渠道是指由信息源选择和确立的传送信息的媒介物，即信息传播者传递信息的途径。按语言表达方式可分为口头沟通方式、书面沟通方式和非语言沟通方式三类；也可分为个人的和非个人的两大类型。
> - 选择跨文化沟通方式与渠道的原则包括：效果原则、效率原则、成本领先/低成本原则、安全原则、对等原则、重视/尊重原则、异化—归化原则、得体原则、可行原则、多元化原则和灵活原则。

视野拓展

如何与外国人交流

在中国的老外们，大多饱经被问了上千遍、无聊而毫无创意的问题的摧残，这里为苦练英语的"大侠"提供几条小技巧。

几个月前，我在乌鲁木齐坐公共汽车，一个大学生模样的年轻人坐在我前几排座位上。从我上车开始，他就盯着我，过了一站又一站，他仍盯着我。突然他从座位上站起来，坐在我旁边，用急速的英语，自顾自地开始了让我极其不愉快的交谈。

"你有妻子了吗?"

"你多大年纪了?"

"你曾离开过乌鲁木齐很长时间吧?"

"你住那边的老楼,是吗?"

让我感到尴尬的不是因为处于这样一种谈话氛围中,也不是因他盯着我看了很久,并坐得离我这么近,更不是他问了我很多西方人从来不会问的问题。真正使我感到尴尬的是他对我的行踪很熟悉。很明显他一直在观察我,并且至少有一年,这有点让人毛骨悚然。

我很高兴,中国人正努力与我这样的外国人进行接触交流。虽然我在公共汽车上遇到的只是一个极端事件,但我发现,外国人与本地人的最初交谈经常都会归于平淡。

我认为导致这一现象的原因并不是缺乏英语能力,而主要是文化差异。知道说什么和知道在什么地点与时间说很重要。有一些特定短语及话题会提高生活在中国的外国人正面回应的积极性。在这里我想提供有助于与外国人成功交流的8条小技巧。前四条适用于任何人与外国人不期而遇的情况,后四条尤其适合中国大学里学习英语的学生。

交流中能让西方人感到轻松自在的通用原则如下:

一、避免问一些特定的问题

有些问题对中国人来说,第一次见面时问是礼貌,但是大多数西方人却会感到不自在,在他们看来这些问题比较特别,甚至觉得有点粗鲁无礼。例如:

你多大了?

你一个月挣多少钱?

你结婚了吗?为什么不结呢?

这些问题在国外是不直接提出来的。事实上,对于前两个问题,在西方即使是关系很亲密的朋友也不一定知道确切答案。至于有关婚姻的问题,有可能会比较快地提出来,但最好还是等对方自己主动说,而不是直截了当地询问。

虽然在西方社会问类似问题是不礼貌的,但不用过分担心:绝大多数在中国的西方人,都知道这是文化差异,明白中国朋友这样问并不是要冒犯你,会一笑了之。不过,若我们选择其他话题,可能会使谈话更容易进行下去。

二、不要给对方肤浅的赞扬

这个习惯再次体现出了文化差异,你认为有礼貌的事情,并不是世界上每一个人都这么认同。当我第一次用中文与中国朋友交谈时,我经常听到中国朋友说"你真聪明""你中文说得真好"。我知道那是出于礼貌的恭维,是向在中国的外国人说的鼓励话。

然而,在西方除了给自己小孩这样的鼓励外,初次见面一般不会直率地、迅速地说出这些恭维话。当你每次遇到一个新朋友都听到类似恭维的话,而你又知道自己中文一点都不好,就会完全感觉到这是虚假赞扬了。有时甚至我一句中文还没有说,对方也会说出"你中文真好"这样的话。

赞扬别人是件好事,不过要出于真心,如果某件事真的让你印象深刻,你可以赞扬。

三、作更深入的交谈

在中国我喜欢坐火车旅行。之所以选择火车而不是飞机的主要原因是坐火车可以获得时间更长、范围更广的交谈机会。我对火车有非常好的印象:人们共享食物、相互交谈、互相认识成为朋友。

我最喜欢的是那些有一定深度的谈话。当然两人一开始可能是围绕没有明显个人感情色彩的话题交谈,不过这些话题可以在双方找到共同兴趣点的基础上,作为一种信息共享的方式提出来。我在与世界各地人们的交谈过程中发现人们往往并不是真的在提问,而是自己在做推测。

我给你一个建议,在与来中国旅游的西方人交谈时,不要事先设定问题答案,而应该多问一些开放性问题。例如,对方提到他们刚去了新疆,不要问"你去了天池吗?"而是问"你们在新疆去了哪些地方?"不要问"你喜欢中国吗?"可以试着问"到了中国这么多地方,有什么样的感觉?""对中国哪个地方感觉最好?""在旅途中遇到什么困难?"等等。

另外最重要的一点是不要像审问一样提问题。不管选择什么话题,记住交谈要双方有来有往,有互动,你从外国人那里获得新信息,同时也要与对方分享自己及所生活地方的信息。

四、更好地把握交谈的语境和时机

在某些情形下可能更适合与外国人开始交谈。绝大多数中国人都很有礼貌也很懂得尊重人。但是我也曾看到一些人一看到外国人或者是说英语的人就会跑上去打断别人,强行与人交谈。

如果你看到一个外国人在城市里迷了路,可能正在兜圈子,或者不时地看地图,那是一个与他交流的好机会。他会非常感激你,不仅仅是你会说几句英文,更重要的是你及时给他提供了帮助。

如果在汽车上或火车上,有个外国人盯着窗户外面,无聊地打发时间,这也绝对是交谈的好机会。

但若对方很明显正在处理事情,就请不要打扰了。对于这个建议可能许多人会感到奇怪,因为这是与人交往的基本原则。不过我的确时常遇到不受欢迎的打扰。有许多次我正忙于其他事的时候,被直接走过来的陌生人打断,并仅仅是为了说几句英文而已。

下面的建议是给中国学英语的大学生朋友的,他们更倾向于多结交外国友人。

作为一个在中国大学里学习的外国人,我处于一个与众不同的位置,与一个像我一样以英语为母语的人进行交谈在大学里是很难得的。作为一个外国人,很自然会有学生走过来跟你交谈,或练习一下课上学到的单词,或者是寻求友谊。许多次,学生好像期待的不仅是一次偶遇。很多人第一次遇到我,就向我要电话号码,好像从我们交谈的第一分钟起就成了朋友。

由于我自己也正在学习普通话和维吾尔语,因此我当然能理解交流的重要性。下面我给出的是在大学校园里第一次与外国人交谈时的技巧:

一、不要太急于表达过多的内容

有许多次,我遇到的人都很想展示他们对于西方文化的熟悉。特别是大学生,他们会立即把国外运动队、电视剧、流行音乐或者是超级模特带到谈话中来。一般来说,这样的确是使谈话继续下去的一个好方法,能在谈话的两个人间建立共同点。

但许多中国朋友忽略了在中国所见到的西方流行文化只是他国流行文化的一小部分,有时这些话题反而会加大距离。

现在几乎每个中国人都对 NBA 很熟悉。然而,那并不意味着每个美国人都对篮球有很深的兴趣,或知道所有 NBA 明星。

我发现与我交往最好的是那些人——他们并没有一见面就立即表现出要到国外大学留学的渴望和对国外流行文化的熟悉,也没有把我标记为"西方人",而只是把我视为一个朋友,就像和本地人交谈一样。

二、不要太期望寻求持续的联系

我遇到的学生几乎没有人会把第一次谈话作为最后一次谈话。很显然,他们与我交谈的原始目的就是要练习英语。如果这作为一种交换条件我是不会感到受扰的,例如"如果你教我英语的话,我就教你维吾尔语"。但是我很奇怪为什么这么多的人把交往看成了单向的事情,"把你的电话号码给我,你可以教我英语!"没有任何互换条件。

我真的不愿拒绝别人。不过,作为在中国已经生活了好几年的外国人,我已有了自己的生活圈,有时会感到我没有足够的时间与在中国认识的所有朋友进行交往。

三、不要过分苛求

如果你所求不多,你我之间可能会更有机会在将来一起聊聊天。如果刚刚认识的朋友不立即向我要电话号码,我的感觉也会好些。

如果我们曾在某个非正式场合聊过,而你希望继续保持联系,很欢迎你告诉我你的电话号码。不过,如果我没有给你电话号码,并且当你给我电话号码时我也没有主动告诉你,请不要再询问了。

被要电话号码是外国人经常会遇到的情形。刚刚认识的人要你的电话号码,意味着如果你给他电话号码,只有一面之交的人会打电话来寻求你的帮助或者是消耗你的时间。这并不能说明某人值不值得交朋友,而经常只是没有时间。遇到这样的情形,直接说"不"有点拉不下面子,但是如果经常接到你没时间应付的电话却会更尴尬。

我觉得对这种情形处理得最好的是一位女子,有一天晚上我和几个朋友在一家饭馆吃饭。她走过来,说道"打扰一下,我已经把名字和电话号码写在这张纸上了。我在旅行社工作,如果你们想在城里转转的话,可以打我的电话。"然后,她转身离开了。真是令人难以置信!没有任何要求,也没有任何让我感到有压力的期望。说实话,我从未给她打电话,但是却一直保留着她的联系方式。

四、不要固执

如果外国人对你的提议没有表现出兴趣,就不要固执地坚持你的提议。

我想强调的是许多阻碍与外国人成功交流的行为是以表示友好或者是表示感兴趣的形式出现的。

我想了一句开场白,几乎可以在任何情形下使用:"Hi, would you mind if I talked with you for a while?"(你好,你介意我和你交谈一会儿吗?)这句开场白很短,有礼貌,并且会使绝大多数的西方人感到轻松自然,不会让他们有被"逼到绝路"的感觉。除非确实有紧要的事情要做,绝大多数的人都会回答说"好的"。

最后,衷心希望大家无论什么时候在你的国家遇到外国人时,都能创造一个成功的交流。

课后习题

一、判断题

1. 沟通对象又称沟通主体,即信息的接收者,包括个体沟通对象和团体沟通对象。（ ）

2. 所谓沟通可信度,简单地说就是沟通者如何让对方感觉到自己是值得为大家所信任的。可信度包括先天可信度和后天可信度。（ ）

3. 沟通主体策略包括四种类型:告知策略、说服策略、征询策略、参与策略。（ ）

4. 信息沟通是指发送人传递可解释信息的过程。（ ）

5. 沟通渠道的类型,按语言表达方式可分为口头沟通方式、书面沟通方式和非语言沟通方式三类;也可分为个人的和非个人的两大类型。（ ）

6. 只要上级能让下级与自己保持一致,就说明沟通良好。（ ）

7. 只要沟通得好,什么问题都能解决。（ ）

8. 由于相同背景,相同资历的人易于沟通,因此,一个单位只要全招聘相同背景、资历的人,就能提高工作效率。（ ）

9. 沟通提高管理效率,是达到企业目标的重要手段,因此可以不惜一切代价。（ ）

10. 在正式组织中,沟通困难通常是组织管理系统出现了问题,而不是产生问题的原因。（ ）

11. 善于倾听就是要同意对方的意见。（ ）

12. 在企业中,当人们偏好非正式沟通时,说明正式沟通出现了问题。（ ）

13.内部沟通是组织内上下级之间、部门之间、员工之间的沟通。（ ）
14.倾听不仅是获得信息,而且是更加了解我们自己及我们的思维的途径。（ ）
15.倾听就应该集中精力,默默地听。（ ）

二、选择题

1.沟通的原则包括(　　)。

A.准确性原则　　　　　　B.完整性原则

C.统一性原则　　　　　　D.及时性原则

E.非正式组织策略性运用原则

2.编辑沟通信息包括(　　)。

A.导向定位　　　　　　　B.信息组织

C.信息表达　　　　　　　D.信息载体

E.情感尊重

3.根据沟通的(　　)来划分,沟通可分为正式沟通和非正式沟通。

A.对媒介的依赖程度　　　B.传递方向

C.组织程度　　　　　　　D.所使用的语言形式

4.良好的认知能力,必须有的特性不包括(　　)。

A.全面性　　　　　　　　B.敏感性

C.概括性　　　　　　　　D.深入性

5.专业技术人员与同事相处,要求(　　)。

A.同事之间相处时,不要显示出太强的优越感

B.与同事沟通时,要注意为别人保全面子

C.同事之间的沟通,朴实的行动比华丽的言语更为重要

D.学会与同事进行友好的合作

6.社会心理学认为,人际沟通是(　　)。

A.人与人之间的联系过程

B.人们面对面的交流

C.人际关系的表现形式

D.双向沟通

7.人际沟通的实现要借助于语言符号系统和非语言符号系统,下列中不属于非语言符号系统的是(　　)。

A.动作　　　B.书信　　　C.表情　　　D.音乐

8.俗话说"隔行如隔山",这句俗语说明(　　)。

A.职业的不同可能会引起沟通的鸿沟

B.处于不同层次的组织成员,对沟通的积极性不同,也会造成沟通障碍

C.文化背景的不同会给沟通带来障碍

D.人们不同的个性倾向和个性心理特征会造成沟通障碍

9."9·11"之后,大多数美国人对阿拉伯裔的偏见加深,在一家公司中一位阿拉伯裔职员觉得越来越难与白人老板进行沟通。这可能是由于( )造成的。

A.地位障碍　　　　　　　B.结构组织障碍
C.文化背景障碍　　　　　D.社会心理障碍

10.以下属于沟通的是( )。

A.眉目传情　　　　　　　B.项庄舞剑,意在沛公
C.道路以目　　　　　　　D.含沙射影

11.沟通的实现需要借助于一定的符号系统,下列选项中可以起到信息传递功能的有( )。

A.人际空间距离　　　　　B.眼神
C.声调　　　　　　　　　D.语速
E.动作

12.实现沟通的必要条件包括( )。

A.信息源　　　　　　　　B.信息渠道
C.语言　　　　　　　　　D.接收者
E.信息

13.在沟通的工具中,下列属于辅助语言系统的有( )。

A.面部表情　　　　　　　B.书面语言
C.语速快慢　　　　　　　D.语言声调
E.目光接触

14.在政府机关中,一位科员向领导递交了一份工作汇报而没有得到任何答复,这属于( )。

A.单向沟通　　　　　　　B.非正式沟通
C.下行沟通　　　　　　　D.圆形沟通

15.通常在下列哪些情况下较容易发生人际沟通?( )

A.两个毫不相关的陌生人之间
B.好朋友对一事物产生相反意见时
C.组织内部有争议时
D.组织中有成员希望改变其在组织内的地位时
E.恋爱双方对恋爱关系彻底丧失兴趣时

三、案例分析题

案例1:谭经理的烦恼

辉煌油漆公司是新加坡一家海船油漆制造商,这是一家由三个受过西方教育的年轻人创建的正处于快速成长阶段的公司。销售部谭经理创下了海外销售的最高纪录,

其中大部分油漆是销售到澳大利亚和新西兰。这个纪录是这样延生的：谭经理首先给一些潜在客户发送七条信息，同时发出了约见信，然后在办公室会见每一个客户。之后，谭经理选出资质最优的公司，与他们进行谈判，并达成分销协议。整个过程大致花去四个月时间，销售量超出了预期的数额。

有了在澳大利亚和新西兰的成功经验，公司决定开拓太平洋周边的其他市场。经过调研，公司认为中国台湾是其中一个重要的目标市场，当地需求量大，市场竞争小。公司决定在当地建立分销点，并采用与开辟澳大利亚和新西兰市场相同的方式推销产品。公司收集了许多在台湾做油漆生意的进口商、代理商、代表处和批发商的名字和合同信息，并将一些传单和产品信息分发给这些单位，包括和他们约定讨论可能的代理事项。但是，六个星期过去了，竟然没有一家公司回复。起初，公司认为是语言上的问题，可能中国台湾人不适应英文信件，于是公司使用中文发送了第二批邮件。但是，又过了两个月，仍然没有多少分销商回应。

问题讨论：
1.中国台湾的分销商为什么没有回应？
2.谭经理在给中国台湾分销商发约见信时有什么问题？

案例2：好人陆鹏不淡定了

陆鹏是某公司销售部的一名员工，人比较随和，不喜争执，和同事的关系处得都比较好。但是前一段时间，不知为什么，同一部门的张力老是处处和他过不去，有时故意在别人面前指桑骂槐，对于跟他合作的工作任务也都有意让陆鹏做得多，甚至还抢了陆鹏的好几个老客户。

起初，陆鹏觉得大家是同事，没什么大不了的，忍一忍就算了，但是看到张力如此嚣张，于是，一赌气告到经理那儿。经理把张力批评了一通，但结果是陆鹏和张力从此成了绝对的冤家。

问题讨论：
1.如果你是陆鹏，应该如何处理？
2.经理的做法是否合适？如果不合适，应该怎样做？

案例3：令人困惑的迪拜客人

由于M公司的业务在中东地区是一片空白，也没有和阿拉伯人打交道的经验，郭先生在对阿拉伯国家的风俗习惯和宗教信仰都不了解的情况下，对从迪拜来的代表团的行为感到困惑和厌烦。因为那些阿拉伯人每隔一个小时就要求暂停一会儿去洗手间洗漱，由于没有毛巾，手和脸还是湿的就跪下来祈祷，自己也不知道是否要在他们祈祷时退出。而更令郭先生困惑的是，午宴时，当女服务员提到特别烹制的猪肉时，所有代表团的人都板起了脸，没有人说一句话，并很快站起来离开了餐桌，没有和任何人打招呼。几天后，那个代表团与M公司的竞争对手签订了合同。

问题讨论：

1.迪拜客人这些令人困惑的行为是怎么回事？

2.要想谈判获得成功,应当注意哪些方面？

实践训练

沟通信息传递游戏

一、游戏步骤

1.将学员分成若干组,每组学员5~8名,并在每组选派一名组员担任监督员；

2.所有参赛的组员纵列排好,队列的最后一人到培训师处,培训师向全体参赛学员和监督员宣布游戏规则。

二、游戏规则

1.各队代表到主席台来,培训师说："我将给你们看一个图片（数字）,你们必须把所看到的信息通过肢体语言让你全部的队员知道,并且让小组的第一个队员将这个信息写到讲台前的白纸上（写上组名）,看哪个队伍速度最快,最准确。"

2.全过程不允许说话,后面一个队员只能够通过肢体语言向前一个队员进行表达,通过这样的方式层层传递,直到第一个队员将这个信息写在白纸上。

三、小组讨论：谈谈你在这个过程中的感受。

◆ 模块四 ◆
跨文化沟通中信息的接收与反馈

模块内容

- 任务1　接收信息
- 任务2　理解信息
- 任务3　反馈信息

知识目标

通过本模块的学习,你可以获得以下知识:

- 沟通信息传递的方式;
- 倾听的原则、类型、障碍及技巧;
- 信息理解的过程;
- 反馈信息的方式、类型及如何接受反馈。

能力目标

完成本模块学习任务后,你应当能:

- 了解跨文化沟通中信息接收的方式;
- 掌握跨文化沟通中信息理解的过程和要点;
- 熟悉跨文化沟通中反馈信息的方式、类型及如何接受反馈。

学习情境导入

乌龟真人的良苦用心

在影片《功夫熊猫》中,乌龟真人是第一层领导人,是一个智者,擅长以德服人。他的工作就是保护大家,同时协调武林大师石师傅和新收的平民徒弟阿宝之间的矛盾。当石师傅告诉乌龟真人太郎越狱了,乌龟真人就明白自己的大限将至,不能再慢慢地引导石师傅善待阿宝,所以,他用最后的交谈直接指出石师傅的怯懦与愧疚:因为当初太宠溺太郎,导致太郎变坏而不自知,使得全镇的人都被残忍地屠杀了。石师傅希望可以亲手教出另一个徒弟来打败太郎,却明白盖世五侠打不赢太郎,现实与梦想有差距。乌龟真人说:"永远不要以为自己能够控制命运。"

> **课前学习思考：**
> 1.如果说以前乌龟真人是通过自己的行为进行非语言沟通,那么在时间最紧迫的最后一次他是在用什么形式进行沟通?
> 2.沟通中为了能够让对方更好地明白自己的意思,除了认真地倾听,什么最重要?

任务 1 接收信息

知识学习

一、当代信息接收方式的特点

在过去,人们主要是以语言文字符号为媒介获取信息,活字印刷术的发明大大加快了文化的传播和普及,纸质媒介是人们主要接收信息的来源。在当代,随着计算机和移动通信技术的不断发展,电视、手机、计算机等电子媒介成为人们获取信息的主要方式,其中计算机互联网为最主要的接收方式,成为人们信息生活中重要的组成部分。网络时代信息接收的特征如下:

(一)信息数量爆炸化

互联网和计算机的迅速发展不仅提高了信息传播的速度,同时也降低了信息发布的门槛,这两个关键因素决定了信息爆炸时代的到来。中国网民规模早已过亿,信息资源的数据量更是天文数据级的。更重要的是,中国人比其他国家的网民更乐于在网上发布个人信息。互联网巨头 IAC 和智威汤逊广告公司(JWT)联合进行的一次调查显示,中国有 72% 的网民赞成"在网上发表个人观点或记述自己的故事",在美国这一比例为 56%,自 20 世纪 90 年代初 BBS 兴起以来这一行为偏好已成为中国互联网文化的重要环节。

(二)途径和内容多样化

网络的发展使得信息的内容和信息传播与接收的载体不断丰富,呈现出多样化的特点。首先,信息传播和接收途径不再仅仅局限于传统的三大媒体(报刊、广播、电视),而是不断向新媒体转变。对北京几所大学 319 名大学生的调查显示,93.1% 的大学生主要通过网络来获取信息,包括微博、新浪等社交网络和门户网站;51.41% 的大学生选择通过阅读书刊报纸的方式获取专业知识;31.97% 的大学生选择电视广播,另外还有 32.29% 的大学生选择其他的方式。调查显示,当代大学生信息接收的渠道、载体多样化,并且以网络为主,46.71% 的学生平均每天会在网络上花费 3~6 个小时。其次,互联网现在向着平民化、快餐化的方向发展,人民大众是信息的主要发布者,这些信息来源于生活,来源于现实社会,包罗万象,从而使得大学生获取的信息内容也不断丰富,涉及政治、经济、文化、娱乐等各个方面。

(三)信息接收的即时性和平等性

相较传统纸质载体而言,现代以网络和通信设备为媒体的信息传播手段最明显的特点就是它的即时性。计算机网络的发展抹平了时间和空间差异,大大提高了信息传播的速度,而手机功能的不断扩展更是彻底实现了信息源与信息接收者的"零距离"状态。传统的三大传播媒体(报刊、广播、电视)的传播形式是由上而下、以少对多、带有强制性和扩张性的,是一种金字塔形的结构,来自底层的信息反馈被逐步消解直至湮灭,因此传统的信息传播和接收形式在一定意义上演变成身份、地位和权力的象征,体现了一种现实中的不平等性。而当代以网络为主的信息接收方式所表现出的开放、自由、互动体现了一种与生俱来的平等性、无权威性,各种各样的信息可以在其中比较自由地相互渗透,每个网民也可以自由、平等地获取所需要的信息。

(四)信息接收碎片化

在信息爆炸的社会背景下,人们步入信息碎片化时代,这主要是指人们通过网络传媒了解、阅读非常多的信息,但却没有深刻地理解和记忆,让自己了解的东西成为过眼云烟。在被调查的大学生中,69.17%的大学生在处理接收到的信息时,会选择自己感兴趣的部分进行浏览,28.14%的大学生通常只浏览标题,了解大体意思,不会深入阅读。同时43.05%的大学生认为,对于某一件事情,说法太多会使人难以看清事实,可称之为事实性信息传播的碎片化,主要是由于信息来源的多元化、观察视角的分散化、信息文本的零散性和信息要素的不完整性导致的。特别是近年来国内微博不断发展,信息发布门槛低,发布者鱼龙混杂,信息内容真假难辨,内容不完整,使得大学生在信息接收方面趋于碎片化、肤浅化。

二、爱德华·T.霍尔的语境模型

爱德华·T.霍尔(Edward·T.Hall)将文化差异分为两类:高语境文化和低语境文化。其目的是根据高低语境的差异来说明世界文化的多样性。高语境文化和低语境文化之间在沟通方面的主要差异之一是语言表达。来自高语境文化的人们倾向于使用非直接的、微妙的沟通形式(如中国),而来自低语境文化的人们则倾向于使用一种直接的语言表达方式(如美国)。在语言交际过程中,高语境文化交际信息的创造主要依靠语言交流的场合,即交际信息的创造不依赖于交际语言本身,而主要依赖于交际语境;低语境文化则相反,交际信息的创造不依赖于交际语境,而主要依赖于交际使用的语言。

(一)高语境文化

(1)在社会文化语境的不同层面都含蓄地嵌入了意义;

(2)重视团体意识;

(3)倾向于花时间建立和培养永久性的人际关系;

(4)重视非直接的语言互动,并且更擅于阅读非语言的表达;

(5)倾向于使用循环逻辑表达理念和思想；

(6)倾向于释放出简单、模糊和非语境性的信息。

(二)低语境文化

(1)喜欢通过直接的沟通形式展现意义；

(2)崇尚个人主义；

(3)倾向于发展短暂的(可变换的、无常的)人际关系；

(4)重视直接的语言互动，并且不太擅长阅读非语言的表达；

(5)倾向于运用线性逻辑表达理念和思想；

(6)倾向于强调高度结构化的信息，赋予其细节，并且特别强调词汇和技术性的符号。

根据上述语境模型理论，就这两种语境文化的沟通风格而言，中国和美国之间确实存在着显著的差异。具体表现为：美国人倾向于使用明确的词语，而中国人重视相互依赖与和谐的文化建设，倾向于使用微妙和含蓄的表达。因为以行动为导向的定位，美国人倾向于非正式的、自然的沟通，而且通常免于遵守严格的格式上的样式。而中国人则倾向于同时注重形式和内容。由于高语境定位，中国人倾向于建立和保持关于表达的行为和形式的大量具体的规则。而由于低语境定位，美国人倾向于以言语表述他们的信息，以便使他们的意图更加明确和清晰。

(三)高语境文化和低语境文化之间不同的沟通方式举例

案例1：直接(美国)和非直接(中国)

中国人："周末我们要去新奥尔良。"

美国人："听起来很有趣啊！我真希望我能跟你们一起去。你们准备在那儿多久？"

中国人："三天。"(我希望他能够送我们到机场)

美国人：(如果他想我送他们去机场，他会直接问我)"祝你们在新奥尔良玩得开心。"

中国人：(如果他想送我们去机场的话，他应该刚才就说了。我最好还是问问其他人吧。)"谢谢！我回来再见。"

案例2：直接(美国)和非直接(中国)

美国经理："看来我们星期六也得照常营业了。"

中国雇员："我明白。"

美国经理："你星期六能来吗？"

中国雇员："是的，我想可以(犹犹豫豫地)。"

美国经理："那非常好。谢谢！"

中国雇员："是的，但是星期六是个特别的日子。"

美国经理："你的意思是？"

中国雇员："星期六是我儿子的生日。"

美国经理:"哇,好事啊! 我希望你们都玩得开心。那么,星期六见。"

案例3:个体主义和集体主义

美国经理:"吴先生,请你告诉我你在喜来登酒店计划上的贡献,以便我可以评价你的业绩。"

吴先生:"谢谢。我们的团队在制定非常有创造性的战略以应对竞争方面做了很好的工作,你有我们的团队报告。"

美国经理:"是的,当然。但是,吴先生,你能否明确告诉我你在这个计划中到底具体做了些什么?"

吴先生:"就像我所说的,我们的团队分析了竞争形势,并且得出了一些很好的想法,以使喜来登酒店能够在竞争中立于不败之地。这些都在我们的报告里。"

三、沟通信息传递的方式

(一)古代信息传递

在我国纸还没有被发明以前,常见的"信"是用漆书写在薄木板上的,叫作木牍。由于木牍一般一尺长,故又称"尺牍"。后来,有人把信写在绸子上,叫作"尺素"。唐代张九龄诗云:"委曲风波事,难为尺素传。"尺素指的就是"信"。"鲤鱼"也可指代书信,典故出于汉乐府诗:"客从远方来,遗我双鲤鱼。呼儿烹鲤鱼,中有尺素书。"

信笺。信笺指信纸。"花笺"是一种小篇的用华贵纸张制成,并饰有花纹的信纸。古时著名的花笺很多,有五色笺、锦色笺、百韵笺、凤尾笺等,或出之于吴,或出之于巴蜀。最著名的是蜀笺中的薛涛笺。

信封。我国最早的信封是用木板制成的。秦汉时,公私书信大多是写在竹筒或木笺上,然后用两块刻成鲤鱼形的木板,作为一底一盖,将笺牍夹在中间。这种木板可算是历史上最早的信封。到了唐代,自贞观年开始,就用朝鲜厚茧纸制信封,形若鲤鱼,两面俱画鳞甲,腹中可以藏书,名曰"鲤鱼函"。

信使。古代称使者为"信"或"使",合之为信使。如司马相如《喻巴蜀檄》:"故遣信使,晓谕百姓以发卒之事。"相传三国吴人葛玄与河伯书信往来,令鲤鱼充信使。相传大雁也传书,因此,也称信使为"鸿雁"。唐代著名诗人王昌龄有诗曰:"手携双鲤鱼,目送千里雁。"

比较特殊的方法:用候鸟,特别是鸽、雁等作传输工具;以内馅的方式,如藏在鱼肚、饼类、包子等;以特殊声音,如钟声、鼓声、鞭炮声等;以灯光、火光,如孔明灯、烽火台、狼烟等;还有其他记号、摆设等,如诱敌的记号。

在国外还有用漂流瓶等方式来传递信息。

(二)现代信息传递

现代信息传递的方式大体可以分为两类:语言沟通和非言语沟通。

1.语言沟通

从人类的传播历史来说,人类传播信息方式的演变呈现这样一个脉络:视觉文化、听觉文化(直观的感受、"看的精神")—概念性文化("读的精神")—新的视与听的文化(新的"看的精神")。因此,我们绝对有理由相信,在将来的某一天,图像信息会占据主流,文字也会退到一种极其边缘的位置,取而代之的是一种能听能看甚至能触能闻的多媒体艺术。但是,文字是不会像有些人预测的那样被图像完全取代的,因为文字是积累知识的主要手段,是人类获得抽象思维不可或缺的环节,是人类传播不能缺少的传播媒介。总之,语言表达需要信息接收者仔细倾听,且辨别所获信息的真伪,正所谓"耳听为虚、眼见为实"。语言沟通的方式可分为以下四类:

(1)有线通信传输,如电话、传真、电视等;

(2)无线通信传输,如对讲机、BP机(已淘汰)、移动电话、收音机等;

(3)数字通信传输,最熟悉的如微信、微博、飞信、网络电话、联网的电脑、数字电视等;

(4)书面通信传输,如书信、报纸等。书面表达,顾名思义,就是用书面文章的形式把自己的观点、见解和态度表达出来,它的优势在于直观明确,并且因为可以给表达者以足够的时间去构思和润色,避免了口头表达可能有的内容观点遗漏、逻辑性差等缺点,在内容上比较深刻和全面。任何一个书面表达都是表达者深思熟虑的结果。书面通信传输形式是沟通信息传递的主要形式之一,需要信息接收者准确阅读才能知晓信息传递者想要表达的准确意图。

2.非言语沟通

非言语沟通存在的不同形式。前文我们已经讨论了爱德华·T.霍尔关于"高语境"和"低语境"文化的概念,以及它们是如何影响言语沟通的,下面我们将讨论为什么认识非言语沟通中的文化差异也是同样重要的。学者们估计我们至少有65%的信息是以非言语形式沟通的。一些学者甚至指出,我们沟通中的90%的信息都是以非言语形式进行的。

非言语沟通有如下形式(以中国、美国为例):

(1)身体语言:身体动作,手势、姿势等。美国人倾向于在说话时使用大量的手势,而中国人则倾向于使用较少的手势。美国人相信运用手势能够使演讲更加有活力。就握手而言,一次坚实有力的握手在美国是会被欣赏的,因为这是信任的一个标志,而软弱无力的握手则不会得到积极的评价。

(2)面部表情:美国人倾向于通过他们的面部表情表现他们的情绪,他们倾向于经常笑,以及用他们的面部表情来展示他们的认可或者不认可。中国文化重视"面子",所以对中国人而言,保留面子是非常重要的,因而,很多时候他们倾向于不在他们的脸上展示过多的情绪。

(3)眼神接触和注视:在美国,人们很重视直接的眼神接触。看着某人的眼睛被认为是礼貌的,也是信任的一种标志。而中国文化则认为直接的眼神接触是带有侵略性的和无礼的表现。

(4)对身体空间的使用：爱德华·T.霍尔的四种空间区域，即亲密的(0～18英寸)、私人的(1～4英尺)、社会的(4～12英尺)和公共的(超过12英尺)。美国人非常讲究他们的身体空间。所以，如果某人站得离他们太近，他们会觉得自己的身体空间被侵犯了。爱德华·T.霍尔的研究表明，美国人做生意的时候，他们会试图保持一个雅观的身体距离，既不会过近，也不会过远。如果某人站得太近，美国人会退缩，这说明他们发现空间变得不舒服了。

(5)时间：美国人将时间视为一种线性的、分离的形式。对他们而言，时间是一种可以得到、失去或浪费的商品。而中国人则以一种更加整体性的眼光来看待时间。对美国人而言，"时间就是金钱"，所以做生意每一次都必须按时完成。准时是极其重要的。而中国人的时间观念则相对淡薄，迟到或者过于早到对他们来说并不是什么大事，尽管这种状况现今多少有所改变。

(6)沉默：美国人总体上认为沉默是尴尬的，会令人感到不舒服。而中国人则崇尚沉默，对他们而言，"沉默是金"。所以，当中国人在他们的演讲中使用沉默的时候，一个美国人可能会觉得这是不舒服的，甚至是粗鲁的。

四、倾听的原则、技巧、类型及障碍

(一)倾听的三个原则

1.专注性原则

被人真心地倾听是一份特殊的礼物。在讲求效率的现代社会里，耐心地倾听别人确实不是一件容易的事情。尼克尔斯把倾听看成是一门"失去的艺术"，他认为这部分归因于现在社会快节奏的生活方式，它分散了我们的注意力，减弱了我们在生活中倾听的质量。倾听的缺乏破坏了人与人之间的关系，导致人际间的冲突，使我们有一种失落感。尼克尔斯观察到，在某种关系中，当人们需要别人能够倾听自己却发现别人没有倾听时的失落感最为严重。

真正有效的倾听需要信息接收者具备全身心关注信息发出者和避免各种干扰的能力，需要信息发出者在情感高度卷入的同时，仍能相当平静从容。善于倾听的人通常注重培养这种"专注"，能够非常专心地将能量集中在信息发出者身上，而同时使干扰减到最少——无论是来自他们的内部过程还是外部环境。

专注性是倾听中首要的原则，但在某些情况下我们可以采用适当的不专注技巧。例如，对方可能一次又一次地谈论同一个话题，或者他只想谈论消极的事情，这时，有意地不予专注会有所帮助。通过中断目光接触，微妙的身体姿势和语气的变化，以及故意跳入积极话题等，可以推动沟通会谈的进程。

2.有效性原则

良好的注意并不等于有效的倾听。在沟通过程中，我们能自动做出良好的目光接触,真诚地点头,用恰当的语调说话,甚至间或重复关键词语来进行言语追踪,但实际上我们并没有听到和记住对方所说的内容。我们心不在焉,却自动地做出训练有素的技能反应。很多信息发出者与接收者偶尔也会表现出良好关注但倾听不足。当说的一方感觉到听的一方在出神时,他们可能会说"嗯,打扰了,是不是你还有其他事情"之类的话。通常说的一方非常有礼貌,不会说出这么明显有意见的话,但敏感的人有时也会问出现了什么问题。

你需要去留意是什么使你进入了这种自动反应的注意状态,可能是累了,可能是感到无聊、难受和心中有事,需要这样来保存能量。然而,除了极端的情况以外,不提倡这种状态。如果这样做,就剥夺了你与对方之间的真诚互动,也剥夺了更深入、更有意义的交流机会。在倾听的过程中,信息接收者听想听的内容,听出预先没有考虑到的问题,这才是良好的、有效的倾听。

3.反应性原则

倾听不是一种被动的活动,而是积极地对来访者传达的全部信息作出反应的过程。因此,不光要听,还需要给予适当的反应。恰当的反应既是为了向信息发出者传达接收者的倾听态度,鼓励信息发出者叙述,同时也是为了澄清问题,深入了解,促进信息接收者对信息发出者的理解和信息发出者对自己的了解。倾听中的反应,是双方互动的形式。

(二)倾听的方法和技巧

很多人常认为会谈就是"谈",而忘掉最重要的"听"。其实沟通中可以听出许多事情。信息接收者要倾听内容、内容中表达出来的对方的情感以及对方组织信息的方式。怎样去"听"别人谈话,是一门学问,也是一门艺术。

1.良好的态度和习惯

实际上,倾听的态度和习惯比具体技巧更重要。因为我们许多人在社会生活中养成了愿意"说"而不愿意"听"的习惯,导致人们"听话"的能力比"说话"的能力要差。造成这种情况有以下几种原因,首先是人们容易带着评判倾向去听,更注意对方所说的与自己的价值观或看法是否一致,以此来把对方分成潜在的朋友或外人。这对于我们平时的人际关系或许是有意义的,但这种主观倾向很强的"听"的习惯在沟通中会有妨碍作用,使我们带着偏见进入信息发出者的世界。其次,真正的倾听是一件相当耗精力的事,需要全神贯注,不能分心。再次,有时信息发出者的话有激起情绪反应或引发联想的作用,容易使信息接收者分心。最后,由于信息传递中"噪声"的影响,会导致错听、错解。以上种种情况需要信息接收者高度重视,尽可能避免,在实践中养成良好的听的态度和习惯。

2.设身处地地感受

听的一方不但要听懂说的人通过言语、行为所表达出来的东西,还要听出弦外之音,听出说的人在交谈中所省略的和没有表达出来的内容。比如,在中国文化背景下,婆媳关系是许多人为之困扰的问题,说的人常常只谈些皮毛或家长里短的琐事,有时他们希望听的人能听出问题并提出建设性的意见和建议。这时需要听的人尽量设想其处境,切身体会,才能了解说的一方想要表达的中心思想与本质内涵。

3.察其言、观其行

正确的倾听要求听的人以机警和通情达理的态度深入到沟通内容中去,细心地注意其所言所行,注意对方如何表达自己的问题,思考如何对所遇到问题作出反应,还要注意对方在表达时的停顿、语调变化及伴随言语出现的各种表情、姿势、动作等,从而对言语作出更完整的判断。例如:上级说自己原谅了下属的过错,可是说的时候情绪是激动的,表情是生气的,拳头是紧握的,我们从这些非言语线索中可以判断对方实际上并没有真正原谅下属的过错。

4.适当地参与和反应

在沟通过程中,可采用的倾听反应有以下五种:

(1)鼓励。听的一方运用言语或非言语的方式引导说的人介绍更多信息。此技巧包括点头、张开手、运用像"嗯哼"等肯定性短语,以及重复说的人话中的关键词等。复述是更深一层的鼓励方式,是指准确地重复对方使用的两个或更多词。此外,适当的微笑和关心是两种主要的鼓励手段,能使对方在沟通中感觉更轻松,从而更能表达自己。许多研究者已经发现,微笑很有用,它是表达热情和开朗的基本方式。

(2)澄清。它是指在说的人发出模棱两可的信息后向其提出问题的反应。它开始于"你的意思是……"或"你是说……"这样的问句,然后重复对方先前表述的信息,目的是鼓励说的人更详细地叙述,检查听的人所听到内容的准确性。

(3)释义。信息接收者将信息发出者信息中与情境、事件、人物和想法有关的内容进行重新解释,目的是帮助信息发出者注意自己信息的内容。

(4)情感反映。它是指对信息发出者的感受或其传递出来的信息中的情感内容重新加以解释,目的是鼓励信息发出者更多地倾诉他的感受,帮助他意识到自己的情感,帮助他认识和管理情绪。

(5)归纳总结。它是将信息的不同内容或多个不同信息联系起来,并重新编排,目的是把信息发出者的信息中的多个元素连接在一起,确定一个共同的主题或模式,清除多余的陈述,回顾整个过程。

下面的案例较好地说明了倾听者在沟通过程中所使用的倾听技巧。

案例:焦虑的来访者

来访者(一位35岁的寡妇,两个小孩的母亲):我丈夫去世时,我整个生活都崩溃了。我一直不敢相信我有能力自己生活并抚养孩子们,以前我丈夫总是替我做所有的决定,他每个星期都带钱回家。现在我已经很长时间没有睡过好觉了,而且酗酒,有时简直不能直接思考。我的亲戚尽可能地帮助我,但是我仍然感到恐惧。

咨询者进行非言语的"鼓励",点点头示意来访者继续说下去。

咨询者进行"澄清":你是说你现在面临最艰难的事情之一是要建立自信心,是吗?

咨询者进行"释义":自从你丈夫去世后,即使你有亲戚的帮助,但你自己仍然要承担更多的责任,并需要自己作出决定。

咨询者进行"情感反映":你担心自己没有肩负起整个家庭责任的能力。

咨询者进行"总结":你丈夫已经去世,你面临着一些十分困难的事情……要承担家庭责任,自己作出决定,自己照顾自己,并且要处理随之而来的恐惧。

显然,我们不能立即学会所有的倾听品质和技巧,正确的办法是循序渐进地学习。无论我们有什么忧虑,都希望有一个人认真倾听。好的倾听者总是因为他们的倾听能力而被认可,当我们不知所措的时候,那么倾听、倾听、再倾听!

(三)倾听应注意的问题

不耐心倾听、过早下判断、做解释、提忠告和不恰当的赞扬与道德谴责,是导致交流和沟通失败的主要原因。夸夸其谈的说教式沟通不可能获得成功,初学者往往不重视倾听,不愿意倾听,常常犯一些错误。

1.急于下结论

我们往往没有耐心充分地倾听,常会有迫使自己发现问题、解决问题的倾向。因为急着想知道沟通的深层次问题,以至于听的人会向说的人提出大量的问题以便找到一个快捷的解决方法,这样很容易误解信息发出者的意图和目的。

2.轻视问题

听的人在听到对方谈到一个问题时容易产生类似经验的联想("这个问题我以前遇到过"),并按照自己的既定思路去询问、推测和过早无根据地作出解释。

3.转移话题

进行倾听时,实际听的一方往往更多是关注自己。经常会出现以下情况:在沟通过程中倾听者过多的无关动作等"噪声"对说的人产生干扰,或不耐心听对方诉说而谈自己感兴趣的话题,或通过提问了解自己感兴趣的内容,转移对方的话题。

4.过多的价值判断

不成熟的倾听者会对对方的行为作过多的价值判断,如"你这样是不对的""你就应该这样"等,这都是倾听的忌讳。

知识链接

怎样提高倾听技能

在当今社会,沟通成为一门重要的学问,如何在社会上更好地生存,取决于怎样和同事、老板、客户、朋友等各种人进行不同的沟通。

(1)借力使力——有时候倾听者的最佳反应只是顺水推舟地让说话者自己继续话题,或使用沉默和简短的言论来鼓舞对方多说一些话,让对方借由这个倾诉过程自己帮助自己解决问题。

(2)问话——对事实和细节有更深入的理解,更加清楚对方的想法和感受,问话有助于自我袒露,鼓励性的发问远胜过布施式的忠告。

(3)释义——在进一步问问题之前,最好先确认自己是否已经确实了解对方所说的信息。以你自己的方式重述说话者刚才的信息内容而并不增添任何新的东西,这种倾听者将所解读的信息再重新说一次的做法称为释义或积极倾听。

(4)支持——表达关心、照顾、情感、兴趣,尤其是对方处在压力和沮丧之时。对他人内心的挣扎提供支持,但不表达自己赞同或否定的想法。观察对方对你的支持性回应。如果你发现你的回应似乎对他没有太多帮助,你就必须换一个适合对方继续探索问题的回应方式。要明白支持也不是永远受欢迎。有些人不需要社会支持,因为他们自己可以解决所遇到的问题,也有人认为未预料到的支持其实是一种打扰,有些人甚至觉得这使他们更加焦虑。

(5)在提出解释时,使用试探性的口气会比绝对性的口吻更好。你提供的分析应该是要合逻辑、接近事实的,一个不正确的分析,尤其是模棱两可的分析,反而会让对方感到更困惑。要确定对方的准备度足够,适合接受你的分析。因为即使你的分析正确,对方如果还没准备好的话,仍然会徒劳无功。要确认自己提供分析的动机是基于协助,而非借此突显自己聪明或显示对方差劲,因为在这种动机下所提供的分析将毫无益处。

(6)忠告。在提出忠告以前,一定要确定你所根据的解决策略信息是正确的,有十分的把握确认这种方法可行后再付出行动。但是即使非常确定信息的正确性,也不能表现得像权威专家一样,认为大家都应该听你的。记住,在你身上可行的方法在别人身上不一定可行。应问自己寻求你的忠告之人是否愿意诚心接受,知道对方是否有意愿接受忠告的最佳方法是等待对方直接寻求忠告。当你所提出的建议行不通时,要确定接受你建议的人不会将罪责怪到你身上。因为虽然你可以提出忠告,但是拥有最后决定权的人还是他,所以要用顾全他人面子的态度来传达忠告。

(7)评断。当在困境中之人向你寻求评价时,你再提出自己的评价。毕竟有时候我们所主动提供的评价即使立意良好也常常会引起对方的抵触心理。当你向对方提出评断时,你的动机应该是真诚、富有建设性的,而不是为了去奚落对方。"我告诉你这是为了你好"这类话通常就不是真心的,而且没有帮助。

案例解析

两个项目协调员

孙某与刘某同一年毕业于同一所大学,同时被聘为某公司的项目协调员。两人才力相当,业务水平难分高下,不同的是两人的处世态度。每次讨论刘某设计的项目时,大伙只要提出点儿什么意见,他总是据理力争,说得别人无言以对。虽然大家都认为他言之有理,但总觉得他有点傲。领导有时极有风度地点拨其项目的某些缺陷,刘某便引经据典找依据,弄得理论水平不高的领导很难堪。孙某的态度正好相反,对每个人的意见,他都认真地做好记录,一副恭谦的姿态。特别是领导的指示,他十分重视,有不清楚的地方,便反复讨教。参加孙某的项目讨论会,大家都有畅所欲言的机会,而且大家都乐意将自己的宝贵意见送给他。孙某经过修改后的项目书,必定是博采众长,无可挑剔的。结果呢,孙某每次做出的项目都被采用,而刘某做出的项目却极少被采用。业绩的不同拉开了他俩的差距,最近,孙某升任公司副总经理,而刘某早在两年前跳槽了,至今还是小职员。

从上面的案例可以看出,倾听他人意见本身比他人意见是否正确更重要。孙某比刘某更胜一筹的地方是他淡泊自我,永远尊重对方。沟通不是滔滔不绝的演说,而是多多倾听。说话不在多少,有时口若悬河、侃侃而谈的人只会引起别人的反感。真正会说话者,首先是一个好的听众。好听众表现出的是对他人的尊敬,也是对他人暗示性的赞美。学会倾听别人说话,也是与人友好相处的一个重要途径。

概念·要点

网络时代信息接收特征包括:信息数量爆炸化、途径和内容多样化、信息接收的即时性和平等性、信息接收碎片化。爱德华·T.霍尔将文化差异分为两类:高语境文化和低语境文化。现代信息传递的方式大体可以分为两类:语言沟通和非言语沟通。语言沟通包括有线通信传输、无线通信传输、数字通信传输和书面通信传输。非言语沟通包括身体语言、面部表情、眼神接触和注视、对身体空间的使用、时间和沉默。倾听的三个原则包括:专注性原则、有效性原则和反应性原则。倾听的方法和技巧包括:良好的态度和习惯,设身处地地感受,察其言、观其行,适当地参与和反应。

任务 2 理解信息

知识学习

一、信息理解

信息理解是指将以符号为载体的信息还原为原有意义的过程。信息理解是信息用户的主观理解,具有选择性,亦即特定的用户将选择自己特定的理解,是用户对信息内容进行分析和综合的结果。

(一)信息理解的内涵

信息理解的程度总是以用户已有的知识结构为基础的,只有用户的知识结构与信息所反映的知识层次大体相当时,用户才能真正领会信息的实质。

(二)信息理解的过程

人的大脑要接受和利用信息,首先就要理解这个信息,即对信息进行解释和表征。从心理学的研究看,解释是将不理解的信息变为可理解信息的一个核心环节。人一旦遇到某一信息,在有目标指向时,他会去捕捉信息,经过一系列心理操作和认知操作过程,开始对信息进行解释。在解释的过程中,人们对感受到的信息刺激加以选择和组织,在自身的经验、假设、文化背景、动机、情绪和态度等各种心理因素的影响下,综合感受到的信息的基础上形成自己的认识图式。

解释是一个复杂的过程,解释者必须有足够的作为外界刺激的相关信息,还需要搜寻自己头脑中已掌握的信息或知识,进行比较、分析、综合、评价后,形成自己对问题的认识空间,达到理解的目标。认识空间往往不是一次形成的,而是进行多次反复,直到得到合理的解释为止。同时,由于个人的知识背景、心理状态不同,对同样的信息刺激可能产生不同的认识空间,也就会产生不同的信息理解。

从信息理解的过程来看,不同的人要达到相同的信息理解尽管很困难,但如果我们对具有基本相同的知识背景的人们,根据他们可能的心理活动特点,设定某种信息刺激,是有可能达到促进信息理解的目标的。

(三)信息理解中的社会心理作用

1.信息理解中的选择过程

(1)选择性理解

传播者和受众对信息接收处理的心理不同,他们的行为反应也就不同。从心理学角度来说,对信息的接收是人的物理刺激和心理刺激感觉的过程,也就是理解,在传播学上称之为解码。这个过程是一个十分复杂的过程,人们往往把以往的看法当作常识,并根据常识去认识新的事物,作出新的判断。因此,人们眼中的"外在世界"与个人理解(即心理印象)之间有相当一致的对应关系,也就是说,人们的理解受愿望、需要、态度、动机及其他心理因素的影响,这就是选择性理解。

(2)选择性接触

在选择性理解的基础上,同时存在着其他的选择性特征,即选择性接触、选择性注意、选择性记忆。选择性接触指的是人们在接触信息时,总是愿意接触那些与自己原有态度相一致的传播信息,而避免接触与自己意见不相符合的传播信息,因为接触与自己意见不相符合的传播信息会在受众心理上产生不和谐的状态,这种不和谐的状态会产生心理上的不舒服,因此,人们会努力减轻这种不和谐,以达到和谐。为了避免这种不和谐现象出现而导致心理上的不和谐,人们所采取的最有效的措施就是积极地避免接触不和谐的信息。这样就出现了选择性接触。虽然学者们对这个提法也有争议,但是,美国学者科顿(J.L.Cotton)在对选择性接触研究的评审中总结性地提出:"几乎每一个研究均发现了显著的选择性接触的效果。"

(3)选择性注意

选择性注意是指人们无法事先决定信息的内容,因此,人们总是倾向于关注信息中那些与自己固有观念、态度、行为相一致的，或是自己需要的、感兴趣的信息，这既是一种认知和谐心理因素，又是一种文化期待现象。例如：求职的人们关注职场上的问题以便于对自己的求职作出正确的选择；考大学的人们关注热门职业的走向以确定自己报考的大学专业；医生关注疾病、疫情等情况，以便于提高自己的技术与做好对流行病的预防；政治家们关注世界各国的政局变化，以便于调整本国的政策、外交策略等。人们无论从事什么职业，都会根据自己的需求、愿望去选择注意信息。

（4）选择性记忆

选择性记忆则是指人们在信息传播过程中，愿望、需要、态度及其他因素影响他们对信息的记忆，也就是说人们很容易记住那些他们自己感兴趣的、需要的信息，进而忘却那些自己不感兴趣的、不需要的信息。在记忆过程中，人们对信息的记忆是在其心理作用下形成的不同的行为反应。就像有的人会"一朝被蛇咬，十年怕井绳"，而有的人则被人们称作"不长记性"的人；有的人天性乐观，在他的记忆中处处都是愉快、美好的事物，而有的人的记忆处处是事情的负面效应，由此他会感到社会冷漠、人生灰暗。这就是人们选择性记忆心理作用的结果。

这种选择的过程被视为"四道围墙的防御，最外层的防御是选择性接触，接下来的是选择性注意，然后是选择性理解，最里层的是选择性记忆"。这四道防御线，是传播主体——人在自己心里建立起来的，它意味着无论是传播者，还是受众，对相同的信息刺激会有不同的接触、注意、理解和记忆的过程，因此，也会产生不同的反应，这就是人的不同心理作用的结果。

2.传播者的信息选择

就传播者而言，他们有选择性特性，他们要用高度敏感的眼光去收集与整个社会运行、社会各阶层的民众普遍相关的信息，发挥他们"守门人"的作用，以及发挥传播的社会导向功能，向社会全体民众传递信息。因此，传播者在信息报道过程中，主要是从整个社会的角度去思考问题、选取信息、报道信息。传播者对待信息传播的选择性决定着他们的传播行为，他们的不同态度、动机将引发不同的传播行为，必然也会产生不同的传播效果。有人提出"预防接种"理论，该理论认为，人对自己所处的现实社会需要有较好的了解和认知，只有这样人们才能够更好地按照现实社会环境来调整自己的行为。就好比人不可能生活在无菌的环境中，我们每一次生病都会产生抵御这种疾病的抗体，或者可以为了预防疾病事先接种疫苗，以增强身体对疾病的免疫功能，一旦我们获得了一定的免疫力，就可以更好地抵御疾病的侵扰。人类社会也是如此，如果人们不能从媒介世界中了解真实的社会，一旦有一天发现社会事实与自己认知、期待的现实相悖的话，就会在毫无精神和物质准备的前提下，手足无措，无法面对，造成重大的心理创伤。相反，如果我们切实了解了自身所处的实际社会环境，增强对各种侵害的抵御能力，那么，人类社会就会更有效地运作发展。这种"预防接种"是由传播活动来完成的。因此，不同的理解影响着传播者对信息的选择。

3.受众的信息选择

对于受众来说,首先他们具有比较明显的选择性特征,这种选择性特征影响了他们对信息的接触、注意、理解和记忆,而受众对待信息的选择是存在差异的,这就是个体之间差异性的影响。差异性主要是指个人之间的人格差异,以及由此而引发的对待信息的认知、动机和态度的差异。例如,有一则消息报道了一个罪犯等在银行门口,用砖头砸人进行抢劫的事件。当记者采访时,罪犯竟然说这个手段是从前一天的报纸上学来的,因为前一天的报纸上报道了一个这样的事件。为什么其他受众没有这样学习,这样模仿,这样去做?这就是人格差异导致的对信息处理上的差异。虽然模仿、学习是每个社会公众都具有的特性,但是个人的差异性决定了他们会模仿、学习不同的知识、技能。

其次,受众需要了解他们的生存环境,需要通过媒介学习他们所应拥有的常识、技能以及社会成员的资格,因此,这种需要就成为他们在传播活动中的心理基础,促使他们积极地介入到传播活动之中,这就是他们的心理动力,是他们的主观能动性反应。

再次,受众的态度影响着传播活动。受众根据以往的经验,常常授予媒介一定的权威性,他们将媒介视为自己的眼睛,通过媒介"拷贝"现实社会,并形成自己对社会的认知影像。这种权威性作用十分明显,在多数情况下,媒介"在告诉它的读者该怎样想时并不成功,但它在告诉它的读者该想些什么时,却是惊人地成功"。例如,近年来媒介上报道的与人们生活密切相关的食品质量问题越来越多,诸如"疯牛病""口蹄疫""瘦肉精""地沟油",以及各种蔬菜水果农药含量超标、各种肉类和水产食品抗生素超标、"毒大米""苏丹红"以及"三聚氰胺"等消息引起了社会公众的关注,成为社会公众最关心的问题。这不能不说是媒介在引导公众想什么、关注什么方面所取得的成功。这种成功源于媒介传播者的引导,源于受众授予媒介的权威性,源于社会公众对从媒介世界中"拷贝"出来的现实社会的认知和反应。然而,一旦媒介世界与现实社会出现差距,就会给社会公众造成一种虚拟的假象,这种假象直接影响着公众对现实社会的认知和反应,进而可能造成社会的混乱。

最后,受众的情绪直接影响着信息传播中的认知、理解和反应。实验表明,当人们处于不同的情绪心境状态时,对相同的信息会作出不同的反应。例如,心理学家将不同心境的人们放置在各种危险现象之中,让他们对这些危险现象作出判断。结果表明,人们处于不同情绪时对相同的现象会作出不同的判断。当受众心境不好时,就会将这些现象看成是极有可能发生的危险事情。例如,在美国的"9·11"事件之后,芝加哥发生了一起酒吧踩踏的伤人事件,该事件成为美国有史以来踩踏事件死伤人数最多的一次,究其原因,与"9·11"特定时期带给人们的心理和情绪反应密切相关,特殊时期的场域气氛,强化了人们的心境、情绪以及由这种心境、情绪而引发的对信息的误判。这就是人的情绪对信息反应的影响。

二、信息理解的几种形式

随着世界一体化进程的不断推进,不同文化背景的人们之间的社会交往也日益频繁,跨文化沟通已经成为社会交往的主题。人们之间的交往与联系完全体现着文化的特点,无论是正式的社交场合还是普通的朋友聚会,文化的渗透支配着整个活动的进行。与此同时,人们在沟通过程中对信息的理解也不可避免地出现了一些问题,不同程度地影响着跨文化沟通的进行。

(一)文化迁移

1.文化迁移的内涵及模式

"迁移"(transfer)一词原为教育心理学术语,指已获得的知识、技能、学习方法或态度在新知识、新技能习得和解决新问题的过程中所产生的影响。这种影响可能是积极的,即"正迁移",也可能是消极的,一般称作"负迁移"。本节我们要讨论的为后者。所谓文化负迁移,是指本群体文化中的语言知识与外群体文化中的某些语言现象相矛盾或冲突时,人们往往倾向于借助本群体的语言规则、交际习惯、文化背景及思维方式进行自觉或不自觉的对比,并将本群体文化的价值标准,错误地移植于外群体文化中,从而造成沟通障碍而引起的文化迁移。其模式通常包括以下几个方面:

(1)文化信息的增减

在跨文化沟通过程中,沟通的一方或双方获得的文化信息超出了说话者所赋予的文化信息量,即人为地扩展或强化了说话者的本意,造成了文化信息的增值;反之则为减损。例如,在汉文化语境中,熟人朋友见面经常会说"吃过了吗?"或"上哪儿去?",这是一句再普通不过的寒暄。但是,若用此和西方人打招呼"Have you eaten yet?"他们会认为你欲邀其吃饭,他可能会说"Not yet.",而后等你说"Would you like to have dinner? This is my treat."文化信息明显增加。所以,我们中国人若说"Shall we go for dinner together?"意味着自己请客吃饭,当然也是自己付款,但英美人会理解为各自付账的聚餐,从而坚持支付自己的一半费用,这就是文化信息的减损。

(2)文化信息的误解

沟通的一方或双方错认了说话者所赋予的文化意义,从而产生误解,即文化信息的误解。例如,中国人见面总喜欢问"您上哪儿去?"之类的话以示礼貌,英美人会认为你是"包打听"——过分关心别人的私事,是很令其反感的。在跨文化沟通中,赞扬是欧美人常用的语用功能之一,它能促进沟通,增进了解,达到问候、感谢目的。使用对象可以为朋友、师生、上下级、邻里、家庭成员,甚至陌生人。中国人不善于赞扬,认为赞扬具有奉承、讨好他人之嫌,尤其是对女性的赞扬。所以,欧美人以谢意接受赞扬,中国人以否认谢绝赞扬,这就会引起误解,导致跨文化沟通失败。若一位美国人当面赞扬他的中国朋友的衣服很漂亮"Your dress looks nice!"这只是很普通的一句赞美,但这位朋友可能会说"Really? If you like it, I'll buy one for you."这可能会令这位外国朋友十分难堪。

(3) 宗教信仰的等同

西方人大多信奉基督教,认为"上帝"主宰世界,世间一切皆为上帝安排、创造的。而中国人深受佛教影响,汉文化中的"老天爷"含义与此基本相似,背景却相差甚远。如果不分青红皂白地将此对等,难免给人削足适履之感。比如,《红楼梦》中刘姥姥有一句话"谋事在人,成事在天",若不加说明地译为"Man proposes, God disposes",听上去似乎不错,却有忽略宗教背景和深层文化差异之嫌,使"刘姥姥"这位乡下佛教信徒摇身一变成为西方基督圣徒,着实有些滑稽。

2. 跨文化沟通中的文化负迁移现象

英语中的"文化"既包括文学艺术、哲学等社会科学以及各种自然科学成果,又可指人类生活中一系列不同的特征,如习惯、礼仪、禁忌、婚丧、庆典、节日等。前者是人类精神文明和物质文明的集中反映,是"正式文化",后者反映日常生活,为"普通文化"。跨文化沟通中的文化负迁移现象主要体现在普通文化方面,具体表现有:

(1) 社会应酬语方面

应酬语又称寒暄语,是人们进行社会接触和交往的重要途径和手段,很大程度上受传统文化的影响。它通常包括以下几个方面:

①问候语。跨文化沟通中,中国人的问候方式常常不被理解或被误解。中国人打招呼通常局限于熟人朋友之间,且多说"吃过了吗?""上哪儿去?""干什么呐?"等等。这在西方人听来要么误解为你想请客吃饭,要么会觉得像警察盘问嫌疑人、妻子打探丈夫行踪,他们会很生气。因为隐私在西方社会中受法律保护,任何人都无权干预或打听。他们常常说"Hi!""Good Morning!""How are you?""It's a fine day, isn't it?"等等。而中国文化正好相反。见面时了解或询问个人或家庭情况是出于对你的关心,也是建立友谊、融洽人际关系的有效沟通方式。假如我们强行将汉文化的此类问候语移植于西方文化,就会导致沟通的失败。

下面是一个典型的案例:下课后,一位学校领导在教室门前遇到外籍教师,用英语说道:"You must be tired."听到这话,这位外教神情紧张,急忙解释:"No, I'm fine."显然,外教对领导的问候产生了误解。领导的本意是关心问候,外教则理解为,一是自己不胜任教学而感到累;二是学生上课调皮而自己无法维持秩序,而感到疲惫。这种差异就是由于文化迁移而造成的。恰当的表达应该是:How do you like your class? / How do you like your students? /Did you enjoy your class? 那么,回答则是:I enjoy it very much./ I like my class./I like my students.

②称谓语。每种文化都有自己特有的称谓系统和使用规则,在许多文化中常常能听到用姓名称呼对方,但在单独使用"名""姓"的称谓方式上汉英文化差异很大。英美文化的基本模式是"称呼+姓",如 Mr. Brown、Miss Green。而汉文化中既可以用"姓+称呼",如王先生、李小姐;也可以用"名+称呼",如芳芳小姐、大伟先生。因此,在跨文化沟通中,所谓"Miss Mary""Mr. Jack"即为典型的文化负迁移现象。

③告别语。汉英文化的告别模式也不尽相同,把一种文化模式强加于另一模式,

自然会造成交际障碍。英美人分手总以"Bye！/See you later！"告辞，而中国人常说"时间不早了，我该走了！"或"没别的事，我走了！"给人一种很唐突的感觉，会被误解成我们不讲礼貌、不尊重对方。另外，中国式的告别语还随不同的场合发生变化。如探望病人离开时常说"多喝点开水""注意多穿衣服"之类，充分表示自己的关怀和安慰，而西方人对此非常反感和不悦，代之以良好的祝愿结束探访："Hope you'll get better soon！"（祝你早日康复！）

(2) 文化规范和习俗方面

中西方国家在各自长期的发展过程中都形成了自己独特的文化规范和习俗，因此，在沟通中，常常会出现根据本民族文化理解对方的文化含义，从而造成文化负迁移的现象。主要表现有：

①恭维语。恭维语在西方文化中随处可见，其对象可以是人的相貌、服饰、言谈、举止，甚至发型等，不分关系亲疏，更无男女之别。所以，倘若一位女士被夸奖"How charming you are tonight！"或"What a beautiful dress！"简直会如饮琼浆玉液，陶醉无比。她不会去理会这个人是不是和自己很熟，关系如何，有何居心。而在汉文化中，恭维的范围和程度却有所不同。尤其是女性，很不习惯异性，特别是陌生异性对自己的恭维。不仅如此，她们更会将此视为轻佻之举，逃避唯恐不及。

②自谦语。受几千年传统文化和道德的熏陶，中国人一向视谦虚为美德，否则会有狂妄、自大之嫌，"谦虚使人进步，骄傲使人落后"。由此衍生出一整套应付夸奖、赞美的托词，如"不敢当""小意思""哪里，哪里""我不行""还差得远呢"等等。这往往会令西方人感到茫茫然，误以为中国人虚伪、自卑。在他们的文化中，别人的赞扬是对自己的肯定，为什么总要否定别人的判断而不欣然接受呢？所以，面对赞扬，西方人常以"Thank you."或"Thank you for your encouragement."作答。

③致谢语。在中国，熟人之间很少听到"谢谢"二字，尤其是关系亲近者。而英美人对别人的好意总是要报以"Thank you！"即使是服务员递上菜单、邮递员送来报纸等，也要表示感谢。此外，汉文化中对不太熟悉的人有夸大感谢的习惯，以示尊敬。比如"I'm sorry to have wasted so much of your time."，这种致谢在英美人听来更像是道歉。

(3) 价值体系的理解方面

价值体系是文化构成的深层因素，既是社会文化的组成部分，又是社会文化因素在人们心目中长期渗透、积淀的结果。它是探索不同文化中人们心灵奥秘的一把钥匙。在跨文化沟通中，不同的价值观念也常常引起文化负迁移。主要表现在：

①隐私观。隐私问题是跨文化沟通中十分棘手的问题，一旦忽略便会造成沟通障碍。例如，中国人见面喜欢问对方的姓名、年龄、籍贯、工资等，这在英美文化中非常不妥，会极大地侵犯别人的隐私，伤害别人的自尊。

②友谊观。中国人比较重视人际关系，特别尊重人际关系，特别尊重友谊。而英美人更强调自我意识和个人价值，倡导人的个体独立性及不同的价值取向，很多英美

人认为友谊需要保持一定的距离。

③亲属观。中国人历来重视家庭、亲属称谓。因此"伯伯""叔叔""姑姑""姨母""堂姐""表弟"等称谓让人一听就明白彼此的关系。而在英美家庭中,这种称谓具有笼统性。一个 uncle ,既可指舅舅、姑父、姨夫等,也可指叔叔、伯伯等。由此我们可以看到,中国文化强调的是个体自由,其家庭成员在很大程度上是以社交场合为生活的中心。

总之,在跨文化沟通中,汉英文化迁移还有许多其他方面的表现。因此,理解语言必须了解文化,理解文化必须了解语言,二者相辅相成。语言不能离开文化而存在,要想掌握双重语言,必须具有双重文化。只有了解文化迁移特别是负迁移对跨文化沟通的影响,跨文化沟通才能流畅而和谐地完成。

(二)文化定势

1.文化定势的内涵、成因及特征

(1)文化定势的内涵

"stereotype"一词曾是印刷专业术语,指排版印刷时用的凸模字版。1922 年美国新闻记者李普曼在《公众舆论》中把 stereotype 一词引入社会/政治语境。他指出,人所处的环境,无论是自然环境还是社会环境都太复杂了,以至于不允许每个人对世界上所有的人、所有的事逐一认识和亲身体验。为了节省时间,人们使用一个简化的认识方法,将具有相同特征的一群人或民族、种族塑造成一定的形象。随着对文化定势研究的深入,研究工作者们越来越倾向于把它作为一个中性的概念,他们认为文化定势主要指的是人们对思维模式、信息、外部世界和行为等特征的判断方式。在社会文化心理学中,文化定势又可以分为"自定势"和"他定势"两类。

"自定势"指的是某一个社会和文化群体对本群体共同认可的价值和行为特征的普遍性与概括性的表述,这些价值在跨文化沟通研究中也常被称作"自我图像",即本群体往往会不假思索地对这些价值观和行为特征作出简单的认同。如"勤劳勇敢的中国人"就是"自定势"。而"他定势"指的是某一个社会和文化群体对另外一个社会和文化群体的价值观和行为特征的共同认定,也被称为"他者图像",即某一群体的成员往往容易将上述的价值观和行为特征加置于其他文化群体中的任何一个成员。如"法国人是浪漫的,英国人是保守的,德国人是刻板的"就是"他定势"。在大多数情况下,文化定势一般指的是"他定势"。

(2)文化定势的成因

对于定势的成因研究者们提出过不同的解释。Samovar 在分析文化定势产生的原因时将其归纳为三点:受父母、亲戚和朋友的影响;自身交际所得印象;通过媒体获得。文卫平从社会文化层面考察文化定势的产生和发展,认为定势是在环境因素的影响下形成的,包括社会化、媒体和从众效应。社会心理学家则分别提出了社会学习论、现实冲突论、社会认同论等一系列理论,试图对定势的形成作出令人信服的解释。虽然存在各种探讨,但总体上不外乎"社会"和"个体"两个分析层面,前者侧重于定势形成的社会背景,后者侧重于个体的人格心理因素。

①社会化的结果。定势的产生有其社会情境的根源,是社会化的结果,包括家庭、学校、同辈群体和宣传媒体等因素。家庭是社会化的起点。父母的教育方式和态度固然决定于他们自己的做法和想法,但其中也反映了当时社会的价值观,因为他们总是以本群体的文化为指导。当孩子们进入学龄期以后,学校的影响逐渐上升到首要地位。而学校教育所传授的只是经过高度概括化、简单化和笼统化了的主流文化,侧重于强调文化间的差异性。随着年龄的增大,同辈群体的作用日益突显。同辈群体通常只赞赏和推崇本群体的价值准则和行为规范,而贬低和排斥外人群体的价值观和行为规范。这种文化价值取向往往轻易地为该群体内的成员所接纳。此外,宣传媒体以网络、报刊、图书、电影、广播、电视等为工具,以最为便捷的方式向人们提供陌生文化的信息,在没有直接接触的情况下成为人们了解外人群体文化的主要途径。由此可见,社会化的过程就是父母、教师、同辈人以及媒体等把文化价值传递给孩子们并使之内化的过程。社会化的各个因素给原本大脑中一片空白的儿童不断地设置过滤层是促使文化定势形成的一个重要因素。

②个体因素。同一社会文化氛围中成长起来的个体在文化定势上并非一致,而是存在很大的个体差异。主要体现在人格动力、认知、个体交际经验三个方面。

首先,具有权威主义人格的人容易产生并固守文化定势。权威主义人格一般具有以下特点：固守传统的等级观念,排斥、轻视违反传统价值的人；顺从于所属群体的道德权威,以权威和地位为行事的依据；敌视其他群体的人；对周围事物偏好作两分法的简单判断。显然,这类人容易被全体主义所感化,一旦产生定势比具有其他人格的人更顽固。

其次,定势是一个群体成员对另一个群体成员的简单化看法。实际上,是过于忽略个性、细节差别、过于概括的认知方式,是过于强调家属中的相似性,而完全忽略成员之间的个性差异的一种表现。文化定势是基于人的意象图式,是一种思维定势。如定势的建立模式是中国人群体印象＝中国人A＝中国人B。这样一来就会产生理解的偏差。

最后,关于个体的交际经验。不管是跨文化沟通还是相同文化背景的沟通,双方都会观察对方,然后给予相应的判断,这一过程如同贴标签。和某群体的人交往时,总是会试图寻找相同的特征,不自觉地把同一个标签也贴到该群体身上(尽管事实上每个人都是不同的),从而加强和巩固已存在的定势。

(3)文化定势的特征

首先,文化定势具有过分简单、以偏概全的特征。一个大的文化群体中往往又包含有主流文化、亚文化群,每个文化群体中的个人又有其各自的性格特点,这样我们要认识和把握其特征,就必须将其简化,用概念来分类、排列和组合进一个有序的框架中。因此,我们对日常生活中直接或非直接接触的各种群体如"女人""东方人""老人"等都有一些相当稳固的文化定势。这些文化定势可以帮助我们加速信息加工过程,以应对复杂的局面,在缺乏个体信息的情况下,效果更明显。

其次,文化定势具有稳定性和可变性。文化定势一旦形成就很难在短时间内改变,并且很可能影响周围的人对同一事物的看法。然而,另一方面文化定势又容易受到国际政治关系等社会因素的影响而产生变化。

此外,文化定势具有心理准备性特点。它决定并影响着后继同类心理活动的趋向并且稳固地影响着人们的行为。在跨文化沟通中,人的文化定势将伴随着情绪和心境来制约人的心理和行为。特定的情绪和心境不仅会使人产生特定的自我体验,而且还会通过他的行为投射到其发生关系的人或事上,从而使人的活动带上一种主观情绪色彩。

2.文化定势对跨文化沟通的影响

(1)文化定势的消极影响

文化定势作为一种认知方式和认知策略,在帮助人们开启不同文化大门时是一把行之有效的钥匙,但是它同时也是束缚人们思想的桎梏,存在着不可忽视的消极影响。

文化定势的消极影响之一是夸大群体差异,忽略个体差异。文化定势可能会使我们错误地看待个体成员,认为对群体适合的就对群体中的个体也适合。现实生活中,我们中的许多人常常用文化定势来给其他人贴上固定的标签:认为所有的爱尔兰人都是红头发,急脾气;所有黑人都迷信且懒惰;所有日本人都个子矮,狡猾。文化定势对于差异的"过分概括"或"贴标签"可能人为地制造屏障,妨碍文化间的交流和理解。

文化定势的消极影响之二是将文化看成是静止的,而不是变化的。任何文化定势都是通过对比文化差异而得出的。文化对比研究只能比较出一个群体在一定历史时期的文化特征,不可能概括某一群体文化在各个时期的不同特征。

文化定势的消极影响之三是它极容易导致"本群体中心主义"。这一过程可以概括为:文化描述—文化定势—文化偏见—文化歧视。某一群体成员往往会对本群体文化作出简单的认同,并以其为中心看问题,抬高本群体文化。相反地,会把外人群体文化置于消极的境地。这样会导致十分严重的后果,甚至会产生民族间的纠纷与仇恨。美国的白人和黑人间的冲突就有这方面的原因。

文化定势的消极影响之四是它无视各民族各群体之间文化共性的存在。文化定势起源于文化的对比,它只注重文化的差异,却无视文化的共性。在跨文化沟通中这可能给文化敏感性较强的沟通者带来严重的误导,例如可能会认为所有的美国人都崇尚个人主义,所有的中国人都崇尚集体主义。殊不知各国文化之间的差异不是两个极端,文化差异可以体现在一个连续体上,文化差异在连续体上可能重叠,产生共同点。

(2)文化定势的积极影响

现在很多人将文化定势看作一个中性的概念,可以说它是一个矛盾的对立统一体,有消极的一面也有积极的一面。从认知角度上看,文化定势具有认知功能和图像功能。如果对"自定势"进行反思,可以促进对母体文化的认同和认知。同样地,经过反思"他定势"可以促进对陌生文化的认知。而文化定势还可以将某一社会和文化群体成员的行为模式具象化。在缺乏对陌生群(个)体的了解时,人们往往用头脑中固有的图像或形象来对号入座。从心理角度上看,定势受到本群体文化的影响和支配,在趋同心理的映照下,会产生积极意义的心理"预示"。从行为角度上看,文化定势可能因"预示"作用,提高跨文化沟通的效率,并可以在陌生文化和情境中给人思维和行为定向,具有积极的导向作用,可以减少陌生文化环境中行为的盲目性和复杂性。

3.在跨文化沟通中应对文化定势的策略

如前所述,定势具有积极的一面,又有消极的一面。但无论如何,定势在跨文化沟通中是无法避免的。我们的任务应该是让文化定势更好地为跨文化沟通服务。

首先,解构"肤浅的"带有偏见的"定势",建构"深刻的""公正的"文化定势。这是一个循环的动态发展的过程:对已经形成的定势进行反思,分析其可取与不可取之处,解构欠准确的定势。旧的文化定势解构后,个体就会从新的角度对文化进行重新认识,给予新的判断,继而形成新的文化定势。但经过一次反思后的定势并非就是真理,因而还需要再反思再解构……结果是随着新的定势不断地被建立,人类的认识也越来越深化和准确,整个趋势呈螺旋形上升。其次,从认知语境中建立最佳关联。在跨文化沟通中,必须具备较强的语境认知能力,懂得如何联系语境去准确理解跨文化沟通中的字面意义和隐含意义,并根据不同沟通语境的需要,调整自己的沟通策略,恰当地使用语言,准确地表达语言。

文化定势是在一维空间对文化进行观察和综合归类的产物,具备一定的合理性和代表性,有积极的认知功能,能在沟通中起到导向作用,但同时也不可避免地存在着片面的、无知的、带有感情色彩的、不合理的偏见。合理运用文化定势,使文化定势成为反思自我、认知他人的一个有效的基础,是跨文化沟通和跨文化能力培养过程中的一个重要环节。

(三)换位思考

1.换位思考的内涵

跨文化沟通中的"换位思考"是指沟通过程中双方发生矛盾时,能站在对方的立场上思考问题。它包括两方面:一方面是考虑对方的需求,满足对方的需要;另一方面是了解对方的不足,帮助对方找到解决问题的方法。

换位思考作为一种先进的管理沟通理念和有效的沟通手段,一直被人们广泛应用。它的渊源可以追溯到我国古代管理思想中的"顺道、重人、求和",其强调遵从客观规律,为百姓谋福,并求人际关系的融洽、和谐,要做到这些必须换位思考,只有从"道"和"人"的角度出发,才能安邦兴国。

2.换位思考对沟通的作用

(1)沟通需要换位思考

沟通是管理中的重要部分,它是指信息的发送者通过选定的渠道把信息传递给接收者,即一方将信息和意思经由一定的渠道传达给另外一方。管理沟通既指组织信息的正常传递,又包括人员、群体之间的情感互动,前者以制度为基础,后者以换位思考为前提。

良好的沟通建立在相互理解的基础上,因此处理事情时,不仅要从自己的角度,而且要站在对方的立场上,以对方的思维方式或思考角度来考虑问题,找出对方的介理点,进而提出双方都能够接受且对双方有利的建议和对策,最终解决问题,实现双赢或多赢,即需要进行换位思考。在沟通中换位思考能改变人的认知和需求,促进双方相互了解、尊重,从而建立信任关系,营造良好的人际关系,提高团队凝聚力。因此,换位思考是实现沟通的桥梁,是管理沟通的润滑剂。

(2)换位思考有助于改善企业管理

换位思考有利于企业的可持续发展。可持续发展有赖于正确的发展战略,而正确的战略方向指引着企业的长远发展。企业只有在兼顾社会利益的前提下,对内为员工和股东着想,才能制定出正确的发展战略;对外为顾客和用户着想,兼顾社会利益,通过换位思考才能实现企业的可持续发展战略。

换位思考还有利于企业文化建设。企业文化是企业的灵魂,企业文化要有特色、深入人心,并能引起员工及社会各方的共鸣。合作是建立企业文化的基础,换位思考以诚信为基础,诚信又是合作的前提。成功的合作需要人、心和力的最佳结合。换位思考可以营造宽松和谐的气氛,实施愉快式管理,对建立以合作为前提、双赢式的企业文化至关重要。

(3)换位思考的基本要求是会"沟通"

管理者在工作中最重要的事情之一就是信息沟通,沟通技能是管理者必备的技能。换位思考要求管理者充分调动被管理者的积极性,其过程是主体与客体之间的"情感互动"和"感情联姻"。一位管理大师说过:"没有人与人之间的沟通,就不可能有行之有效的领导。"可见"沟通"二字是衡量管理者会不会换位思考、会不会领导的关键因素。

(4)换位思考对内应严格、求实

这与对外的要求本质一致,形式却有不同。内部管理的换位思考不只是提倡一种良好沟通方式,也需要适当的措施辅以实施增强效果。例如完善企业内部的沟通机制,形成管理层、部门领导、普通员工间的多层次交流对话机制,或实施"岗位轮换制",让员工轮换各种不同工作,使员工对不同岗位有亲身体会和认识,从而加强相互间的理解。韩国精密机械株式会社实行"一日厂长制"的独特管理制度,让职工轮流当厂长管理事务,这使得该厂管理成效显著,实行该制度第一年便节约生产成本 300 多万元。企业可以根据自己的实际情况适当采取措施,实现相互间的换位思考。

知识链接

东西方在交际中的文化差异

东西方交际方式差异是由东西方文化差异所致,因为东方文化注重维护群体和谐,强调社会等级制度,而西方人注重个人利益,淡化社会等级制度。这些差异体现在以下几个方面：

（1）东方重等级，重身份，言谈举止非常注重礼貌，以体现出地位等级上的差别；西方人则重平等，谈话举止相对随意轻松。

（2）东方重意境，表达含糊，常给人欲言又止的感觉，这就要求听者依靠说话者说话时的语境来理解其意思，而且东方人常把沉默当作一种回应的方式，所以有时在交谈时还要注意说话人的神情举止，以便作出正确的推断；西方人则重言传，表达清晰达意，谈话中几乎涵盖了所有的有效信息。

（3）东方重面子，说话往往迂回婉转，尤其在与对方有不同意见时更是隐晦含糊，担心伤和气，伤感情，对有些话甚至避而不谈以求一团和气；西方重诚实，凡事以事实为先，说话直截了当，遇到不同意见时不惜针锋相对求得是非曲直。

（4）东方重集体负责，西方重个人负责。尤其在谈判中，东方人往往是想好了再说，因为在谈判桌上代表的是团体的意见，是个人所属的群体，因此，说话往往显得比较谨慎；西方人边想边说，在权责范围内可以自行作出决策，注重谈判的实效。

（5）东方回避矛盾，遇到问题常采取拖延的态度，静观事态的发展，有时会延误解决问题的时机；西方则习惯于直面矛盾，主动分析问题所在，并采取积极的态度解决矛盾，具有相当的效率。

中国式的交际方式

中国人通常喜欢用间接迂回的方式表达自己的观点，尤其是请求他人帮忙、讨论问题或提出不同观点时，常会绕一大圈，先扯些别的问题，发出暗示然后再引入正题，很少直截了当地开宗明义。

中国人常用的表达，"Maybe""Probably""I guess""It's said that…"，其言中之意很容易令人产生误解。有些表达即使对于中国人而言也是难以理解的。如"I'll do my best."据调查，"I'll do my best to do something"有四层含义：①"如果没有例外的话，我会尽量去做"（也就是说有可能不做）；②"婉言谢绝"（不直接拒绝是为了保全自己的面子，也是为了保全对方的面子）；③"看情况而定"（也许会去做，也许不会）；④"我一定去做"（不管发生什么，我绝不食言）。而英美国家则表示"我肯定去做"的意思。可见，跨文化交流发生误解在所难免。

中国人有讲"面子"的文化传统，对人对事比较婉转曲折，生怕伤了自己和别人的面子。相反，美国人则坦诚和直率，举止言谈直言不讳，不善于转弯抹角。对他们来说，问题的实质和利益远比保全面子重要得多。这些文化传统也可以反映在谈判中。美国人不希望用太多的时间客套寒暄，他们会很快言归正传。他们不善于像东方人那样在谈公务之前先建立友好的人际关系，如组织参观访问、宴请等，他们也不太了解人际关系与公务有何关系。在讨论问题时，他们常会提出使人尴尬为难，甚至是冒犯唐突的话题，如发表意见时不考虑自己的意见是否会得到对方赞同或是否会否定对方。美国人的直接沟通方式也表现在学校里,如学生在课堂上相当主动地发表意见和提问,即使文不对题,甚至漏洞百出,也不在乎。他们没有什么丢面子的心理约束。而中国学生在课堂上却很少主动发言、提问、讨论,因此常被认为缺乏主动性,没有个性和思想。究其根源,症结还在于怕丢面子,在于不同的交际方式,在于不同的价值观念。

案例解析

有一次,中国某商人偕夫人去美国拜访客户,美方客户在机场迎候时说:"Your wife is very beautiful."(您的夫人非常漂亮)。中国商人说:"哪里,哪里。"不料美方译员的中文水平不高,直译为"Where? Where?"逼得美方客户说:"Everywhere."(到处都漂亮)。结果使得双方都很不痛快。

点评:

从这则笑话我们看到,一开始美方客户就按自己的文化习惯说话,可这对中国人来讲不妥(因为中国人不喜欢别人评论自己的妻子)。而中国人的回答则正好反映了中国人这种表示谦虚的文化心理,结果双方都按自己的文化习惯说话,造成误解。如果美方一开始按照中国人的方式来问候,如"一路辛苦了",或者中国人听到问候后,回答:"Thank you."(谢谢),就不会产生误解了。由此可见,不同文化背景的人的沟通行为和赋予信息意义的方式存在着非常大的差异,这成为跨文化沟通的深层语言障碍。

概念·要点

信息理解是指将以符号为载体的信息还原为原有意义的过程。信息理解的几种形式包括:文化迁移、文化定势和换位思考。文化迁移是指本群体文化中的语言知识与外群体文化中的某些语言现象相矛盾或冲突时,人们往往倾向于借助本群体的语言规则、交际习惯、文化背景及思维方式来进行自觉或不自觉的对比,并将本群体文化的价值标准错误地移植于外群体文化中,从而造成沟通障碍而引起的文化迁移。文化定势主要指的是人们对思维模式、信息、外部世界和行为等特征的判断方式。换位思考是指沟通过程中双方发生矛盾时,能站在对方的立场上思考问题。它包括两方面:一方面是考虑对方的需求,满足对方的需要;另一方面是了解对方的不足,帮助对方找到解决问题的方法。

任务 3 反馈信息

知识学习

一、信息反馈的含义

信息反馈是指信息接收者把信息返回给发送者,并对信息是否被理解进行检查,以纠正可能发生的偏差。跨文化沟通中文化的差异容易使沟通双方对信息产生误解,因此,在沟通中需要及时进行信息反馈。若信息的接收者对收到的信息有什么异议或不理解,可以反馈给发送者,信息发送者再进行核实或修改。

在跨文化沟通过程中,信息的发送者有责任发送清晰、完整的信息,以便接收者正确接收;信息发送者也有责任确认信息已被正确理解。接收者则有责任完整地接收信息,正确地理解信息,并及时确认收到和理解信息。因此,在跨文化沟通中,双向性是一个非常明显的特点。成功的管理者都懂得充分利用这一点。他们定期与下属沟通,积极了解下属的想法,了解下属对组织的战略规划、计划任务等的认识情况,并设法向下属进行明确的说明,以达到良好的沟通效果。

二、信息反馈的特点与要求

(一)信息反馈的特点

针对性。信息反馈不同于一般的反映情况,它不是被动反映,而是主动收集,有很强的针对性。

及时性。信息工作要讲究时效,信息反馈更要及时,以便及早发现问题,解决问题。

连续性。信息反馈的连续性是指对工作活动的情况连续、有层次地反馈,有助于认识的深化。

(二)信息反馈的要求

信息反馈要准确真实;尽量缩短反馈时间;信息反馈要广泛全面,要多信息、多渠道反馈。

三、信息反馈的类别

下面以教练员与运动员在训练过程中的信息反馈为例,分析信息反馈的三种类别:

(一)同步反馈信息

在训练过程中,教练员与运动员之间,或运动员自身几乎与练习同步取得的反馈信息。

人的短时记忆表现为在完成动作后 0.1～0.5 秒内还能记住刚刚进行过的有关动作的全部过程，此时强化运动员完成关键技术动作的本体感受，可取得更好的练习效果。

在训练实践中，要求教练员在运动员练习的同时边看动作，边给予指导或身体动作帮助，以及帮助运动员通过肌肉本体感觉、触觉、视觉和听觉取得有关反馈信息。

同步反馈信息较多运用于周期性项目的练习，便于运动员接收信息后对下一个同样的动作周期进行调整和改进。而运用于专项技术的学习和掌握时，只有当运动员练习的时间超过 0.5 秒，听觉同步反馈信息才能产生调节效应。

(二)快速反馈信息

快速反馈信息即在训练过程中，教练员与运动员之间在完成练习后短时间内取得的反馈信息。

人的短时记忆储存期为 25～35 秒，此时结合运动员本体感觉的记忆可及时对运动员正确动作给予强化和技术指导，但超过这个时间将会忘却 20%～30% 的内容，运动员对完成动作情况的记忆将会迅速消失，影响训练效果。

在训练实践中，要求教练员在运动员每次做完练习后的 25 秒之内向运动员快速传递观察结果，以便运动员及时对正确动作予以肯定和对错误动作进行适时修正。

快速反馈信息应用范围较为广泛，并且常常贯穿于训练课整个过程，是教练员对运动员的现实训练状态进行调整和控制、运动员把外部观察结果和本体感受紧密结合起来改进技术的重要方式之一。

(三)滞后反馈信息

滞后反馈信息即在训练过程中，教练员与运动员在完成练习较长时间后取得的反馈信息。要求在完成练习以后相对充足的时间间隙中，对运动员进行较为深入细致的指导。

在训练实践中，要求在训练课后，教练员将训练中所获得的有关运动员训练状况的信息进行加工处理，再反馈给运动员训练过程的各个环节，并向运动员了解情况。并要求进行教学双方多角度的信息交换。

滞后反馈信息有着广阔的应用领域，是教练员在训练实施中及时监控运动员训练过程的有效途径。运动员也把它作为明确当前训练的目的、任务和与教练员之间交流思想、协调配合的必要手段和方式。

四、信息反馈的方式

(一)口头反馈方式

口头反馈方式是指信息的接收者用口头语言将反馈信息传达给信息的发送者。这种反馈方式多用于传递距离较小的信息反馈中。例如，同一社区内社区居民的信息反馈,本单位公众的信息反馈,购物者对商店的信息反馈,很大一部分就是采用这种反馈方式。他们把在信息传递中了解的情况、受到的影响、取得的效果,通过口头语言反馈给信息的发送者,其反馈的内容十分广泛、丰富,同时还具有及时、接近等特点。运用这种方式也有两种具体形式:一种是一对一的传递,即某一信息接收者单独向信息发送者反映情况;另一种是由信息发送者召集座谈会或意见征询会,信息接收者与会并通过会议反映情况。

(二)书面反馈方式

书面反馈方式是指信息的接收者以书面形式向信息发送者传递反馈信息。这种反馈方式,多用于传递正式的反馈信息。但这种方式一般只用于传递比较单一的反馈信息,如比较单一的评价信息、需求信息等,而较少用于传递比较复杂的反馈信息。书面反馈方式也有它的特点,一般来说,它更正规,而且还可作真迹档案保存,为日后的查考提供根据。在许多情况下,有的组织还特地要求公众提供书面形式的反馈信息。

(三)通信反馈方式

通信反馈方式也称电信反馈方式,它是指信息接收者利用通信手段向信息的发送者传递反馈信息。这种反馈方式的特点是:传递反馈信息迅速及时,便于信息发送者随时掌握信息接收者利用的情况,及时地改善信息传递的质量,而且可以远距离传递反馈信息。但这种方法也有其不足:一是受通信设备的限制,如有的地方通信不方便,打电话、发电报、发传真都难以实施;二是很难详尽地传递复杂的反馈信息。尽管如此,在现代社会,随着科学技术的迅速发展和通信设施的推广应用,通信反馈方式也将日益普遍。目前,有的组织已专门设热线电话等作为通信反馈渠道,这无疑是一大进步。

(四)网络反馈方式

网络反馈方式是一种复合式的信息反馈方式。它一般包括两种情况:一是人员网络反馈方式,二是计算机网络反馈方式。人员网络反馈方式是指由一定组织牵头组成的分布在各地信息网点的人员定期或不定期地将其搜集到的反馈信息传达给信息的发送者。人员网络反馈的信息一般都由网点人员进行了初步的整理,因而利用起来较为方便。计算机网络反馈方式是组织通过加入一定的计算机网络系统或租用一定的计算机网络系统后,其反馈信息由网络系统中的各网点搜集,然后传到中央处理机,再由中央处理机传达给信息的发送者。计算机网络反馈信息十分迅速,能够记忆和存贮,并能随机检索利用,而且能够通过终端打印机打印输出,更方便利用。因此,计算机网络反馈,无疑是信息反馈的一种高级形式。

除上述信息反馈的方式外,还有大众传播媒介反馈,如报刊上登载的有关用户来信、读者意见等,都是大众传播媒介反馈的实例。此外,还有调查研究反馈、行为观察反馈等,都是信息反馈的重要方式。

五、信息反馈的技巧

(一)如何提供反馈

(1)开门见山,先阐明目的。"我跟你说这件事的原因是……我希望这次谈话的结果能够……"

(2)建立对话。将对话视为双向的交流,而不是单方面的倾诉。

(3)了解目标。建设性反馈的目的是鼓励其他人与你进行能够解决问题的对话,而不是为你"改变"。赞美性反馈的目的,是帮助其他人更充分地发现和利用自己的优势。

(4)专注于行动。讨论行为对你或公司的影响。

(5)语言技巧很重要。避免"你有点迟钝"这种定性的语言或标签。对于对方以某种方式行事的原因,不要编造故事,例如"你不关心"。多使用第一人称而不是第二人称,但要记住"我感觉你有点迟钝"和"我感觉你不关心"并不是真正的反馈。

(6)多问。问问对方从你的话里都听到了什么;问问他们认为什么才是重要的;问问他们希望从你这里得到什么回报。

(二)如何成为好的反馈接收者

成为一名好的反馈接收者同样重要。不能虚心接受反馈的人,获得反馈的可能性更低,这将导致他们没有机会了解自己的行为对他人的影响。这意味着他们的活动都处在一种不健康的信息真空当中。

(1)放下防御心理。避免辩护、解释或将错误推给对方。记住,反馈是数据,而拥有数据比没有数据好,因为它可以给我们更多选择,建立更健康的关系。

(2)求知若渴。告诉自己:"我做的某些事情令这个人感到不舒服。如果我们能弄清楚到底是什么事,我便可以努力解决这个问题。"

(3)复述。不断问问题。"你说你非常生气,认为我不够投入,是吗?如果我能知道我做过什么令你产生了这种感觉,会对我很有帮助。"

(4)表明你理解对方的意思。"你说有几天我没有回你的短信,令你感觉我不够投入。"这样说要好于与对方争论你是否真的不够投入。

(5)感谢对方。在某种程度上,他们是因为非常在意你,才说出自己的想法。

(6)知道在什么时候停止。在需要的时候告诉对方,你需要休息一下,并与对方商定下一次谈话的时间,这是值得鼓励的行为。

知识链接

职场上的沟通技巧

1.对老板:展现自我特色

米歇尔·菲佛在《因为你爱过我》(Up Close and Personal)中讲述道,有次她向制作人劳勃·瑞福争取成为气象播报员时,却被叫去拿他送洗的衣服。隔天正好有位气象主播抗拒穿雨衣播气象,她便抓住跑去给劳勃·瑞福送衣服的机会,再次强力推荐自己,表示愿意穿雨衣上阵,最终获得了播报员的职位。在此过程中,米歇尔·菲佛总是保持自信与微笑,被拒绝也不放弃,更能察言观色,伺机而动。"主动、选对时机"是跟老板沟通、争取机会时的不二法门。

有时也可以用"激起同理心"的方法来面对老板。米高·福克斯的电影《成功的秘密》(The Secret of My Success),描述了一位乡下年轻人到城里远亲所开的大公司求职的故事。首先,秘书问他有没有名片,没有就不通报。没有名片的他灵机一动,干脆将脸贴在了复印机上,印出了自己的脸,再写上姓名,这不就是一张极具个人风格的名片?

职场的沟通常常很制式化、僵硬。满抽屉的名片,你会特别记起哪一张是哪个人的吗?在自我介绍时,个性化的表现能给予对方特别突出的印象,比如手写的文字就比印刷的字体来得温暖且生动。

见到老板后,米高·福克斯开门见山,马上简洁地提出希望得到一份工作的要求。面对老板对他毫无经验的质疑,他以诉诸同理心的热情说服了老板:"您二十几岁的时候,不也最痛恨别人问'你能做什么'?我什么都能做,只要有一份工作!"

2.对部属:转变环境,真心交流

团队起内讧时,该如何控制场面?黛米·摩尔、凯文·波拉克在电影《军官与魔鬼》(A Few Good Men)中饰演军事检察官,有次他们为了开庭攻防的表现而吵架,饰演海军上尉的汤姆·克鲁斯先制止了凯文的言词攻击,再要求大家停止工作,各自回去休息。就算争执一时难分对错,但有担当的主管,还是要先保护被欺负的一方,且适时隔开双方,让彼此有重新冷静思考的空间。

之后黛米·摩尔邀请汤姆·克鲁斯到需要动手剥龙虾的餐厅用餐,原本不太熟悉的两人,一下子就放松了心情,从而更深入地交谈了起来。这个场景展示了"环境"对于员工心理的影响力,如果他们是去高级法国餐厅吃饭,还能从先前紧绷的气氛中脱离吗?

在工作场合有太多的"说",太少的"谈"。比如我们常靠着许多报表数字来认识部属或求职者,却忘记换个角度、站在对方立场来了解他的需求和感受。像罗宾·威廉斯,毫不隐瞒地向对方揭露他内心深处的感受,才能真正地谈、真正地交心。

3.对同事:团队默契为彼此加分

在职场上,和同事相处的时间是最多的。如果同事只用你的职务来称呼你,其实表示你们之间缺乏真诚的沟通和了解,你应该让同事更多地了解你,减少双方之间的距离感。

电影《黑色豪门企业》(The Firm)里,饰演律师的汤姆·克鲁斯被引荐到一家有名的律师事务所,当他和资深合伙人见面时,原本紧绷严肃的对话,在他将话题转移到和妻子间的相处时,气氛便缓和许多。

很多职场上的沟通,其实可以更个人化一点。公司办活动时,可以多让大家展现私底下的另一面,有助于拉近彼此距离。

团队工作里彼此专业上的精准默契是非常重要的,这点在动作片里颇为常见。不过如果像在《反恐特警组》(S.W.A.T.)一场解除银行抢劫的行动中,很有默契的同僚临时带领你一起抗命,决定冒险救出人质,你该如何反应?不要给同事或老板这种"惊喜"!大部分的人遇到和原先计划截然不同的"惊喜"时,只会不知所措、慌张应对,很容易产生失误。

此外,在第一线上能否临场"抗命",须视不同产业的不同特质而论。比如军、警、消等关乎人命的行业,就必须强调遵守规定和命令;而在重视知识经济的行业,则可以给员工多一点空间。

职场上还有另一种默契,就是同事间相互的掩护或帮衬。

《收播新闻》(Broadcast News)是我看过最好、最聪明的职场电影。当埃布尔·布鲁克斯采访的新闻受到大牌主播好评,亲自在播报空档打电话给制作人荷莉·杭特称赞时,荷莉·杭特不忘将功劳归给原作者,请他一同来听电话,但主播因过去和他有嫌隙,便马上挂掉。在这尴尬的时刻,威廉·赫特饰演的草包同事用了个很聪明的解围方法:"你刚才采访的新闻真是棒极了,可以现在带我去看带子吗?"

这些不吝啬的赞美、为同事解围的幽默和善意,在职场上都是非常好的润滑剂,很值得我们学习。

案例解析

立邦漆"龙"广告起争议

《国际广告》杂志曾刊登了一则名叫"龙篇"的立邦漆广告作品,画面上有一个中国古典式的亭子,亭子的两根立柱各盘着一条龙,左立柱色彩黯淡,但龙紧紧攀附在柱子上;右立柱色彩光鲜,龙却跌落在地上。画面旁附有对作品的介绍,大致内容是:右立柱因为涂抹了立邦漆,盘龙都滑了下来。评价称:"创意非常棒,戏剧化地表现了产品的特点……结合周围环境进行贴切的广告创意,这个例子非常完美。"然而,就是这样一则广告,却在网上掀起了轩然大波,几天来一直是各BBS上的热门话题。

网民小江在接受记者采访时说:"我乍一看还觉得挺有意思,可仔细一想就觉得别扭了。龙是中国的象征,怎么能遭到这样的戏弄!这个创意应该赶快改掉。"更多的网民则认为,"发布广告者别有用心",而且"恶劣程度比'霸道广告'有过之而无不及"。

专家：忽略了文化因素。

广告专家认为，从广告本身的三个因素考虑，这个创意没有问题。但是，广告设计和发布者显然忽略了一个重要问题，就是广告与文化的联系。

北京工商大学传播与艺术学院副院长张翔在接受采访时说："龙是中国的图腾，在一定意义上是中华民族的象征。每个国家对传统文化的理解不同，在我国的文化中，龙的内涵非常丰富。广告一旦忽略了与文化的联系，就会使受众感到不舒服甚至产生厌恶。"

杂志社：有创意才予刊登。

《国际广告》杂志编辑部的工作人员告诉记者，这两天已经有一些读者打来电话询问此事。"广告的设计单位是李奥贝纳广告公司广州分公司。杂志上刊登的介绍和评价，是该公司自己做的点评。"工作人员表示，刊登这篇广告绝没有任何特别的想法。"编辑部看了这个投稿后，觉得广告有创意，所以才予以刊登。"

广告公司：影响始料不及。

广告公司北京分公司公关部很快给记者发来了关于此事的声明，并表示希望通过媒体向公众作一个解释。声明说，这个广告是为立邦涂料广东有限公司生产的"木器清漆"设计的。这种油漆的最大特点就是保持木器表面光滑，防止产生小刺。广告希望借用夸张手法来表现产品功能。"在创作过程中，我们曾经征询过公司以外人士的意见，均认为该创意具有相当高的吸引力，却忽略了在部分人心中会衍生的其他意义和产生的联想。"对该广告创意所产生的影响，该广告公司表示"始料不及，深感遗憾"。

概念·要点

信息反馈的含义：是指将信息使用过程中产生的效应及过程中不断产生的新信息

进行再收集、再处理、再传输的过程。目的是要检验信息的真实性和可行性；对信息传递进行检验和调整；为决策提供依据。

反馈信息一般有两种理解方式，一种是人或其他探测工具通过学习研究之后，通过言语、图形的形式向外界反映信息。另一种是物体本身给人直观的信息，就是说物体直接反映信息。

信息反馈的功能：处理信息及时、准确；控制计划和经营管理，使之处于最佳状态；便于进行方案比较和择优；有助于进行预测工作。

信息反馈的特点：针对性、及时性、连续性。

信息反馈的类别：同步反馈信息、快速反馈信息、滞后反馈信息。

信息反馈的方式：口头反馈方式、书面反馈方式、通信反馈方式、网络反馈方式。

要点回顾

- 网络时代信息接收特征包括：信息数量爆炸化、途径和内容多样化、信息接收的即时性和平等性、信息接收碎片化。
- 爱德华·T.霍尔将文化差异分为两类：高语境文化和低语境文化。
- 现代信息传递的方式大体可以分为两类：语言沟通和非言语沟通。语言沟通包括有线通信传输、无线通信传输、数字通信传输和书面通信传输。非言语沟通包括身体语言、面部表情、眼神接触和注视、对身体空间的使用、时间和沉默。
- 倾听的三个原则包括：专注性原则、有效性原则和反应性原则。倾听的方法和技巧包括：良好的态度和习惯，设身处地地感受，察其言、观其行，适当地参与和反应。
- 信息理解是指将以符号为载体的信息还原为原有意义的过程。
- 信息理解的几种形式包括：

文化迁移：是指本民族文化中的语言知识与外来民族文化中的某些语言现象相矛盾或冲突时，人们往往倾向于借助母语的语言规则、交际习惯、文化背景及思维方式来进行自觉或不自觉的对比，并将母语文化的价值标准错误地移植于他国文化中，从而造成交际障碍而引起的文化迁移。

文化定势：主要指的是人们对思维模式、信息、外部世界和行为等特征的判断方式。

换位思考：是指管理过程中主客体双方发生矛盾时，能站在对方的立场上思考问题。它包括两方面：一方面是考虑对方的需求，满足对方的需要；另一方面是了解对方的不足，帮助对方找到解决问题的方法。

- 信息反馈的含义：是指将信息使用过程中产生的效应及过程中不断产生的新信息进行再收集、再处理、再传输的过程。目的是检验信息的真实性和可行性；对信息传递进行检验和调整；为决策提供依据。
- 信息反馈的功能：处理信息及时、准确；控制计划和经营管理，使之处于最佳状态；便于进行方案比较和择优；有助于进行预测工作。

- 信息反馈的特点:针对性、及时性、连续性。
- 信息反馈的类别:同步反馈信息、快速反馈信息、滞后反馈信息。
- 信息反馈的方式:口头反馈方式、书面反馈方式、通信反馈方式、网络反馈方式。

视野拓展

与外国人沟通的 22 个技巧

❋ **第 1 招:妥善安排会面的约定**　I'd like to make an appointment with Mr. Lee.

当你计划到海外出差,顺道拜访客户时,必须先以书信通知对方。出国前再以 Telex 或电话向对方确认访问的日期和目的。如果是临时决定的拜访,也要通过对方的秘书安排,告诉她:"I'd like to make an appointment with Mr. Lee."(我想和李先生约见一次。)让对方对你的造访有所准备,才会有心情和你洽谈。

❋ **第 2 招:向沟通对手表示善意与欢迎**　I will arrange everything.

如果沟通是由你发起,给对方提供一切的方便,能使沟通一开始便在友善和谐的气氛下进行。尤其是当你的沟通对象是远道而来的,你热心地告知他:"I will arrange everything."(我会安排一切。)不但可以表现出你的诚意,也能使对方在不必顾虑食宿等琐事的情况下,专心与你进行沟通。

❋ **第 3 招:沟通进行中应避免干扰**　No interruptions during the meeting!

如果沟通的地点是在你的公司,那么请叮咛你的部属,勿在沟通过程中做不必要的干扰。因为过分的干扰会影响沟通的意愿和热忱。

❋ **第 4 招:遵守礼仪**　Behave yourself!

沟通时,仍然要遵守一般的礼仪和保持良好的仪态,这样可以增加对方对你的好感,提高沟通效率。此外,坐姿不良,在对方讲话时左顾右盼,都足以使人对你产生不好的印象,从而降低与你洽谈的兴致。

❋ **第 5 招:适时承认自己的过失**　It's my fault.

如果你明显地犯了错,并且对别人造成了伤害,一句充满歉意的"I'm sorry. It's my fault."(对不起,是我的错。)通常能够获得对方的原谅。就算他实在很懊恼,至少也能稍微缓和一下情绪。做无谓的辩解,只会火上浇油,扩大事端。

❋ **第 6 招:抱怨不是无理取闹**　I have a complaint to make.

以激愤的语气向人抱怨某事,很可能令人心生反感,而使结果适得其反。服务员上错了菜,旅馆女服务员忘了整理你的房间,送来的货物根本不是你订单上所指明的东西等情况,着实令人懊恼。但是生气并不能解决问题,不如心平气和而语气坚定地告诉对方"I have a complaint to make."(我有怨言。)然后告诉他所发生的事。

❋ **第 7 招:资料须充实完备**　We have a pamphlet in English.

具体的物品通常比口头描述更有说服力。当客户听到你说"We have a pamphlet in English."(我们有英文的小册子。)或"Please take this as a sample."(请将这个拿去当样品)时,一定会兴趣大增,进而问你许多和产品有关的问题。

❋ **第 8 招:缓和紧张的气氛**　How about a break?

当会议因冗长而陷于沉闷、紧张的气氛时,无意义的僵持是无法获得令人满意的结果的。如果能在不打断对方的情形下提出"How about a break?"(休息一下如何?)对方必能欣然接受,紧张的气氛也立刻得以缓解。当你们再回到会议时,也能以清晰的思路继续沟通。

❋ **第 9 招:做个周到的主人**　You can use our office equipment if necessary.

如果沟通是在你的公司进行,除了应向沟通对象提供舒适的场所以外,更应该尽量配合对方,向他提供有助于沟通进行的服务与设备。例如,大大方方地告诉他"You can use our office equipment if necessary."(如果必要的话,您可以使用我们的办公室设备。)

❋ **第 10 招:询问对方的意见**　What is your opinion?

每个人都希望自己的意见受到重视。当你和他人进行沟通时,除了说出自己的想法以外,随时可加上一句"What is your opinion?"(你的意见是?)或"I'd like to hear your ideas about the problem."(我想听听你对这个问题的看法。)这样不但可以让对方感觉受到重视,而且能使你们因思想的交流而促成协议达成。

❋ **第 11 招:清楚地说出自己的想法与决定**　I think I should call a lawyer.

如果在沟通场合中,你无法详实地说出心中的想法,不仅会使对方听得满头雾水,说不定还会让对方认为你对实际情形根本不了解,而失去和你沟通的兴致。试想假如你在向警察描述车祸时,不能提醒他"I had the right of way."(我有优先行驶权。)或没告诉他"I think I should call a lawyer."(我想我该叫个律师。)你也许会因此而吃了大亏。

❋ **第 12 招:找出问题症结**　What seems to be the trouble?

任何冲突或误解的产生,都有其潜在原因。为什么你的老客户这回不向你的公司订货?为什么对方不能达到你的要求?这种情况发生时,要立刻积极地探索原因。向对方探询"What seems to be the trouble?"(有什么困难吗?)或问一句"Is there something that needs our attention."(有什么需要我们注意的吗?)都能表示你对事情的关切。知道问题的症结,才有办法进行沟通。

❋ **第 13 招:要有解决问题的诚意**　Please tell me about it.

当客户向你抱怨时,你应该做的事是设法安抚他。最好的办法就是对他提出的抱怨表示关切与解决的诚意。你的一句"Please tell me about it."(请告诉我这件事的情况。)或"I'm sorry for my error and assure you I will take great care in performing the work."(我为我的错误感到抱歉,并向您保证,我会尽全力处理此事。)会令对方觉得你有责任感,也会恢复对你的信任。

❋ **第 14 招:适时提出建议**　We'll send you a replacement right away.

当损失已经造成时,适时地提出补救方法,往往能使沟通免于陷入僵局,甚至于得以圆满地达成协议。例如:你运送到客户手上的货物,的确不是订单上所标明的,而你又能立即向他保证"We'll send you a replacement right away."（我们会立即寄给您一批替换品。）或者告诉他"We can adjust the price for you if you keep the material."（如果您留下这批材料，我们可以为您调整价格。）那么，客户心中的忧虑必定立刻减半，且愿意考虑你的提议。

❋ **第15招：随时确认重要的细节**　Is this what we decided?

商务洽谈中，一牵扯到金额、交货条件和日期时，除了洽谈当时要用口头复述加以确认外，合约拟好后，更要详细地过目一遍。一旦发现疑点，应立刻询问对方"Is this what we decided?"（这是我们说定的吗？）如果合约内容真的错得离谱，就应告诉对方"I'll have to return this contract to you unsigned."（我得将这份合约退还给你，不能签名。）以示抗议。任何合约上的问题，宁可啰唆一点，也绝不可含糊。

❋ **第16招：听不懂对方所说的话时，务必请他重复**　Would you mind repeating it?

英语不是我们的母语，听不懂是很自然的。听不懂又装懂，那才是有害的。其实请人家重复或再讲清楚一点并不难，你只要说"Would you mind repeating it?"（您介意再讲一遍吗？）相信对方不但会再说一遍，而且连语速都会放慢些。如果你还是没听懂，那么仍然要用这个老方法："Could you explain it more precisely?"（您能解释得更明白一点吗？）

❋ **第17招：使谈判对手作肯定答复的问题**　Is it important that ...?

连续发问沟通对手给予肯定答复的问题，最后引导他对你的主要建议也作肯定的答复，是绝对需要花费一番心思的。通常沟通对手只对对自己有利的问题，才会痛快地回答"Yes"。因此，在沟通开始前，不妨先细心地想一下，你所希望对方接受的条件，对他有什么好处，试着以"Is it important that ...?"（……是不是对您很重要？）或"Is it helpful if ...?"（如果……是不是对你有帮助？）来获得他的肯定，那么要使你的建议通过也不难了。

❋ **第18招：做适当的让步**　The best compromise we can make is ...

沟通双方的互相让步，最常见的例子就是讨价还价。买方希望卖方减价150元，而卖方只想减价50元，双方一阵讨价还价之后，最后减了100元。不论你的对手是如何的咄咄逼人，你总得做一个最后的让步："The best compromise we can make is ... "（我们所能做的最好的折中办法是……）或是"This is the lowest possible price."（这是最低的可能价格了。）然后坚定不移，否则如果让步得太过，你可就要有所损失了。

❋ **第19招：不要仓促地做决定**　Please let me think it over.

商场上讲究信用，一旦允诺别人的事情，要是反悔，会给人留下不好的印象。因此，在下决定之前，务必要经过深思熟虑。如果你正在和客户商谈一件无法马上决定的事时，不妨请他给你一点时间："Please let me think it over."（请让我考虑一下。）或"Would it be all right to give you an answer tomorrow?"（明天再答复您行吗？）切记，仓促地下决定往往会招致严重的后果！

❀ **第 20 招：说"不"的技巧**　No, but …

在商务沟通上，该拒绝时，就应该斩钉截铁地说"No."，拐弯抹角地用"That's difficult."（那很困难。）或"Yes, but …"（好是好，可是……）来搪塞，会令对方觉得你答应得不够干脆，而不是在委婉地拒绝。如果你说"No, but …"对方便清楚地知道你是拒绝了，但似乎还可以谈谈。这个时候，你因为已先用"No"牵制对方，而站在沟通的有利位置上了。

❀ **第 21 招：不要催促对手下决定**　Stop asking "Have you decided?"

当你的沟通对象需要时间来考虑一下方案时，千万不要一直催促他"Have you decided?"（你决定了没有？）那样，你不但干扰了他的思考，还可能激怒他，结果原本可能达成的协议或许就此泡汤了。

❀ **第 22 招：沉默是金**　Silence is golden.

面对对方所提的无法接受的提议，沉默是最有力的回答。这种沉默所带给沟通对象的压力，远大于浇他一盆冷水。将所达成的协议逐一列入记录。为了避免签约时的争执或重新商议，交涉中达成协议的项目应做成记录，并在会议结束时传阅。因此，每达成一项协议，要记得提醒对方"Let's have the agreed items recorded."

课后习题

一、判断题

1. 相较传统纸质载体而言，现代以网络和通信设备为媒体的信息传播手段最明显的特点就是它的时效性。（　　）
2. 爱德华·T.霍尔将文化差异分为两类：高语境文化和低语境文化。（　　）
3. 倾听的三个原则包括：专注性原则、有效性原则、适应性原则。（　　）
4. 所谓文化正迁移，指本民族文化中的语言知识与外来民族文化中的某些语言现象相矛盾或冲突时，人们往往倾向于借助母语的语言规则、交际习惯、文化背景及思维方式来进行自觉或不自觉的对比，并将母语文化的价值标准，错误地移植于他国文化中，从而造成交际障碍而引起的文化迁移。（　　）
5. 管理中的"换位思考"是指管理过程中主客体双方发生矛盾时，能站在自己的立场上思考问题。（　　）
6. 信息接收存在即时性和公平性。（　　）
7. 高语境文化喜欢通过直接的沟通形式展现意义。（　　）
8. 现代信息传递的方式大体可以分为两类：语言沟通和书信沟通。（　　）
9. 倾听反应包括五种：鼓励、澄清、释义、情感反映、归纳总结。（　　）
10. 信息理解是指将以语言为载体的信息还原为原有意义的过程。（　　）
11. 选择性记忆是指人们在信息传播过程中，愿望、需要、态度及其他因素影响他们对信息的记忆，也就是说人们很容易记住那些他们自己感兴趣的、需要的信息，进而

忘却那些自己不感兴趣的、不需要的信息。　　　　　　　　　　　　（　）

12.文化定势具有稳定性和不变性的特征。　　　　　　　　　　　　（　）

13.换位思考作为一种先进的管理理念和有效的管理手段一直被人们广泛应用,换位思考的起码要求是会"倾听"。　　　　　　　　　　　　　　（　）

14.东西方交际方式差异是由东西方文化差异所致,东方重个人负责,西方重集体负责。　　　　　　　　　　　　　　　　　　　　　　　　　　　　（　）

15.信息反馈包括针对性、及时性和连续性的特点。　　　　　　　　（　）

二、选择题

1.信息反馈的方式包括(　　)。
A.口头反馈方式　　　　　　　B.书面反馈方式
C.通信反馈方式　　　　　　　D.网络反馈方式
E.语言反馈方式

2.网络时代信息接收特征包括(　　)。
A.信息数量爆炸化　　　　　　B.途径和内容多样化
C.信息接收的即时性和平等性　D.信息接收零散化

3.信息受众不仅要能够广泛、深入明了信息的性质、含义、用途和影响,而且要认同、同意信息的内容是沟通目标中的(　　)。
A.理解　　B.接受　　C.传递　　D.行动

4.发信者将信息译成可以传递的符号形式的过程是(　　)。
A.反馈　　B.解码　　C.编码　　D.媒介

5.影响群体沟通效率的不可控因素不包括(　　)。
A.群体因素　　　　　　　　　B.环境因素
C.任务因素　　　　　　　　　D.领导风格

6.谈判进行中,各方的主谈人员在自己一方居中而坐,其他人员遵循(　　)的原则,依职位高低自近而远分别在主谈人员的两侧就座。
A.左高右低　　　　　　　　　B.右高左低
C.对门为上　　　　　　　　　D.自由择座

7.有时为了加快信息的传递,财务部的主管会计与等级比他高的销售经理之间需要进行沟通,这是(　　)。
A.上行沟通　　　　　　　　　B.下行沟通
C.平行沟通　　　　　　　　　D.斜向沟通

8.下列交谈方式中,正确运用了交谈技巧的是(　　)。
A.话题乏味　　　　　　　　　B.主动地、适当地赞美别人
C.把先到的客人介绍给后到的客人　D.对别人的谈话反应冷淡

9.下列倾听者的哪种非语言符号不能给讲话者一种支持和鼓励的表示?(　　)

A.微笑 B.注视讲话者
C.轻轻点头 D.昂头

10. "按你的说法,这样做不够合理?"这句问话属于(　　)。
A.重复性提问 B.假设性提问
C.直接性提问 D.引导性提问

11. 口头沟通的优点有(　　)。
A.有较强规范性 B.经济性
C.利于存档 D.迅捷性

12. 属于面谈的劣势的是(　　)。
A.要求比较多的时间 B.缺少非语言信息
C.不利于反馈 D.不容易控制情绪

13. 激发良性沟通的技巧有(　　)。
A.鼓励冲突 B.积极沟通
C.引入竞争 D.变革组织

14. 面谈时应避免(　　)。
A.时间过长 B.把重点放在枝节问题上
C.努力隐瞒面谈目的 D.面谈过程成为一言堂

15. 演讲开始时应该(　　)。
A.演讲开始要迅速 B.开场白要新颖
C.出现了错误也不道歉 D.尽快掀起大高潮

三、案例分析题

案例1：中外文化的巧妙转换

1954年,周恩来总理出席日内瓦国际会议,为了向外国人表明中国爱好和平,使决定为外国嘉宾举行电影招待会,放映越剧艺术片《梁山伯与祝英台》。为此,工作人员准备了一份长达16页的说明书。周恩来看后笑道:"这样看电影岂不太累了?我看在请柬上写上一句话就行,即'请你欣赏一部彩色歌剧电影:中国的《罗密欧与朱丽叶》'。"这一句话果然奏效,外国嘉宾都知道这部电影要讲述的故事。

问题讨论:周总理运用了什么技巧化解了难题?

案例2："一场"及时雨""

据说1978年8月8日,时任日本外相的园田先生来北京,准备和我国政府签订和平友好条约,黄华外长到北京机场去迎接。不料,飞机刚停在机场上,就下起了大雨,还夹着雷声。见园田先生走下飞机,黄华外长迎上前去,随后陪同园田走进了贵宾室。

园田:"到北京迟了,见到黄外长,旅途的疲劳消失了。"

黄华:"您带来了及时雨。"

问题讨论:看似一句寒暄的话,黄外长是怎样把握住时机的?

案例3:方丈妙答,化险为夷

明朝开国皇帝朱元璋幼时曾在皇觉寺为僧,当时在寺内墙上涂抹过一些打油诗以消遣时日。后来做了皇帝,怀旧之心顿生。他想起在皇觉寺为僧的那些日子,想看看那些打油诗还在不在,于是驾幸皇觉寺。

朱元璋进入寺内,一言不发,四处寻找。方丈摸不着头脑,急忙启奏道:"圣上,您找什么?"

朱元璋气呼呼地说:"找什么?找诗呀,朕当年题的那些诗呢?"

方丈方知大祸临头,"扑通"一声跪下道:"老僧该死!老僧该死!诗没了,我有罪!"

好在昔日这位方丈待朱元璋不错,朱元璋念及这一点,说:"朕念你当年对朕不错,免了你的死罪。"

"不过,"朱元璋厉声问道,"朕的那些诗你为什么不保护好呢?"

这时方丈稍稍安下心,答道:"圣上题诗不敢留。"

朱元璋奇怪问道:"为什么?"

方丈不慌不忙答道:"诗题壁上鬼神愁。"

朱元璋又问:"那你把它擦了?"

方丈奏道:"谨将法水轻轻洗。"

朱元璋追问:"一点痕迹也没留下?"

方丈又奏道:"犹有龙光射斗牛。"

"好!好!不敢留就不留吧。"朱元璋终于转怒为喜,笑逐颜开。他厚赐了寺僧而返。

问题讨论:方丈使用了哪两个方面的技巧化险为夷?

案例4:她为什么沟通失败?

王岚是一个典型的北方姑娘,在她身上可以明显地感受到北方人的热情和直率,她喜欢坦诚,有什么说什么,总是愿意把自己的想法说出来和大家一起讨论,正是因为这个特点,她在上学期间很受老师和同学的欢迎。今年,王岚从西安某大学的人力资源管理专业毕业,她认为,经过四年的学习自己不但掌握了扎实的人力资源管理专业知识而且具备了较强的人际沟通技能,因此她对自己的未来期望很高。为了实现自己的梦想,她毅然只身去广东求职。

经过将近一个月的反复投简历和面试,在权衡了多种因素的情况下,王岚最终选定了东莞市的一家研究生产食品添加剂的公司。她之所以选择这家公司是因为该公司规模适中、发展速度很快,最重要的是该公司的人力资源管理工作还处于尝试阶段,如果王岚加入她将是人力资源部的第一个人,因此她认为自己施展能力的空间很大。

但是到公司实习一个星期后,王岚就陷入了困境。

原来该公司是一个典型的小型家族企业，企业中的关键职位基本上都由老板的亲属担任，其中充满了各种裙带关系。尤其是老板给王岚安排了他的大儿子做王岚的临时上级，而这个人主要负责公司研发工作，根本没有管理理念更不用说人力资源管理理念，在他的眼里，只有技术最重要，公司只要能赚钱其他的一切都无所谓。但是王岚认为越是这样就越有自己发挥能力的空间，因此在到公司的第五天王岚拿着自己的建议书走向了直接上级的办公室。

"王经理，我到公司已经快一个星期了，我有一些想法想和您谈谈，您有时间吗？"王岚走到经理办公桌前说。

"来来来，小王，本来早就应该和你谈谈了，只是最近一直扎在实验室里就把这件事忘了。"

"王经理，对于一个企业尤其是处于上升阶段的企业来说，要保持企业的发展必须在管理上狠下功夫。我来公司已经快一个星期了，据我目前对公司的了解，我认为公司主要的问题在于职责界定不清；雇员的自主权力太小致使员工觉得公司对他们缺乏信任；员工薪酬结构和水平的制定随意性较强，缺乏科学合理的基础，因此薪酬的公平性和激励性都较低。"王岚按照自己事先所列的提纲开始逐条向王经理叙述。

王经理微微皱了一下眉头说："你说的这些问题我们公司也确实存在，但是你必须承认一个事实——我们公司在盈利，这就说明我们公司目前实行的体制有它的合理性。"

"可是，眼前的发展并不等于将来也可以发展，许多家族企业都是败在管理上。"

"好了，那你有具体方案吗？"

"目前还没有，这些还只是我的一点想法而已，但是如果得到了您的支持，我想方案只是时间问题。"

"那你先回去做方案，把你的材料放这儿，我先看看然后给你答复。"说完，王经理的注意力又回到了研究报告上。

王岚此时真切地感受到了不被认可的失落，她似乎已经预测到了自己第一次提建议的结局。

果然，王岚的建议书石沉大海，王经理好像完全不记得建议书的事。王岚陷入了困惑之中，她不知道自己是应该继续和上级沟通还是干脆放弃这份工作，另找一个发展空间。

问题讨论：

1.王岚为什么沟通失败？

2.沟通信息在传递的过程中可能会存在哪些障碍？

> **实践训练**

蒙眼作画

- 教具：眼罩、纸、笔。
- 所需时间：10～15分钟。

人人都认为睁着眼睛要比闭着眼睛画得好，因为看得见，但真是这样吗？在日常工作中我们自然是睁着眼的，但为什么总有些东西我们看不到？当遇到这些问题的时候我们有没有想过借助他人的眼睛？试着闭上眼睛，也许当我们闭上眼睛时，我们的心就敞开了。

- 目标：

1.使队员明白单向交流方式和双向交流方式取得的效果不同。

2.说明当我们集中所有的注意力去解决一个问题时，可以取得更好的效果。

- 规则：

用眼罩将所有人的眼睛蒙上，给每人分发一份纸和笔，要求他们蒙着眼睛将自己的家或指定的其他东西画在纸上，完成后让队员摘下眼罩，欣赏自己的杰作。

- 讨论：

1.为什么他们蒙上眼睛所完成的画并不像他们期望的那样？

2.怎样使这些工作更容易些？

3.在职场中，如果任务执行中出现了问题，我们应该如何解决？

◆ 模块五 ◆
跨文化沟通中非语言的运用

模块内容

- 任务1 非语言沟通的特点
- 任务2 非语言沟通的类型
- 任务3 非语言沟通的方法

知识目标

通过本模块的学习,你可以获得以下知识:
- 非语言沟通的含义;
- 非语言沟通的特点和作用;
- 非语言沟通的类型;
- 非语言沟通的方法与技巧。

能力目标

完成本模块学习任务后,你应当能:
- 了解非语言沟通的含义、特点和作用;
- 熟悉非语言沟通的特点和作用;
- 掌握非语言沟通的方法与技巧。

学习情境导入

美国上司和中国员工的非语言沟通差异

弗雷德是美国一家大型书店的经理,他雇用了来自中国的小王作为他的一名员工。为了能更好地了解小王,弗雷德邀请她喝咖啡。在整个谈话过程中,弗雷德发现,小王一直都是低着头看着地板,跟他没有任何眼神交流。他把这理解为对他缺乏尊重。

📋 **课前学习思考:**

故事中,美国上司和中国员工存在怎样的非语言沟通的差异?

任务 1　非语言沟通的特点

知识学习

一、非语言沟通的概念

(一)非语言沟通的含义

非语言沟通泛指除了语言之外的所有交际手段,包括肢体语言、服饰、发型、化妆等。它是人类社会活动的自然过程,也是社会交往的必然产物。法国学者布尔在其名著《原始思维》中提道:"在阿比朋人那里,多布里茨霍菲尔见到一个巫师为了不让人听见,用手势跟别人秘密地谈话,在这些手势里,手、胳膊、头都起了作用。他的同行们也用手势回答,所以他们容易彼此保持接触。"而我国早在周、秦时代,就已经使用烽火报警这种非语言交际方式。中国古代以擂鼓为进军令,以鸣金为收兵号,与此类似。

所谓非语言沟通,是指在沟通过程中,不通过口头语言和书面语言来传达信息,而是通过声音、面部表情、手势、身体姿势以及空间距离等来进行的沟通。因为非语言沟通大多数通过身体语言表现出来,所以通常也叫做身体语言沟通。在沟通过程中,非语言沟通与语言沟通关系密切,而且经常相伴而生。

在非语言沟通领域中,最为卓越的研究者是美国的R.L.伯德惠斯戴尔。1963年,他在《情绪研究的身势学水平》一文中首先创用了"身势学"的概念。伯德惠斯戴尔的理论要点是:身势语是和人类语言十分相似的一种符号体系。具体来说,我们往往无意识地皱着眉头,情不自禁地打着手势,眼睛有时直愣愣地盯着人……这些动作看起来漫不经心,但也和人类的有声语言一样有着特定的含义。伯德惠斯戴尔估计,在两个人互动的场合中,有65%的"社会含义"是通过非语言的方式传送的。后来,有一位专门研究非语言沟通的学者艾伯特・梅热比提出了这样一个公式:

$$相互理解=语调(38\%)+表情(55\%)+语言(7\%)$$

上述都能够说明,在人类沟通中,互动双方所获得的信息有很大一部分来自非语言的行为,在高语境文化中尤其如此。

(二)语言沟通和非语言沟通的联系与区别

1.语言沟通和非语言沟通的联系

在沟通过程中,非语言沟通与语言沟通关系密切,而且经常相伴而生:通过非语言信息,语言信息得到补充与强化。如一位经理通过敲击桌子或者拍一下同事的肩,或通过语调来强调有关信息的重要性。当谈到某个方向时,伴随着手指的指示,可以加深印象。

在语言和非语言信息出现矛盾的时候,非语言信息往往更能让人信服。当某人在争吵中处于劣势时,嘴里却颤抖地说道:"我怕他?笑话!"事实上,从说话者颤抖的嘴唇不难看出,他实际上感到恐惧和害怕。

非语言信息可以代替语言信息,有效地传递许多用语言都不能传递的信息,而且,作为一种特定的形象语言,它可以产生语言沟通所不能达到的交际效果。在日常工作中,我们也都在自觉或不自觉地使用非语言沟通来进行信息的传递和交流,既省去不少口舌,又能达到"只可意会,不可言传"的效果。比如,当经理走进办公室,显出一副伤脑筋的样子,不用说,他与上司的见面很糟糕。

2.语言沟通和非语言沟通的区别

(1)沟通环境

在非语言沟通中,我们可以只运用到眼睛,因此可以不必与人直接接触。比如,你可以通过一个人的着装,判断一个人的性格。衣服颜色的鲜艳程度与个性的内向外向程度相关;衣服穿着的开与闭的程度与个人的开朗程度有关;衣服穿着的细节关心程度与个人的做事习惯相关。再比如,可以通过一个人的收藏品,判断他的兴趣爱好。非语言沟通可以不被观察者所知,而语言沟通必须得面对面地进行。

(2)反馈方式

除了语言之外,对于他人所传递的信息,我们可以给予大量的非语言反馈。我们的很多情感反应,是通过面部表情和形体位置的变化表达的。通过微笑和点头来表示对别人说话内容感兴趣,通过坐立不安或频频看手表来表示缺乏兴趣。

(3)连续性

语言沟通从词语开始并以词语结束,而非语言沟通是连续的。无论对方是沉默还是在说话,只要在我们的视线范围内,对方的所有动作、表情都传递着非语言信息。比如在上物理习题课的时候,老师给出一个例题后往往需要留给学生自己思考的时间,在这段时间里教师一般是保持沉默的,但是教师的一举一动仍散发着不同的信息。你是在讲台发呆,还是在学生中间巡视,你又以怎样的表情看着学生做题,这些都影响着学生。所以,非言语表达的连续性特点提醒教师要加强自身修养,以避免在无意中流露出违反教育性的非言语信息,给学生造成不良影响。

(4)渠道

非语言沟通,经常不止利用一条渠道。例如,想象一下在观看一场足球赛时你所发送的信息。任何人都会知道你喜欢哪个球队,因为你穿着该队代表色的衣服,或者举着牌子。当该队得分时,你跳起来大声喊叫。这样,在你的非语言沟通中,你既使用了视觉渠道,又使用了声音渠道。又比如一次会议,地点在五星级饭店,配有最丰盛的食物,高层领导出席,着装正式。这些都表明此次会议非常重要。

(5)可控程度

我们很难控制非语言沟通,其中控制程度最低的领域是情感反应。高兴时你会不由自主地跳起来,愤怒时会咬牙切齿。我们的绝大多数非语言信息是本能的、偶然的。这与语言沟通不同,在语言沟通中,我们可以选择词语。

(6)结构

大多数的非语言沟通都是在无意识中发生的,所以它的顺序是随机的,并不像语言沟通那样有确定的语法和结构。如果坐着与人交谈,你会计划你要说的话,但不会计划什么时候跷腿、从椅子上站起来或看着对方,这些非语言动作对应着交谈期间所发生的情形。仅有的非语言沟通的规则是一种行为在某种场合是否恰当或容许。例如,在一些正式场合,即使你遇到再高兴的事,也不能跳起来,要喜怒不形于色。

(7)掌握

语言沟通的许多规则,如语法、格式,是在结构化、正式的环境中得以传授的,如学校。而很多非语言沟通没有被正式教授,主要是通过模仿学到的,小孩子模仿父母、兄弟姐妹和同伴,下属模仿上司。

二、非语言沟通的特点

(一)无意识性

正如心理学大师弗洛伊德所说,没有人可以隐藏秘密,假如他的嘴唇不说话,则他会用指尖说话。一个人的非语言行为更多的是一种对外界刺激的直接反应,基本都是无意识的反应。例如,我们会不自觉地接近自己喜欢的人,而与自己不喜欢的人谈话时,则离得较远。再比如,可以通过表情发现对方愉快、悲哀、恐惧、愤怒等情绪,有心事,不自觉地就给人以忧心忡忡的感觉。

(二)情境性

与语言沟通一样,非语言沟通也展开于特定的语境中,情境左右着非语言符号的含义。相同的非语言符号,在不同的情境中会有不同的意义。同样是拍桌子,可能是"拍案而起",表示怒不可遏;也可能是"拍案叫绝",表示赞赏至极。

(三)可信性

由于语言受理性意识的控制,容易作假,肢体语言则不同,肢体语言大多发自内心深处,极难压抑和掩盖。根据英国心理学家阿盖依尔等人的研究,当语言信号与非语言信号所代表的意义不一样时,人们通常相信的是非语言信号所代表的意义。如,当某人说他毫不畏惧的时候,他的手却在发抖,那么我们更愿意相信他是在害怕;小孩子拒绝陌生人的食物时说"不吃",但同时却流着口水紧盯食物,表现出来的是非常想吃的样子,那么我们更愿意相信后者。

(四)文化制约性

虽然部分非语言信息具有普遍性,可以充当文化间、种族间或国际的沟通语言,但大部分非语言信息的意义,仍然要受到文化的制约。由于文化的差异,一个非语言信息在不同的时空下会有着不同的意义。第一个对非语言信息进行研究的是达尔文,他在《人类和动物表情》一书中指出,很多非语言的表达方式有很大的文化差异,比如身体的姿势、眼睛的注视、面部的微笑、恶作剧的行为等,在不同的文化环境中,它所代表的意义和得到的反应是不同的。

三、非语言沟通的作用

非语言沟通作为沟通活动的一部分,在完成信息准确传递的过程中起着重要的作用。非语言沟通在交际活动中的作用是丰富多彩的,它能使有声语言表达得更生动、更形象,也更能真实地体现我们的心理活动状态。

(一)非语言沟通在某些情况下可以替代语言沟通

我们现在使用的大多数非语言沟通,经过人类社会历史文化的积淀而不断地传递、演化,已经自成体系,具有一定的替代有声语言的功能。许多有声语言所不能传递的信息,通过非语言沟通却可以有效地传递。另外,非语言沟通作为一种特定的形象语言,它可以产生有声语言所不能达到的效果。在日常工作中,我们也多在自觉或不自觉地使用各种非语言沟通来代替有声语言,进行信息的传递和交流。在传递交流信息的过程中,既省去过多的"颇费言辞"的解释和介绍,又能达到"只可意会,不可言传"的效果。

例如,当一个孩子在运动比赛中朝赛道外的家长看去时,家长快速竖起大拇指,可以替代表扬或鼓励的话语,因为在这种相隔一定距离或人声嘈杂的情况下,说话是很难被听到的。

(二)非语言沟通可以强化语言沟通的效果

非语言沟通不仅可以在特定的情况下替代有声语言,发挥信息载体的作用,而且在许多场合,还能强化有声语言信息的传递效果。例如,当领导在会上提出一个远大的计划或目标时,他必须用准确的非语言沟通来体现这个目标的重要性。他应该用沉着、冷静的目光扫视全体人员,用郑重有力的语调宣布,同时脸上表现出坚定的神情。在表达"我们一定要实现这个目标"时,要有力地挥动拳头。在表达"我们的明天会更好"时,要提高语调,同时,右手向前有力地伸展等。这些非语言沟通大大增强了说话的分量,体现出决策者的郑重和决心。

例如,一个人心情不好、情绪低落时的表情或萎靡的姿态会伴随着沮丧的话;相反,开心的笑容往往伴随着愉悦的声调。

(三)非语言沟通可以体现真相

非语言沟通大多是人们的非自觉行为。它们所载荷的信息往往都是交际主体不知不觉中显现出来的。它们一般是交际主体内心情感的真实表达,与经过人们的思维进行精心构织的有声语言相比,非语言沟通更能体现事实真相。非语言沟通在交际过程中可控性较小,它所传递的信息更具有真实性,正因为非语言沟通具有这个特点,因而非语言沟通所传递的信息常常可以印证有声语言所传递信息的真实与否。现实交际中常出现"言行不一"的现象。正确判断一个人的真实思想和心理活动,要通过观察他的身体语言,而不是有声语言。因为有声语言往往会掩饰真实情况。

例如,日常工作中,同事之间的一个很小的助人动作,就能验证谁是你的真心朋友。在商务谈判中,可以通过观察对方的言行举止,判断出对方的合作诚意和所关心的目标等。当某人说自己很高兴到某个地方,却神情紧张地玩弄或者看着天花板,他就会被认为在说谎,非语言信号为我们获取信息的真相提供了珍贵的线索。

(四)非语言沟通可以表达情感

非语言行为主要起着表达情感和情绪的作用,甚至在人不能说话的情况下,可以使用非语言沟通来表情达意。

例如,相互握手表示着良好人际关系的建立,父母摸摸小孩子的脑袋表示爱抚,夫妻、恋人、朋友间的拥抱表示相互的爱恋和亲密等。

知识链接

11个国家的非语言沟通习惯指南

一、美国

美国人很守时,参加商业活动或社交活动时迟到被认为是非常无礼的行为,迟到所传达的信息可以是对对方或对事件不尊重,也可以说明组织技能较差。美国人很重视个人空间,在他们社交时通常会保持一只手臂的距离,在交流时较少的触碰被认为是正常的。在商业场合的身体接触仅限于握手,在社交场合,美国人通常用拥抱的方式问候,然而,这种问候方式并不是在整个宏观文化中被普遍接受的。不论在商业场合还是社交场合,直接的眼神交流都是非常重要的。但是注意不要传达负面的眼神交流信息,例如不尊重、不在乎或者不感兴趣等。美国人在进行眼神交流时通常会展现笑容,包括对完全陌生的人。使用温和的手势是美国人通用的交流方式,一些典型的手势包括大拇指朝上的手势或者"OK"手势用来表示事情进展顺利,"V"字手势表示胜利,拇指朝下的手势表示不同意。有些手势因为其不好的含义应该避免使用,包括用一根手指指别人、竖起中指、使用前臂猛击等。美国人的坐姿相对比较随意,他们在坐的时候很放松,一般的坐姿是交叉双腿,女性在脚踝处交叉,男性将脚踝放在另一个膝盖上交叉。

二、巴西

尽管在工作地点守时是非常重要的规则,但在巴西大城市由于存在交通堵塞等问题,会议开始得比预计晚一点并不罕见。社交场合中,主人期望他们邀请的客人到达时间比约定时间晚15分钟左右。谈话时站得近一些是惯例,巴西人经常会在谈话中触摸对方,然而,在与陌生人或者非同级非同龄的人交谈时触摸对方是非常不合适的。他们在谈话过程中保持着眼神交流,而和上级交谈时,巴西人通常会降低视线表达对对方的尊敬。谈话过程中,出现沉默是比较不常见的,巴西人喜欢交谈而且通常会在谈话中打断对方。他们在谈话中经常会用到手,辅助以各种手势,然而应该尽量避免使用一些粗俗或者无礼的手势,其中包括"OK"手势、竖起中指、用紧握的拳头撞击摊开的手掌。

三、加拿大

加拿大人对待时间的态度与美国人相同,商业会议等都是要求准时到达的,晚宴等社交活动允许晚到 15 分钟。加拿大人的身体距离比拉丁美洲和远东地区的人们之间的身体距离要远。谈话时标准的身体距离是 4～12 英尺,然而说法语的加拿大人的身体距离相对近一些。除非是亲戚或密友,加拿大人在谈话时很少发生触摸行为,而说法语的加拿大人在谈话中会经常触摸对方。交谈时或者打招呼时,进行眼神交流是很重要的,眼神交流代表着真诚,并能够帮助建立信任。加拿大人对于姿势的使用也与美国人类似,由于姿势可能会冒犯特定群体,因此应该尽量减少使用。用食指指人会被认为是非常不礼貌的,示意别人时应该用整只手。向别人招手时应该是掌心向内,手指朝上向身体弯曲。在美国表示拒绝或者糟糕的拇指向下的手势,在魁北克是非常无礼的手势,如同用拳头撞击摊开的手掌的手势。对于加拿大男士来说,恰当的坐姿可以是脚踝交叉、膝盖交叉或者是脚踝放在另一只膝盖上面交叉;对于女性而言,恰当的坐姿是脚踝交叉。应避免两腿分开,也不要将脚放在家具上面。

四、中国

对中国人来说,守时是非常重要的。应邀参加晚宴或者是参加会议时,应该提前到达以显示尊重。中国人在交谈时很少发生触摸行为。打招呼时也不会经常出现拥抱或者亲吻行为。在被别人介绍的时候笑会让人感觉不习惯。一般社交场合中中国人之间的身体接触仅限于握手。公开地表达情感是不易被接受的,即便是在已结婚的两个人之间。中国人注重沉默,他们认为沉默是礼貌的表现。他们尽量避免在谈话时打断对方。总体而言中国人的身体距离比美国人要近一些。直接的眼神交流非常有限,他们很少会盯着别人看。中国人对于姿势的使用也比较有限,尽量使用张开的手掌而不是手指来指示,这点对中国人很重要。尽管中国人对许多美国手势都很熟悉,但"OK"手势也不是每个中国人都能够理解的。对中国人来说,良好的坐姿非常重要,脚应该保持放在地面,不能放在椅子或桌子上。

五、德国

德国人比世界上绝大多数其他国家的人更加注重在商业和社交活动中守时。只迟到 2～3 分钟就是对德国管理者的侮辱了,如果你被耽搁了应该打电话解释一下。在交流中应该有眼神交流,以表示真诚。如果在交谈中没有眼神交流,说明你这个人是不可信的。要尊重德国人的空间需要,德国人总是将自己办公室的门关着就是一种保持空间感的证明。在德国,把手插在口袋里或在公共场合嚼口香糖都是非常不恰当的行为。用食指指向太阳穴或者做扭曲运动都是对别人的侮辱,意思是"你疯了"。德国人用握拳然后将另一只手的手指叠放在拳头表面上的手势而不是手指交叉的手势来祈祷别人好运。挥手告别的手势是举起摊开的手掌,掌心朝外,手指上下动,而不是从一边到一边的挥动,后者在德国表示拒绝。当要引起某人比如服务员的注意时,应该举起手,掌心朝外,只伸出食指,而不要挥手。德国人避免公开表达情感,而且不会触摸对方。另外,德国人不允许任何人碰他们的车子。在德国,保持正确的坐姿也很重要,男士盘腿而坐时,要将小腿部分放在另一条腿的膝盖上,大腿之间留有缝隙,但脚不要跷得太高,以免鞋底正对旁边客人,注意脚不要放在家具上面。

六、日本

在日本,守时很重要。参加商业会议时迟到被认为是非常粗鲁的行为,但是在参加社交活动时迟到却可以接受。因为日本的文化是"切勿触摸",因此尽量避免与他们站得很近、拍他们的背部或者其他的长时间身体接触。长时间的眼神交流也要避免,日本人通过间接的眼神交流来表达尊敬。美国的"OK"手势在日本可能表示"钱"。召唤某人的手势是伸出胳膊,掌心朝下,作手指扇动的动作。在公共场合嚼口香糖或者打哈欠都被认为是不礼貌的行为;站立的时候手插在口袋里也是非常不恰当的。日本人在生气的时候会避免大声喊叫或者提高音调。日本人礼貌而且显示出极大的克制。正确的日本坐姿是两脚都放在地上,双手放在椅子扶手或者膝盖上。懒散地倚在靠背上或者把脚放在桌子上都是非常不恰当的行为。双腿膝盖交叉或者脚踝交叉都是可以接受的,但是把脚踝放在膝盖上交叉坐着是非常不恰当的坐姿。

七、墨西哥

墨西哥人不太注重守时。在他们看来,超过了规定的会议时间30分钟也可以被认为是守时的。然而,他们希望外国人能够准时参加商业会议。参加社交活动时,比约定时间晚到30分钟或1个小时都被认为是恰当的。遵从美国式时间表示准时达到,遵从墨西哥式时间标准意味着会有更多的弹性时间。墨西哥人在谈话时会站得很近,有时还会触摸别人的衣服、肩膀和手臂。在交谈时避免向后退,这样表示出不友好。频繁的触摸通常被看作关系亲近的表现。另外,墨西哥人在谈话时经常使用手势,大部分墨西哥人对美国的手势都很熟悉。然而,在美国代表胜利的"V"字手势,如果把鼻子置于"V"字形的楔子中间、嘴巴被手掌挡住,这个手势在墨西哥也代表非常粗鲁的含义;美国的"拇指朝下"手势在墨西哥也代表了非常粗俗的含义;"拇指朝上"的手势表示"赞成"。食指向上,掌心向前,将手从一边向另一边来回摆动表示"拒绝"。站立的时候避免把手放在臀部,因为这个动作表示你很生气。另外,把手放在口袋里站着也是非常不礼貌的,这个姿势也代表生气。

八、荷兰

荷兰人也很重视守时，不论是开会还是约会，他们都期望你能够准时到达。如果你有事不得不迟到，最好提前打电话解释原因。荷兰人是比较矜持的，较少使用非语言沟通，即便许多欧洲国家的人们都会使用。他们习惯直接的眼神交流，在谈话时大约会保持一只手臂的距离。除非是亲戚或密友，否则他们不会在公共场合拍对方的背，也不会拥抱或触摸对方。在公共场合嚼口香糖或者将手插在口袋里站着都是非常粗鲁的行为。使用荷兰人使用的一些解释性的动作时一定要谨慎，因为他们的一些动作可能对于其他国家的人来说有着非常不一样的含义。例如，用食指在耳边画圈的动作在一些国家表示这个人是疯子，而在荷兰这个动作表示这个人有人呼叫。表示某人疯了的动作是用手轻敲额头中间。

九、新加坡

新加坡人在商业交往和社交活动中都很注重守时，让别人等待是对对方的侮辱。触摸或者拍打别人都是应该避免的，这也被理解为是对别人的污蔑。长时间的眼神交流也是不恰当的，在被介绍或者是在谈话中应该避免长时间的眼神交流。在新加坡，微笑并不总是表示开心，也可能是表达尴尬或是不开心。有些姿势或动作，例如碰别人的头、站立时把手放在臀部、用手掌撞击另一只拳头都应该避免。指人时应该是手张开，尽量避免用食指指人。新加坡人坐着的时候会尽量避免将脚底朝向他人。"OK"手势在新加坡也应该避免使用，它是非常无礼的手势。使西方人困惑的一个姿势是摇头，新加坡人认为头从一边摇向另一边是表示同意，而不是一般认为的不同意。

十、韩国

守时在韩国也是很重要的，但是高层管理人员可以偶尔在参加会议或约会时迟到。西方商人在跟他们做生意时要注意准时。直接的眼神交流是非常恰当的，但触摸别人的手臂和背部是不被接受的。在公共场合，比如在购物时或者是在公交车上，由于空间限制人们通常会站得很近。在韩国，保持正确的坐姿非常重要。坐着时通常双腿不交叉，不过双腿的膝盖处交叉也可以接受。把脚放在椅子上或者桌子上都是非常粗鲁的行为。外来的游客一定要注意韩国人在感到沮丧或者尴尬时也会笑，他们的笑不只是因为某件事情有趣。他们在笑的时候还会用手捂住嘴巴，在韩国要尽量避免大声说话或者大声发笑。用食指召唤别人是非常不礼貌的，传送物品时用右手或者双手接是韩国人惯常的做法。

十一、英国

对英国人来说守时非常重要,因为英国人非常有礼貌和优雅,他们尊重别人的个人空间而且不喜欢在谈话时与别人离得太近。英国人在谈话时不总看着对方,也不会接触对方;注意不要用手臂环绕你同事的肩膀,也不要拍打对方的背部。还要避免过分热情,英国人并不擅长表达情感。许多美国和加拿大地区的手势和动作也被英国人熟悉和使用,然而需要注意的是,在英国,表示胜利的"V"字手势,当手掌朝里使用时是非常粗鲁和冒犯的手势。对男人而言,可以接受的坐姿是在膝盖处交叉双腿,不能把脚踝放在另一条腿的膝盖上;对于女人,坐的时候在脚踝处交叉双腿是可以接受的。

(资料来源:莉莲·钱尼.跨文化商务沟通[M].北京:中国人民大学出版社,2014.)

案例解析

美国商人和阿拉伯商人的尴尬

一个美国商人前往某阿拉伯国家去和一位同行谈生意,商谈进展得很顺利,双方都感到满意。

在会谈休息时,两个人站着闲聊。阿拉伯经理认为,既然双方已经彼此认识,两个人应该站得更近一些,以表现出双方关系的亲密。因此,他向美国经理靠近了一些。美国经理对此感到惊讶,但他转念一想:这或许是阿拉伯经理无意间的举动。因此,他不动声色,只是稍微后退了一点以保持距离。阿拉伯经理对美国同行悄然后退同样感到吃惊,他认为美国同行并没有理解他的好意。于是他决定再向前移动一步,以表示他的诚意。然而他的再次移动使美国经理感到不安(甚至有点不高兴)。然而,由于这是他首次到这个阿拉伯国家做生意,他不希望因为区区这点小事而破坏了这次谈话的气氛,使双方尴尬。于是,他再次悄悄地向后退去。就这样,阿拉伯经理的向前移步和美国经理的后退行为重复了多次,直到美国经理的背碰到了墙——他再也无法后退了。两位经理对这一情形都感到非常沮丧,但他们谁也弄不明白为什么对方会对两人的距离采取相反的行为。

上述案例中,美国商人和阿拉伯商人尴尬的主要原因是:不同文化对于身体接触的关注程度不同。相对美国人而言,阿拉伯人之间交谈更愿意面向对方,喜欢近距离接触对方,我们称之为接触文化。而美国人大部分不喜欢近距离接触对方,除非是熟人或友人,我们称之为非接触文化。由于文化的制约性,非语言信息在跨文化沟通的过程中,产生了很大模糊性,一不小心,就可能踏入误区,发生严重的误解与冲突。

概念·要点

非语言沟通是指在沟通过程中,不通过口头语言和书面语言来传达信息,而是通过声音、面部表情、手势、身体姿势以及空间距离等来进行的沟通。在沟通过程中,非语言沟通与语言沟通关系密切,而且经常相伴而生。非语言沟通具有无意识性、情境性、可信性和文化制约性的特点,它具有代替语言、强化效果、体现真相、表达情感的作用,因此,在跨文化的沟通过程中,必须重视非语言沟通。

任务 2　非语言沟通的类型

知识学习

非语言沟通涉及人类沟通的诸多方面,有时候人们有意识地选择特定的非语言沟通技巧,而有些时候是一种下意识的表现。可以通过非语言沟通,传递开心、烦恼、失望等信息。非语言沟通可以分为以下三种类型:

一、副语言

副语言与口头沟通有很重要的关系,它是指音质、音调、语速、音高、音量、停顿等声音的性质,可以打断或暂时代替谈话内容并影响信息的含义。

(一)音质

音质也叫音色,是声音的特色,是一个声音与其他声音区别的根本标志。每个人都有独一无二的音质,我们可以根据声音判别其人。例如,几个熟人在隔壁房间大声说话,我们可以根据各个人的音质不同来判断说话的人。

一个人的音质可以是尖锐刺耳、朦胧不清、悦耳动听、清脆干净等,是每个人特有的说话方式,所以音质能够透露出说话者的性格。如,成熟男性如果说话声音细弱,给人以"娘娘腔"的感觉,而女性声音浑厚,给人以"女汉子"的感觉。虽然音质是由一个人发音器官的生理特征决定的,但如果注意发音习惯和方法,有意识改变自己的发音弱点,还是可以得到提高和改善的。

(二)音调

音调是指语句的语调,是指说话者为了表达意思和情感而表现出来的抑扬顿挫的语句调子。在中国普通话中,最常见的是声调和降调。升调是句尾升起的音调,一般情况下,疑问句使用升调。降调是句尾使用降低的音调,一般情况下,陈述句、感叹句使用降调。音调能够增添语言的魅力和效力。一般情况下,柔和的音调表示坦率和友善,在激动时音调自然会颤抖,表示同情时则略为低沉。不管说什么都阴阳怪气,给人以讽刺的感觉;用鼻子哼气,表达的是冷漠或愤怒等,易引起对方的不悦。由于说话者的声调不同,同一句话可能会有截然相反的意思。在人们的沟通过程中,如何说比说些什么更为重要。比如,"我恨你",女生用娇气的语调说,可以表达亲密、喜欢的情感,而不是真正的恨之入骨的意思。在日常生活中,我们常常能够根据声调判断说话者的性别、年龄、素养、来自哪个地区等,甚至也能判断出这个人的社会地位、心情、态度等信息。

文化也或多或少影响着音调。研究表明,欧美人说话抑扬顿挫,跌宕起伏;拉美人说话音调很高,保持情绪高昂。东方人说话音调平缓,不紧不慢。这种表现常常可以从国家领袖的演讲、政府报告中观察出来。东方国家领导人演讲时,常常表情平和、语调平稳,也常常按演讲稿朗读。拉美国家领导人演讲,语调起伏跌宕,容易激发听众的兴趣和共鸣。欧美国家处于上述两者中间。但语调平和还是起伏,与一个文化的价值理念紧密联系在一起。东方人讲究含蓄沉稳,讲话不露声色,而拉美文化注重情感,表现出对生活的热爱,讲话追求语调变换、张扬夸张。

(三)语速

语速是指说话的快慢,每个人说话都有一个恒定的语速。有人说话速度较快,有人说话速度较慢,这与说话者的个性息息相关。一般来说,个性急躁的人,说话语速较快;性情温和的人,说话语速较慢。语速在交际过程中,可以起到调整感情的作用,更好地表达语义。当人们在激动、兴奋、愤怒时,说的语速较快,但在悲伤、忧郁、疑惑时,说话的语速较慢。在演讲时,为了强调某些信息,演讲者会故意放慢语速,重点强调内容。

例如,在我国电影中,革命战士面对日本敌军的拷问时,经常语速放慢,一字一句地回答"不——知——道",或者自豪地说"我是共——产——党——员"。而国际上,不同地区的人们说话语速也不相同,美国北部地区的人说话语速要普遍快于美国南部地区的人;意大利人和阿拉伯人说话的语速要比美国人快。语速慢的人有时会跟不上语速快的人的说话节奏,常常导致理解困难,因此在沟通过程中,需要注意语速的运用。

(四)停顿

停顿是语言交流中的暂时中断,是副语言中的特殊类型。停顿虽然没有声音,但是在沟通过程中,适当运用停顿,可以更好地表达信息,可以调节语言的节奏,控制语速,也便于说话者调整思维,对语言结构进行重组,便于对方接受信息,使沟通达到最佳效果。

例如,美国政治家赖白斯有一次在伦敦发表一个关于劳工问题的演讲,他讲到中间,突然停顿27秒之久,正当听众疑惑不解时,赖白斯突然大声说:"诸位刚才所感觉到的局促不安的27秒时间,就是普通工人垒起一块砖所用的时间。"赖白斯的停顿引起了听众对停顿之后的内容的注意,达到了沟通的最佳效果。

(五)重音

重音是指说话和朗读时,把句中的某些词语念得比较重的语言现象。重音主要是通过增加声音的强度来体现。在演讲或沟通时,讲话者对所讲内容充满特殊情感,用重音来表达。

例如,你为什么打他?

　　你为什么打他?(强调你没有资格)
　　你为什么打他?(强调咨询,了解原因)
　　你为什么打他?(强调错了,也许不应该打)
　　你为什么打他?(强调可能打错对象了)

(六)笑声

笑声是功能性发声,有声音的传出。笑声分很多种,如哈哈大笑、欢笑、傻笑、耻笑、冷笑、苦笑、嘲笑等,每一种笑声都有自己特定的信息,配合面部表情表达出来。

例如,听了别人讲的冷笑话时,用笑声来鼓励和安慰演讲者;革命战士面对敌人的严刑拷打时的哈哈大笑,显示了对敌人的蔑视和坚定的革命信念;袁隆平成为中国的"杂交水稻之父",在研发过程中,遭遇到很多冷笑挖苦。

(七)咳嗽声

咳嗽原本是因为嗓子发痒或呼吸系统炎症而引起的,但在沟通过程中,有时也是一种功能性发声,演讲者用有意识的咳嗽,来表达特定含义。

例如,演讲者在演讲过程中思维中断,演讲者习惯用咳嗽来填补间隙,调整思路,从而使演讲连贯。

(八)叹息声

当人们感到难过、抑郁时,常常不由自主发出叹息声,这是一种生理反应。但同时叹息声也有功能性的作用,可以传递悲伤的信息。因为叹息声会引起别人的不愉快,一个经常叹息的人,似乎总是诉苦,时间久了,别人会感到厌烦。叹息声是负面情绪的外化形式,所以在沟通过程中,要注意其使用。

例如,当别人向自己诉苦时,自己的叹息声,表示同情和安慰。同样,当别人问到你的近况时,你的叹息声也可以直接回答别人的问题,起到此处无声胜有声的效果。

(九)嘘声

嘘声在公众场合使用较为普遍,是一种情绪化色彩强烈的声音,表现了观众的否定,甚至反抗的情绪。嘘声对沟通的对象是一种伤害,是对方不愿意接受的,违背了沟通过程中的合作、礼貌原则。因此,嘘声不应该参与到沟通过程中,它是一种不文明行为,应该杜绝。

例如,演员在台上的表演让观众不满意时,场下观众常常嘘声,表示对演员的不满,让其下台。

二、身体语言

身体语言主要包括肢体语言、面部表情、姿态语言和仪容仪表等。

(一)肢体语言

肢体语言是指躯干和四肢的语言,沟通过程中,比较重要的有头部语言、手部语言、腿部语言等。

1.头部语言

头部处于人的最上端位置,是沟通时对方比较注意的位置,头部语言是否运用恰当,对沟通过程非常重要。我们在沟通过程中,要考虑不同场合,运用适合的头部语言。

例如,点头,既可以表示同意,也可以表示理解,还可以代表礼貌、问候等;摇头多表示拒绝、否定之意。沟通过程中,头部略微抬起,可以表示自信,但抬得太高,就表示傲慢、自负;头部低垂,表示低落或沮丧;头部正对着对方交流,表示对话题的关注;交流过程中突然将头转向其他地方,表示对话题不感兴趣或回避。

2.手部语言

手部语言是通过手部动作形态来代替语言交流和表达思想的,手势在人类非语言沟通中起着十分重要的作用。列维·布留尔曾经记载了大量的如下事实:"不同部落的印第安人彼此不懂交流双方的有声语言,却能借助手指、头和脚的动作彼此交谈、闲扯和讲各种故事达半日之久。"美国心理学家麦克·阿尔基对各国手势语的使用调查结果表明:"在1个小时的说话过程中,意大利人做手势80次,法国人120次,墨西哥人180次,而芬兰人只有1次。"现代社会,手部语言在沟通场合仍然是十分有效的沟通工具,最频繁使用的就是握手,握手是现代社会最常见的见面礼,握手的强度、时间、姿势等,都可以传递不同的信息。

例如,有一次,布什总统访问澳大利亚,一切都进行得十分顺利,可是他在向澳大利亚的欢送者告别时却竖起了大拇指,这引起了一个不大不小的问题。对美国人来说,这是友好、赞誉的表示,而澳大利亚人却认为这是猥琐的动作。

3.腿部语言

在沟通过程中,腿部语言也可以表现出沟通者的情绪。在沟通过程中,腿部的姿势,对沟通过程也起着很重要的作用。

例如,沟通过程中,跷起二郎腿或者无意识地抖动小腿、脚后跟,都是不礼貌的表现,会引起沟通对象的注意。

(二)面部表情

面部表情是指运用面部器官,如眉、眼、嘴、鼻,来交流信息、表达情感的非语言符号。按照身势学的创立者伯德惠斯特尔的估计,"光人的脸,就能做出大约25万种不同的表情",可见,面部表情是非语言信息中最丰富、最集中的地方。

1.目光接触

在沟通过程中,目光接触是最具交流能量的。研究表明,在信息交流中,人们30%~60%的时间在与他人进行"眉目传情"。但是来自不同文化的人,眼睛沟通的方式会有较大差别。

中东阿拉伯人讲话时,必须直视对方的眼睛,以示尊重,两个阿拉伯人在一起交流时,会用非常热情的目光凝视对方,他们认为通过眼睛,可以看出一个人的灵魂。

美国白人在倾听的时候会给对方更多的眼神注视。据阿格里·英格汉姆的统计,美国人在面对面谈话中,听的一方有60%～70%的时间看着对方,而说的一方,有40%的时间看着对方。如果你和一个美国白人沟通却不直接看着他的眼睛,会被视为对话题不感兴趣,或内心的心虚、胆怯等,会让美国白人对你有负面评价。

英国人在沟通过程中,也会直视对方,让对方知道自己在认真倾听。有教养的英国绅士认为直接凝视,是一种绅士风度。瑞典人在沟通中,互相用目光直视的次数多于英国人。

而在亚洲多数国家,例如中国、日本,大多数会避免目光直视,认为目光直视是不礼貌或具有威胁的含义。例如,中国人对紧盯着自己看的目光会感到不自在;日本人的目光一般在对方的颈部,对方的眼睛要在自己眼睛之外,他们认为直视是一种不礼貌行为。

2.微笑

世界各国人们,普遍都认为微笑是友善的,传达着正面能量的信息。微笑是世界通用的体态语,它超越了种族和文化的差异,因此,工作、生活中,特别商务交往中,都需要微笑。

例如,美国的爱达荷州被称为"微笑之都",大家都爱微笑,在公共场合随意对陌生人微笑是正常的。而俄罗斯人却认为,随意对陌生人微笑,是不可以的行为,是不合适的行为。日本很多企业招聘员工时都会把"自然微笑"列为招聘的重要条件,他们认为微笑可以增强企业凝聚力,改善服务水平。

(三)姿态语言

姿态语言在沟通过程中,是一种伴随有声语言实现交际功能的辅助性语言。在完成沟通任务时,姿态语言起着强调、感染和辅助的作用,但是某些情况下,单独使用姿态语言,甚至还可以表达出有声语言无法展现的情感和含义。成功的沟通,需要将有声语言和姿态语言充分结合,恰当展现,有机协调起来。

例如,里根总统因为善于使用姿态语言来传达潜台词而著名,1985年《纽约时报》的一篇文章中,报道者描述了整个采访过程中,里根总统是如何通过姿态语言变化来表达情感变化的。报道说,大部分时间里根总统都是后坐着,当提及美国的星球大战计划时,他的姿势出现了变化,他的身体前倾并且听得非常专注。而当话题转向苏联时,他又把自己的后背摔到了椅背上。

(四)仪容仪表

一个人的发型、服饰等构成这个人的仪容仪表,在沟通过程中,对方通过判断仪容仪表来获取沟通信息。

例如,休闲便装会让国际来宾认为他们没有重要到值得你穿正装,与国际来宾商务会谈时,穿便装是表示对别人的不尊重。同样,穿着也会传达出信誉的高低,穿正装的人会比穿便装的人有更好的信誉。在一些西方国家,仪容仪表甚至反映了这个人的文化价值和品位。在英国,穿着的保守程度与社会地位相关。阿拉伯人的服装更是与社会地位、财富相关。

三、环境语言

环境语言包括空间信息、时间信息、建筑设计与室内装饰,如声音、灯光、颜色标识等。

(一)空间距离

当人们进行沟通的时候,双方的空间所处位置的距离具有重要的意义,它体现了双方的心理状态。爱德华·T.霍尔把美国人的人际距离分为亲密距离(intimate distance)、个人距离(personal distance)、社交距离(social distance)、公共距离(public distance)四种。但是,沟通中人与人之间应保持多少距离,不同文化背景差别很大。阿拉伯人和拉丁美洲人在沟通时,喜欢站得亲近些,他们的沟通距离不到52厘米;美国人的沟通距离要大一些,他们觉得舒服的距离是91.5厘米;中国人认为最舒服的沟通距离是50~100厘米。

(二)环境布置

环境布置主要包括办公室设计、颜色、办公室陈设等,环境布置可以影响沟通的效果,也可以反映出很多信息。

例如,美国大多数公司采用开放式办公室,它有利于体现民主的气氛,增加同事间的沟通,可以提高员工的工作效率。

环境布置作为微妙而强有力的信息的象征,可以表达沟通者的思想和意图,无论是办公室装潢还是陈设的颜色等,都是非语言沟通的体现,透过这些外在的信息,可以了解对方的内心。

知识链接

美国工程师的失误

一位美国工程师所在的美国公司收购了一家德国企业,他被调到德国的企业工作。他和一位德国工程师一起合作改造一台设备。这位美国工程师提出了改造设备的新想法,他的合作伙伴德国工程师按照他的想法实施了,并准备问他自己做得是否正确。这时,美国工程师将大拇指和食指围成一个圈,回应他一个美国式的"OK"手势。德国工程师立马放下手中的工具离开了,并且拒绝与美国工程师交流。

后来美国工程师从他的上级口中得知,"OK"在德国的意思是"你是个白痴",他才明白他不经意间犯下的错误。

(资料来源:莉莲·钱尼.跨文化商务沟通[M].北京:中国人民大学出版社,2014.)

案例解析

以下是对第二次世界大战期间著名反间谍专家奥莱特斯·平托上校审讯一个纳粹间谍的描述。

当时盟军部队已经进入比利时,德军仓皇溃退。一天,两名士兵在驻地附近逮捕了一个叫艾米里约·布朗格尔的人。平托上校感觉到这个人的穿着和谈吐虽然是典型的北方农民,口音也是地道的瓦隆地区(比利时某地区)的土音,但他粗壮的颈部和魁梧的运动员体型,与当地常见的惰性十足的人截然不同,于是决定对他进行审讯。

第一次审讯:

问:"你是农民吗?"

答:"过去是,现在不是。德国鬼子抢走了我的牲畜,杀死了我的家人。"

问:"会数数吗?"

答:"数数?"

问:"对,把桌上这盘豆子数一数吧。"

答:"一、二、三……"(慢慢地用法语数)

在第一次审讯中,上校未发现任何破绽,但他仍不气馁,决定进行第二次审讯。这次审讯换用了特殊的方式:他派人在布朗格尔的住处放了几捆草,一个士兵点着了后,烟从门的下面进到了屋里,值勤的士兵用德语大喊:"着火了!"布朗格尔惊醒,动了动,又睡了。接着平托上校用法语大声喊道:"着火了!"布朗格尔一下子跳了起来,绝望地敲打着门。这一次,上校仍未发现破绽。

第三次审讯,上校又用了新的方案。在布朗格尔被带来时,上校拿起一支从他身上搜出的铅笔。

问:"你带这个干什么?"

答:"不就是支铅笔吗?"

问:"用他来写情报?"

答:(流露出不屑回答的样子)

"可怜的家伙!"上校用德语向身边的军官说,军官也用德语反问:"为什么?"上校说:"他还不知道明天上午就要被绞死,已经 21 点了。他肯定是个间谍,不会有别的下场。"

平托上校一边说一边用眼睛斜视布朗格尔,特别注意他的眼睛和喉结。但布朗格尔没有任何表示,他以神态证明自己不懂德语。很明显,第三次审讯没有结果,到此为止,上校几乎绝望了,开始怀疑自己之前的判断。但直觉让他决定进行最后一次审讯——第四次审讯。如果再没有突破,就会立即释放布朗格尔。

最后一次审讯是这样进行的:当布朗格尔像平时一样走进平托上校的办公室时,上校装作正在看一份文件,看完后拿起铅笔在上面签了字,然后抬起眼睛突然用德语对布朗格尔说:"好啦,我满意了,你自由了,现在就可以走了。"布朗格尔长长地舒了一口气,动了动肩膀,像是卸了一个沉重的包袱,他仰起脸,眼睛放着光,愉快地呼吸着自由空气。当他发现平托上校嘲笑的目光时,一切都已经晚了,身后的士兵已紧紧地抓住了他。

案例解析:这个例子说明人不可能每时每刻都隐藏得那么深,总有流露之时,人的体态每时每刻都在传达信息。因此,在社交中用优良的仪态礼仪表情达意,往往比语言更让人感到真实、生动。所以在社交中必须讲究仪态美。

概念·要点

非语言沟通主要分为副语言、身体语言和环境语言,沟通过程中,可以通过非语言传递出重要的信息,因此在沟通过程中,要特别注意非语言沟通的运用。

任务3 非语言沟通的方法

知识学习

非语言沟通和语言沟通相辅相成,共同构成了沟通管理的主要方面。在跨文化沟通过程中,要熟练运用非语言沟通,就需要掌握非语言沟通的方法和技巧,主要包括以下三方面:

一、良好的面部表情

(一)善用微笑

微笑,是一种特殊的非语言沟通——情绪语言。它可以配合有声语言和行动,起到补充的作用。微笑,可以敞开人们的心扉,架起友谊的桥梁,给人以心理上的安全感、亲切感和美好感。

微笑时,要注意四个结合:

(1)口眼结合:要做到口到、眼到、神到,笑眼传神,微笑才能扣人心弦。

(2)神、情、气结合:微笑时的"神"是指笑出自己的神情、神色,精神饱满、神采奕奕;微笑时的"情"是指笑出自己的感情,笑得亲切、甜美和美好,反映美好的心灵;微笑时的"气"是指笑出自己的气质,笑出谦虚、大方、得体。

(3)与语言沟通相结合:微笑与语言沟通相配合,声情并茂,互相促进,这样微笑才能发挥其独特的作用。

(4)仪容仪表相结合:以笑助姿、以笑促姿,形成完整、统一、和谐的美。

综上,微笑是情感的流露,只有发自内心的微笑,才显得亲切、动人、真诚。微笑要合乎规范,不能勉强敷衍,不能机械呆板,因为假笑也好,装笑也好,都是皮笑肉不笑,必然使沟通对象反感,适得其反。

但是不同文化背景的人,对微笑的理解是不一样的。例如,中国人善意的微笑常常引起西方人的反感。当一个美国人在餐厅不小心摔碎了一个盘子,而在场的中国人对其发出善意的微笑,原本中国人是想表达"别介意,小事情""没关系,一笑了之"的意思,但这位美国人则非常困窘,他会觉得受到耻笑,并且非常生气,因为美国人会误以为这个微笑是表示嘲笑、耻笑的意思。

(二)学会眼神交流

眼睛是心灵的窗口,眼睛具有强大的交流和感染功能。但是在不同文化背景下,眼睛沟通的方式有很大差别:

1. 中东、拉丁美洲和法国

这些地区的人们在沟通过程中,喜欢非常直接的眼神交流,他们眼神交流程度比全球其他地区人们眼神交流程度要强很多,甚至超出了全球其他地区人们所能接受的舒适程度。

2. 美国、加拿大、英国和东盟地区

这些地区的人们也喜欢直接的眼神交流,但他们是中等程度的眼神交流,他们在沟通过程中,眼神交流一般1~2秒钟即可,直接的眼神交流意味着尊重和关注。如果在沟通过程中,一方一直回避眼神交流,会被对方认为不友好、不可信甚至有怠慢之意。

3. 东亚、印度

这些地区的人们在沟通过程中,会进行轻微的眼神交流,人们比较少进行直接的眼神交流。例如,在印度,不同社会阶层的人们之间不能有眼神交流;日本人谈话时,把注视区域定在下巴以下的部位,如果在谈话过程中进行直接的眼神沟通,会让日本人觉得非常不舒服;中国人在沟通过程中,也会以眼睛低垂表示尊重。

综上,眼睛在沟通过程中,具有很强的启迪作用,眼睛的瞳孔会随着情绪的变化而进行回应,一个训练有素的沟通者,可以通过观察对方瞳孔的变化来判断其是否愿意作出让步或者妥协。

不同文化背景的人对眼神交流也有不同理解,例如一个波多黎各女学生在美国读书,有一天校长怀疑这个女学生和其他几个女同学吸烟,所以校长把这些女同学叫去谈话,因为这个波多黎各女学生在谈话过程中,一直不敢直视校长的眼神,校长认为这位波多黎各女学生是做贼心虚,勒令其退学。但是,在波多黎各的文化中,学生不直视成人的眼睛,是表示尊重的意思。事后,这位校长才获悉波多黎各的文化沟通的行为,立刻重新妥善处理此事。这说明不同文化背景的人,对目光交流的理解是不同的。

二、恰当的身体动作

在跨文化沟通过程中,人们的口头沟通经常要借助身体的各种动作、姿态来表达,包括身体姿态、手势、触摸等,不同文化背景的人,对身体面向对方多少、是否触碰对方(包括握手、亲吻、拥抱以及拍肩膀等),有着十分明显的文化差异,因此,在跨文化沟通过程中,要恰当地掌握身体动作。

(一)站姿

站立的姿态,体现了一个人的精神风貌和素质水平,如果沟通过程中耸肩驼背或者站姿不挺拔、东倒西歪,会给对方一种不自信、不沉稳的感觉。正确的站姿主要有两种,第一种是垂手式,这是最基本的站姿。它要求上半身挺胸、立腰、收腹,双肩平齐、舒展,双臂自然下垂,双手放在身体两侧,头正,两眼平视,嘴微闭,下颌微收,面带笑容;下半身双腿应靠拢,两腿关节与髋关节展直,双脚呈"V"字形,身体重心落在两脚中间。一般用于较为正式的场合,如参加企业的重要庆典、聆听贵宾的讲话、商务谈判后的合影等。第二种是握手式,主要适用于女士,是在基本站姿的基础上,双手搭握并稍向上提,放于小腹前。双脚也可以前后略分开:一只脚在前,一只脚在后,前脚的脚跟稍稍向后脚的脚背处靠拢。男士有时也可以采用这种姿态,但两脚要略微分开。可用于礼仪迎客,也可用于前台的站立服务。站立时不要过于随便,不要驼背、塌腰、耸肩、两眼左右斜视、双腿弯曲或不停颤抖以免影响站姿的美观。站着与别人谈话时,要面向对方,保持一定距离,太远或太近(特别是对异性)都不礼貌。姿势要端正,上身可以稍稍前倾,以示谦恭,身斜体歪、两腿叉开很大距离、两腿交叉或倚墙靠桌、手扶椅背、双手叉腰、以手抱胸等都是不雅观和失礼的姿态,这样会破坏自己的形象。两腿交叉站立的姿势,是十分不雅的,这是一种轻浮的举动,极不严肃。手叉在腰间,是一种含有表示权威和进犯意识的姿势,在男女之间还有"性的侵略"的意思。正式场合,双手也不能插在衣袋中,实在有必要时可单手插入衣袋,但时间不宜过长。以手抱胸的姿势,表示的是不安或敌意,也包含"我对你的看法不能苟同"的意思,在与客户的交往中,是不宜出现的。

(二)坐姿

坐着的姿态,注意不要前俯后仰、抖腿摇脚,这样会给人粗俗、不稳重之感。当别人和你说话时,身体要略微前倾,表示对对方的尊重。

优雅的坐姿传递着自信、友好、热情的信息,同时也显示出高雅庄重的良好风范,符合端庄、文雅、得体、大方的整体要求。我们经常会见到一些不雅致的坐法,比如两腿叉开,腿在地上抖个不停,而且腿还跷得很高。无论你穿什么样的衣服、裤子或裙子,都不能这样做。女士应在站立的姿态上,后腿能够碰到椅子以后,再慢慢坐下来,两个膝盖一定要并拢,腿可以放在膝盖之间或放两边。如果想跷腿,两腿须是合并的,假如你穿着的裙子较短一定要小心盖住。特别是一些工作需要经常走动或要上高台坐下的女士,都不适合穿太短的裙子,并且不能两腿分开。男士坐的时候膝部可以分开一点,但不要超过肩宽,也不能两腿叉开半躺在椅子里。入座时的基本要求是:在客人之后入座。出于礼貌,和客人同时入座时,要分清尊卑,先请对方入座,自己不要抢先入座,并且要从座位左侧入座。如果条件允许,在就座时最好从座椅的左侧接近它。这样做,是一种礼貌,而且也容易就座。就座后要向周围的人致意。在就座时,如果附近坐着熟人,应该主动跟对方打招呼。即使不认识,也应该先点点头。在公共场合,要想坐在别人身旁,还必须征得对方的同意。还要放轻动作,不要使座椅乱响,以背部接近座椅。在别人面前就座,最好背对着自己的座椅,这样就不至于背对着对方。得体的做法是:先侧身走近座椅,背对着站立,右腿后退一点,以小腿确认一下座椅的位置,然后顺势坐下。必要时,用一只手扶着座椅的把手。离座时的基本要求是:事先说明。离开座椅时,身边如果有人在座,应该先用语言或动作向对方示意,随后再站起身来,注意先后。和别人同时离座,要注意起身的先后次序:地位低于对方时,应该后离座;地位高于对方时,可以先离座;双方身份地位相当时,可以同时起身离座,要注意缓慢起身。起身离座时,最好动作轻缓,不要"拖泥带水",不要弄响座椅,或将椅垫等碰掉。

(三)走姿

走路的姿态,最能够体现一个人的精神风貌。走路时应该轻而稳,应当昂首挺胸、收腹、平肩、身直,男士要稳重,女士要优雅。

1.头部

最理想的走路姿势,头部应该是垂直的,不要盯着脚下看,而是将视线保持在前方3~6米的位置。可以想象自己像玩偶一样,有一条绳子连接你的头发,把你往上提拉。这样可以让颈椎合理支撑头部的重量,舒缓颈部肌肉的压力,而且颈部线条也能更流畅和优美。

2.胸部

一定不要含胸,而是将胸部挺起来,同时收紧小腹和臀部,这样能让全身线条收紧,女性的S曲线自然显现出来。

3.手臂

让手臂轻微弯曲,随着步伐自然摆动,体现出韵律感。

4.肩膀

让肩膀放松,既不要向前耸,也不要向后塌。如果想要检测一下效果,可以让朋友从侧面看看,这时你的耳朵、肩膀、髋关节、膝盖应该在一条直线上,让身姿更加挺拔和自信。

5.呼吸

走路时注意呼吸的调整也是非常重要的,因为呼吸会影响人的体态。当你的呼吸急促或者比较浅时,上半身就会比较紧张,容易导致驼背和耸肩,所以走路时可以有意地调整呼吸,建议走三步吸气一次,然后走三步呼气一次。

6.髋部

走路时,不要指望让腰部承担所有的重量,而是应该把重心放在髋部,这样不仅有利于保持挺拔的身姿,也可以减轻腰部的负担,毕竟天生柔软的它还是不太适宜"干重活"的。

(四)握手

商务沟通过程中,最常见的肢体行为就是握手了。在国际化的今天,握手礼仪已经是约定俗成了的,似乎已经失去了文化差异的框框。一般来说,主人、身份高者、女性、年长者先伸手,客人、身份低者、男性、年轻者后伸手。在握手时,用力过大、软弱无力、用指尖握手、戴着手套等,都是不礼貌行为。英国人、澳大利亚人、新西兰人、德国人和美国人,握手一般发生在两个人见面之初或者分手道别之时。大多数欧洲人,他们会在一天与同一个人握手多次,法国人握手的频率则更高。

三、适度的空间距离

人们在商务沟通过程中,双方空间所处位置的距离,具有重要的意义,它能够体现双方关系的亲密程度以及心理状态。美国的爱德华·T.霍尔教授,将人际距离分为四个区域,即亲密距离、私人距离、社交距离和公共距离。

(一)亲密距离

亲密距离指双方触碰到的距离在0~0.45米之间。这个距离之内,双方的呼吸、味道、声音都可以清楚感受得到,这种距离表示双方之间非常亲密,彼此信任。尽管不乐意,但在公众场所,如公交车、地铁等,难免有需要和陌生人保持这种距离的时候,遇到这种情况,要尽量避免眼神交流,尽量看向远方。

(二)私人距离

私人距离指双方距离在0.45~1.2米之间。这种距离是一臂距离,是商业伙伴之间的合理距离,彼此不会太远,也不会太近,既可以保护自己的私人距离,不被别人触碰,也不会距离太远,影响交流。

(三)社交距离

社交距离指双方距离在1.2~3.6米之间。虽然看不清楚对方的表情细节,但是可以感觉到对方的存在,并且进行眼神沟通,如果需要进行握手,则走上前去,先进行眼神沟通,然后握手,再略微退回一些,进行后续商务交谈。

(四)公共距离

公共距离指双方距离在3.6米以上。这种距离我们可以看清楚对方的人、动作、行为等,但是无法进行眼神交流,这种距离可以避开对方或者避免眼神交流,具有更强的空间保护作用。

> **知识链接**

充分展示自信的四大身体语言

人们常说,一个画面胜过一千句话语。当你接待期待已久的客人,当你参加董事局会议或者一次聚会时,是时候展示你自己了。你看起来怎样?当你走进房间时你传达了怎样的信息?你的眼睛、双手和肩膀又表达出什么?在你说话之前,人们又能从你身上得出什么样的结论?你应该仔细想一想。你可以阅读以下四项最佳展示自信的身体语言。

(一)避免将手插入口袋

通过身体语言展示自信的第一个最佳技巧就是不要将手插入口袋。当我们感觉不舒适或者对自我不确定的时候,我们会将手插入口袋中;当我们觉得焦虑时也会下意识将手插入口袋中。将手置于口袋外展示了你的自信并告诉人们你没有什么可隐瞒的。同样地,你要意识到将手插入口袋会使你更加懒散,这并不是好事。作为一种很好的替代,试着将你的手贴着大腿外侧,这是一种更自信的姿势。

(二)不要做小动作

做小动作是一种很明显的焦虑信号。一个不能保持安静的人,是一个担忧、紧张和不自信的人。当你不自信的时候,往往会有十指交叉紧扣、以指尖搓手掌、十指交叉摩擦等动作。因此,你要尽量使你的手保持安静且处于控制之中。同样地,当你坐下来后,不要做双脚快速抖动的动作。

(三)双眼注视前方

在身体语言中,保持双眼注视前方可能是展示自信的最直接的方式了。当你独自行走时,你通常会自然地头部轻微下倾并注意脚下,但这个姿势通常会告诉他人你并不想进行交流或触碰。如果你不注意的话,你可能会养成这种习惯。抬起你的下巴,注视前方,即使是你一个人在街上行走。

(四)挺胸站直

笔直站立是这四个小技巧中最重要的。这是个极大的挑战,尤其是你在生活中有点驼背的话,但是要学着去克服它,笔直站立是在交流中展示自信的重要方式。当你行走或者站立时,稍微回收你的双肩,幅度并不需要太大,只要一点点。这对你来说只是一个简单的动作。试着在镜子前做这个动作,那样你会为你展示出的自信感到惊讶。

(资料来源:王建民,李秀凤.跨文化沟通管理学:打造学业和职业竞争比较优势[M].北京:北京师范大学出版社,2013.)

> **案例解析**

毛泽东的挥手,胜过千言万语

方纪的《挥手之间》描述了在抗日战争时期,毛泽东去重庆谈判前与延安军民告别时的动作。"机场上人群静静地站立着,千百双眼睛随着主席高大的身影移动。""人们不知道怎样表达自己的心情,只是拼命挥着手。""这时,主席也举起手来,举起他那顶深灰色盔式帽,举得很慢,很慢,像是在举一件十分沉重的东西,一点一点地,一点一点地,等举过头顶,忽然用力一挥,便在空中一动不动了。"

该案例中,毛主席熟练地运用了非语言沟通的技巧,他"举得很慢,很慢",体现了毛主席在革命重要关头时重大决策严肃认真的思考过程,同时,也反映了毛主席和人民群众的密切关系和依依惜别之情。"忽然用力一挥"表现了毛主席的英明果断和一往无前的英雄气魄。毛主席在这个过程中一句话也没有讲,但他的手势和动作却胜过千言万语。

(资料来源:张岩松.现代商务沟通[M].北京:清华大学出版社,2012.)

概念·要点

在跨文化沟通过程中,要熟练运用非语言沟通,就需要掌握非语言沟通的方法和技巧:要学会运用良好的面部表情、恰当的身体动作和适度的空间距离,使这些非语言沟通和语言沟通相辅相成,使跨文化沟通更顺畅,沟通效果更好。

要点回顾

- 非语言沟通泛指除了语言之外的所有交际手段,包括肢体语言、服饰、发型、化妆等。它是人类社会活动的自然过程,也是社会交往的必然产物。
- 非语言沟通具有无意识性、情境性、可信性、文化制约性的特点。
- 非语言沟通在沟通过程中发挥着重要作用:某些情况下可以替代语言沟通、可以强化语言沟通的效果、可以体现真相、可以表达情感。
- 音质、音调、语速、停顿、笑声、咳嗽声、叹息声、嘘声等,构成了非语言沟通中的副语言。
- 身体语言由头部语言、面部表情和姿态语言构成。
- 空间距离和环境布置构成了环境语言,在沟通过程中也要注意环境语言的运用。
- 善用微笑和眼神交流,构成了非语言沟通的良好的面部表情。
- 良好的站姿、坐姿、走姿和握手,构成了非语言沟通的恰当的身体动作。
- 人际距离分为四个区域:亲密距离、私人距离、社交距离和公共距离,在沟通过程中要保持适度的空间距离。
- 熟练运用非语言沟通,就需要掌握非语言沟通的方法和技巧:要学会运用良好的面部表情、恰当的身体动作和适度的空间距离,使这些非语言沟通和语言沟通相辅相成,使跨文化沟通更顺畅,沟通效果更好。

视野拓展

从电影中看美国文化的非语言沟通特点

——美国电影《心灵捕手》(1997)

(一) 内容简介

威尔是个孤儿,在著名的麻省理工学院(Massachusetts Institute of Technology, MIT)做清洁工,住在贫民区,有3个满口粗话但对他忠诚的朋友。工作之余,他们在街上惹是生非,毫无羁绊地发泄着他们的过剩精力和他们对世界的恨意。在哈佛的酒吧里,威尔用丰富的知识挑战哈佛男生,并结识了哈佛女生史嘉娜。数学家林保教授留给学生的数学难题被人破解了,解题的却不是他的那些麻省理工的高才生,而是清洁工威尔。林保教授怀着激动的心情寻找这个数学天才,希望他成为爱因斯坦式的人物。他保释威尔的条件之一是威尔必须去接受心理治疗。也就是说,威尔是智力上的天才,情绪感情上的弱者,有着强烈的反社会倾向。当一个智力超群的天才是一个情绪失控的狂人,是一个仇恨社会的人时,他的危害可想而知。

威尔似乎没有费什么力气就把五个著名的心理治疗专家击败,令他们愤然离去。破解林保教授的难题、嘲弄哈佛学生、戏耍心理专家,充分地表现出了威尔的反社会倾向,他向那个好像不属于他、他也不屑一顾的世界宣战。林保无计可施,只好求助于大学的同学——看上去有些潦倒、在社区大学任教的肖恩。肖恩像一个好父亲一样接受了威尔的挑战,他有时候让这个青春期少年战胜他,让威尔了解到他的缺点、弱点和生活中的苦恼,他也让威尔感受到感情的力量、爱的力量,同时让威尔设置规则和界限。

威尔的内心世界是分裂的,总是被破坏性的冲动激荡着,但又有展示自己才华的冲动,这两股力量撕扯着他,让他显得不可理喻。当真爱降临的时候,他选择了逃离。

他通过伤史嘉娜的心达到了逃避爱情的目的。当改变命运的机会到来的时候,他仍然选择逃离。逃离,是他对待世界的方式,也是他对待自己的方式,他要逃离的是被欺凌、被伤害的童年创伤。

(二)影片中所体现的美国语言沟通的特点

1.语音语调

在语调方面,和英式英语相比,美式英语要单调一些,不如英式英语那样抑扬顿挫,音调的高低范围也没那么宽,因此美式英语听起来比较清晰易懂。但是和汉语比较起来,美式英语的语调起伏较大。例如:"对""是""好啊"的表达在汉语中是降调,在美式英语中一律是升调。

2.目光接触

电影中有许多眼神碰撞、交锋的镜头,每一场对话都有目光接触,说明了美国人的沟通特点。

威尔和林保教授有很多眼神交流。威尔在看守所,林保教授去看他,两个人在谈话的过程中始终是目光直视对方;威尔从看守所出来,和林保教授一起研究数学问题时,也有多次目光交流。当林保教授提出要给他找心理医生治疗时,他不愿意接受治疗,瞪着教授说:"看着我的眼睛,我没病。"

威尔和他心仪的女孩子、哈佛的漂亮女生史嘉娜的交流也是如此。有一次,两个人在露天咖啡店谈话,史嘉娜问威尔:"你有影像记忆力吗?你学过有机化学吗?你精神失常吗?哈佛有很多聪明的人,他们很用功,你不用功却做得比他们好,为什么?"威尔回答:"贝多芬、莫扎特天生就会弹钢琴,我就是那种东西。"史嘉娜接着说:"这不公平。"然后两个人对视许久。

威尔和肖恩的沟通更是体现了这一特点。电影最后有这么一幕,心理辅导结束了,肖恩要走了,威尔去告别,但他没有进屋,而是站在窗外依依不舍地看着肖恩,肖恩也站在屋里望着他。

3.身体接触

大部分美国人不喜欢触碰。好朋友之间会偶尔碰一下对方的前臂或肘部,非常好的朋友之间只会把一个手臂搭着对方的肩膀。在影片中我们可以看到这一点。肖恩给威尔心理辅导,两个人成了无话不谈的朋友,但基本上没有身体触碰。

4.空间距离

美国人沟通时空间距离较大。肖恩给威尔做心理辅导时,两个人始终保持1.5米左右的距离。随着熟悉程度的加深,两人才慢慢相互靠近。

(资料来源:靳娟.跨文化商务沟通[M].北京:首都经济贸易大学出版社,2014:123-125.)

课后习题

一、判断题

1. 拉丁美洲人比美国人更需要空间。（   ）
2. 所有文化中私人办公室都是留给高管人员的。（   ）
3. 在与日本人交谈时，整个谈话过程都应该保持稳定的眼神交流。（   ）
4. 西方人比阿拉伯人的身体接触要多。（   ）
5. 在所有文化中，微笑都被理解为开心。（   ）
6. 巴西人参加会议都非常守时。（   ）
7. 人在不能说话的情况下，甚至可以使用非语言沟通来表达情意。（   ）
8. 在日本，由于交通堵塞等问题，参加商业会议允许迟到。（   ）
9. 在演讲或者沟通时，讲话者对所讲内容充满特殊情感，可以用重音来表达。（   ）
10. 咳嗽声是由呼吸系统炎症引起的，演讲过程中的咳嗽，都是演讲者生病的表现。（   ）
11. 嘘声在公众场合使用较为普遍，表现为观众的否定，甚至反抗的情绪。（   ）
12. 中东阿拉伯人讲话时，必须直视对方的眼睛，以示尊重。（   ）
13. 在沟通过程中，对方经常通过仪容仪表来获取沟通信息。（   ）
14. 微笑是情感的流露，发自内心的微笑，可以显得亲切、动人、真诚。（   ）
15. 在跨文化沟通过程中，人们的口头沟通可以借助身体的各种动作、姿态来表达。（   ）

二、单选题

1. 下列不属于非语言沟通的是（   ）。
   A. 面露微笑　　　B. 咳嗽　　　C. 眉头紧蹙　　　D. 打电话
2. 下列哪项不属于非语言沟通的特点？（   ）
   A. 有意识性　　　B. 情境性　　　C. 可信性　　　D. 文化制约性
3. 下列哪项不属于非语言沟通的作用？（   ）
   A. 可以替代语言沟通　　　B. 强化语言沟通的效果
   C. 体现真相　　　D. 无意识性
4. 以下除哪个国家外，都非常守时？（   ）
   A. 美国　　　B. 日本　　　C. 中国　　　D. 墨西哥
5. 下列哪项不属于非语言沟通的类型？（   ）
   A. 副语言　　　B. 身体语言　　　C. 环境语言　　　D. 微笑
6. 人际距离的亲密距离是（   ）厘米。
   A. 0～45　　　B. 46～122　　　C. 122～366　　　D. 366～750

7.下列哪项不属于良好的面部表情？（　　）

A.善用微笑　　　B.打电话　　　C.眼神交流　　　D.眉目传情

8.下列哪项不属于身体动作？（　　）

A.站姿　　　B.坐姿　　　C.走姿　　　D.微笑

9.以下哪项不属于四个人际距离区域？（　　）

A.亲密距离　　　B.情侣距离　　　C.私人距离　　　D.社交距离

10.小王在与其团队进行沟通时总是习惯运用非语言沟通，他应该注意的问题是（　　）。

A.沟通对象　　　　　　　B.信息内容

C.方式方法　　　　　　　D.以上内容都是

11.小A所在的团队，其中非语言沟通占很大的比重，尤其是目光和表情的沟通，这属于非语言沟通中的（　　）。

A.身体语言沟通　　　　　B.副语言沟通

C.道具沟通　　　　　　　D.以上都不对

12.在沟通交流的过程当中，人们常常忽略一些情况。属于人们常常忽略的情况是（　　）。

A.善于聆听　　　　　　　B.适时提问

C.让旁人接受你的观点　　D.和沟通对方搞好关系

13.关于人与人之间的沟通，说法正确的是（　　）。

A."沟通时只要达到一种目的就可以了"

B."在沟通和交流的过程中，各种障碍都能克服"

C."专注地聆听别人的讲话是对别人的一种尊重"

D."对于较长文件，最好应用书面的方式进行交流，但是对于简短文件则最好不用"

14.以下的沟通方式，哪项不属于非语言沟通？（　　）

A.面部表情　　　B.说话声调　　　C.书面通知　　　D.身体姿态

15.非语言沟通方法有动态的、静态的和副语言三种。下列哪项属于副语言？（　　）

A.手势　　　B.仪表　　　C.语调　　　D.医院的导诊牌

三、问答题

1.非语言沟通有哪些类型？

2.非语言沟通的作用是什么？

3.如何在实际沟通过程中运用非语言沟通？

四、案例分析题

案例 1：

芭芭拉在一家德国企业的美国分公司工作，她的工作是从德国订货并跟进货物运输状态。芭芭拉不会说、不会读，更不会写德语。但这并不是问题，因为她和联系人安娜用英语沟通，一般情况下，芭芭拉从安娜那里取得的邮件、信和传真都是英文的。最近，德国公司遇到了困难，芭芭拉也给安娜发邮件询问货物延期的问题，在最后一封邮件中，芭芭拉问的内容是为什么德国公司不能按时进行货物的运送，而她收到的回复是德文的。

问题讨论：此情境所传达的非语言信息是什么，怎么样才能使局面好转？

案例 2：

一家美国公司派了一位代表与一家日本公司进行合同的谈判。美国代表按照约定的时间到达并且被领到了会议室，6 位日本代表接待了他，在他的整个演讲过程中，日本代表在不断点头，但是很少说话。由于美国代表被告知日本代表能听懂英文，因此演讲是用英文进行的。当美国代表问大家是否还有问题时，每个人都礼貌地点头，没有人说一句话。过了几分钟，美国代表请日本代表签合同时，一位日本代表说："我们比较难以决定。"这时美国代表说："我可以把这份合同留给你们吗？"日本代表说："可以。"美国代表回国后一直在等待日本代表能够寄回合同，但是并没有等到合同。

问题讨论：请解释日本代表点头的真正含义以及他们所说的"难以决定"意味着什么？

案例 3：

哈利是一位美国的管理人员，他第一次来墨西哥，代表他的公司与一家墨西哥企业谈判，他被谈判伙伴邀请去参加晚宴，请柬上写着鸡尾酒会晚上 7 点开始，所以哈利在那个时间准时到达。主人非常惊讶，并且当时除了哈利一个人都没有到场，大约晚上 8 点的时候才开始有客人入场。哈利确定自己没有记错时间，但是他感觉自己开场就很糟糕。

问题讨论：你有什么好的建议给哈利吗？

案例 4：

一位年轻的硕士研究生即将从某重点大学金融管理专业毕业，她得到了一家银行的面试机会，职位是在银行的市场推广部门做项目推广。于是，在约定好的时间年轻人兴致勃勃地来到了那家银行，面试很快结束了，她的感觉很不好。虽然银行方面并没有明确告诉她结果，但是她自己很清楚银行拒绝了她，因为面试她的人对她一点热情也没有，只是说现在银行没有合适她的职位，希望她明年再来试试看。而她很明白自己所应聘的职位是银行在招聘广告中写得清清楚楚的一个急需的职位，银行人事部门打给她的电话确认中也说得很清楚。

问题出在哪里呢？带着满脑袋的困惑，年轻人找到了形象咨询设计公司的老师，请老师帮助分析一下到底什么地方出了差错。老师通过和这个年轻人的交流，发现她在学术和专业能力上没有任何问题。她是就读大学里的优秀大学生，由于学业上的优秀表现，大学毕业那年直接升研究生深造。她所具备的专业潜力，是被正在寻找人才的那家银行认可的。女孩谈吐虽然有些腼腆，但是说话时清晰的发音和语速、语调及音量都显示出受过良好教育的一面。被拒绝的问题出在哪里呢？

老师请她谈谈当时面试的着装，年轻人告诉老师，穿的就是现在见老师所穿的衣服。当时正是夏季，那是一件藕黄色带衬里的薄纱无袖短衫，短衫是大领口，在领口和袖口边上有宽宽的折叠花边；短衫下面是一条同色的短裙，裙边也是宽宽的折叠花边。可能因为热，年轻的女学生没有穿袜子，脚上是一双贴有闪亮水晶片的细高跟黑色凉鞋，手上拿的是一个印有卡通图像的帆布手提包。问题出在面试时候的着装上，老师告诉她。为什么呢？年轻人很不理解。她告诉老师，学校很多同学在天热的时候都穿这种风格的服装，大街上很多女孩也是这样的穿着。她还告诉老师，在学校时很多女孩子讨论面试，大家都说着装要嫩才更容易通过面试被录取。老师告诉她，现在身上穿的这套服装，在夏天这个季节作为私人场合的着装非常好，但是作为应征银行工作的职业着装是非常失败的。为什么呢？老师解释说，银行工作是一份非常严谨、仔细、严肃的工作，我们平时到银行的时候，从银行工作人员的着装上就可以看出来。通常银行工作人员的着装要给人信任和具有权威性的感觉，所以很多时候，银行选择灰色的西套装。灰色的西套装会给人们踏实可靠的感觉，因此，很多银行选择它作为职业装。作为一名即将毕业的社会新鲜人来说，应征这份工作，可以不必像银行正式员工那样穿灰色的西套装，但是当你穿其他服装的时候，要体现出来的是和银行对员工要求相同的严谨、踏实、仔细的风格，所以你的着装应该选择保守的款式和颜色才能符合银行的要求。

女孩依然困惑地看着老师问，现在是夏天，如果穿西套装一定非常热，面试人员会认为我完全是为了要这份工作才这样做的，我应该怎样穿才对呢？老师说，你可以穿全棉或者涤棉面料的短袖衬衫，但是款式要简单大方，不要花俏，衬衫颜色以浅单色为主；下面可以穿一条深颜色款式保守的裙子或者长裤。同时要记住，如果穿裙子就要穿连裤袜或者袜筒长度足够遮蔽腿部肌肉的肉色袜子；鞋子最好穿中高跟的皮鞋，不要穿细高跟的皮鞋。还有不要使用给人感觉很幼稚或者很大牌的提包，因为幼稚的款式很难让人信任你可以承担那份工作；大牌会使人联想一个没有收入的年轻人使用价格昂贵的包是一个奇怪的现象，甚至还会想到更多的事情，这些都会给面试官留下不好的印象。

老师接着说，另外一点你一定要记住，当你进入银行大门的时候，很有可能面试已经开始了，银行的面试官已经在你不知道的地方观察你了，但是不用担心，中粗跟的皮鞋会帮助你走路姿势平稳踏实，你的着装让你展现出一个充满青春活力又稳重、踏实、严谨的职业形象,你的着装和银行大环境相吻合,这会让你自然而然产生一种与环境相融合的自信。当你自信地进入面试办公室时,很多时候,银行的面试官可能已经完成对你总体印象的打分了。

年轻人此时脸上露出轻松的笑容,高兴地对老师说:"听老师这番话,心里真的有了底,下一次面试机会来临时,我一定会按照老师的要求做。"两个月以后,年轻人打来电话告诉老师,按照老师的职业着装要求,她又应征了另外一家银行的职位,面试不久银行便给了她录取通知,现在她很高兴找到了自己的第一份工作。最后女孩说,我还会找老师,希望老师能帮助我提升我的职业形象,我希望自己能够成为一名成功的职业人。

问题讨论:
(1)案例中求职者为什么一开始没有成功得到工作机会?
(2)你是否认同案例中求职者对职业着装的看法?
(3)你认为应该如何通过着装这一非语言沟通形式给面试官留下好的印象?
(资料来源:王建民.跨文化沟通管理学[M].北京:北京师范大学出版社,2013.)

实践训练

一、测试:你了解身体语言吗?

1.当一个人试图撒谎时,他会尽力避免与你的视线接触。(对/错)
2.眉毛是传达感情状态的关键线索之一。(对/错)
3.所有的运动和身体行为都有其特定含义。(对/错)
4.大多数身体语言交流是无意识行动的结果,因而是个人心理活动的最真实流露。(对/错)
5.在下面哪种情况下,一个人最可能采用身体语言交流方式?
　A.面向15~30个人发表演讲
　B.与另外一个人进行面谈
6.当一位母亲严厉斥责她的孩子,而又面带微笑时,孩子将会:
　A.相信语言信息
　B.相信身体语言信息
　C.同时相信两种信息
　D.两种信息都不相信
　E.变得迷惑不解
7.如果你坐在下图位置1的时候,另外一个人坐在哪个位置,最有利于非语言交流?

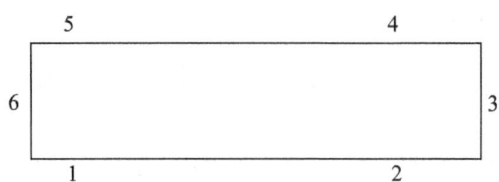

8.如果你想表示要离开,那你将采用什么样的动作?请写下来。

9.别人对你的反应取决于你通过交流留给他们的印象。(对/错)

10.下面哪些举动能使你给人留下更好的印象?

A.谈话中不使用手势

B.避免较长时间的视线接触

C.仅偶尔露出微笑

D.上述所有动作

E.不包括上述任何动作

11.身体语言交流相对于口头交流或书面交流有许多优势,你能列举一些吗?

(资料来源:张喜春,刘康声,盛暑寒.人际交流艺术[M].北京:北京交通大学出版社,2009.)

二、沟通游戏:非语言沟通

游戏目的:证明沟通有时完全可以通过肢体动作完成,并且同样行之有效;证明通过手势和其他非语言的方法完全能够实现人与人之间的沟通。

游戏形式:全体学生,2人一组。

游戏时间:10分钟。

游戏要求:

1.向对方介绍自己。一方先通过非语言的方式介绍自己,3分钟后双方互换。

2.在向对方进行自我介绍时,双方都不准说话,整个介绍必须全部用动作完成,大家可以通过图片、标识、手势、目光、表情等非语言手段进行沟通。

3.请大家通过口头沟通的方式,说明刚才通过肢体语言所表达的意思,与对方的理解进行对照。

游戏讨论:

1.你用肢体语言介绍自己时,表达是否准确?

2.你读懂了多少对方用肢体语言表达的内容?

3.对方给了你哪些很好的线索使你了解他?

4.我们在运用非语言沟通时存在哪些障碍?

5.我们怎样才能消除或减少这些障碍?

(资料来源:王建民.管理沟通理论与实务[M].北京:中国人民大学出版社,2005.)

◆ 模块六 ◆
跨文化沟通中冲突的处理

模块内容

- 任务 1　确认冲突的发生
- 任务 2　评估冲突的当事人
- 任务 3　分析冲突的原因
- 任务 4　采用合适的冲突处理策略

知识目标

通过本模块的学习,你可以获得以下知识:

- 跨文化冲突的含义;
- 价值观的概念;
- 跨文化冲突的五种原因;
- 常见的冲突处理策略。

能力目标

完成本模块学习任务后,你应当能:

- 了解职场中的跨文化冲突;
- 了解冲突与竞争、合作的关系;
- 区分现实性和非现实性冲突;
- 评估冲突的当事人;
- 分析冲突的原因;
- 采用合适的冲突处理策略。

学习情境导入

故事来自一位中国留学生,为方便叙述,暂将其命名为 A 同学。A 与英国房东一起住。某日,房东厨意兴起,说要烤一只鸡吃,于是一通忙碌:找来食材,打开菜谱,预热烤箱,严格操作,直到鸡进烤箱。因为要烤一小时,房东闲下来就悠哉地去喝下午茶了。烤到 40 分钟的时候,A 同学到厨房倒水,一看,呵,烤鸡金黄油亮香气扑鼻,于是兴冲冲地出来和房东说:"鸡烤好了,真香啊。"房东不紧不慢地看看表,说:"还早呢,得到1小时整才能开烤箱。"A同学满腹疑窦,却本着"别人的地盘别人做主"、自己不便干预的原则不好说什么。1小时到了,房东打开烤箱。果不其然,可怜的烤鸡已经开始炭化。房东很郁闷,A同学心想,你看吧,早听我的不就好了。于是好言劝房东说:"没关系,下次再吃好了,看来以后得看着点儿。"不料房东翻箱倒柜找出一个号码,抄起电话开始拨:"喂,烤箱公司吗?你们的烤箱有问题啊,我今天用你们的烤箱做烤鸡,怎么就糊了呢?我用的是×××菜谱,人家可是很有名的菜谱啊!"A同学在旁边听得直发愣,就这样愣着看她打完电话,愣着看烤箱公司的人上门来检查,愣着看他们发现是烤箱的温度控制出了问题,愣着看他们把烤箱修好了。于是,第二次,房东终于依照名菜谱做出了一模一样的烤鸡,大家心满意足地享受了美食。

课前学习思考:
1. 如果是在中国,你会给烤箱公司打电话吗?打了电话,烤箱公司会派人过来吗?
2. 如果是在中国,你还会相信菜谱里面的介绍,第二次尝试做烤鸡吗?

任务1 确认冲突的发生

知识学习

一、冲突的含义与类型

(一)冲突的定义

冲突是人们由于某种差异或不一致而在各方面形成抵触、争执或摩擦的过程。当人们具有不同的目标或利益时,往往会产生外显或潜在的意见分歧或矛盾,从而产生心理冲突或人际冲突。差异是否真正存在并没有关系,只要人们感觉到差异的存在,则冲突状态也就存在。在中国文化背景下,"冲突"一词往往具有一定的负面含义。因此,许多时候,人们会忌讳谈论"冲突",更愿意用"矛盾"或"分歧"的概念来分析所存在的问题。

冲突是指两个或两个以上的行为主体,由于在目标、认知与情感方面存在差异,而在特定问题上采取相互排斥、对抗、否定等行为或情绪而形成的一种状态。冲突是人们对重要问题意见不一致而在各方之间形成摩擦的过程,即由于目标和价值理念的不同而产生对立或争议的过程。可见,冲突表现为一个发展过程。研究表明,冲突具有四个关键成分:一是对立内容,指人们具有对立的利益、思想、知觉和感受;二是对立认知,指冲突各方承认或认识到存在着不同的观点;三是对立过程,指分歧或矛盾具有一个发展过程;四是对立行动,指分歧各方设法阻止对方实现其目标。

实际上，冲突是从相互依赖中产生的，两个毫不相干的人是不会产生冲突的。冲突并不都源于不同的利益，许多冲突与不同的观点、信念、判断和行为有关。人与人之间利益、观点、掌握的信息或对事件的理解都可能存在差异，有差异就可能引起冲突。一个人的态度、价值观和行为方式对冲突结果好坏起着重要的作用。

(二)冲突的基本要素

冲突简而言之就是对抗。冲突源于社会实体的目标、行动或相互作用中出现的不相容或对立。冲突包括以下基本要素：

(1) 两个个体或团体间的不同利益；

(2) 这种利益的不同必须已经被双方意识到，否则冲突就不存在；

(3) 一种认知，即一方认为另一方的存在妨碍了自己的利益；

(4) 冲突双方过去交往的情况和背景，冲突是一个过程，它从个人或团体之间的相互关系发展而来，并反映了双方过去交往的情况和背景，这些都会影响冲突的发生；

(5) 一方或双方暗含的行动对另一方的目标是一种障碍。

(三)冲突的分类

多个学者按照不同的标准对冲突进行分类。

(1) Rahim(1992)将冲突划分为利益冲突、价值冲突和意见冲突。利益冲突是双方或多方对利益的划分存在不同的占有倾向；价值冲突是指各方对某一事物或事件存在不同的价值取向，从而产生了不同的价值观念和看法；意见冲突是指各方对某一事件的解决存在不同的意见、方案或方法。

(2) Jehn(1994)将冲突划分为任务冲突和关系冲突。任务冲突指团队成员为达到共同目标，在完成某项任务时有不同意见、观点和决策方案。关系冲突指人际关系的不相容，即团队成员之间的不和谐，对团队成员中的个人存在意见或仇恨。与此划分相似的有：Amason(1996)将冲突划分为认知冲突和情感冲突；Robbins(2001)将冲突划分为任务冲突、关系冲突和过程冲突。过程冲突是指在进行工作责任和组织资源分配时，即在完成任务的过程中组织内成员之间发生的冲突。其实过程冲突也属于任务冲突的一种。将任务冲突进行细分，可划分为任务内容冲突和任务过程冲突。

此外，按照冲突主体及相互作用对象的不同，Deutsch(1990)将冲突分为：自我冲突、人际冲突、群际冲突、组织间冲突、国家和民族之间的冲突。Coser(1956)按照冲突对组织的作用，将其划分为建设性冲突和功能失调冲突；从性质上将其划分为零和冲突与双赢冲突。Pondy(1989)按冲突的形成过程以及存在形态将冲突划分为潜在冲突、知觉冲突、意向冲突、行为冲突和结果冲突。

(四)跨文化沟通冲突

两种异质文化相遇，必然会产生文化上的冲突。文化的差异性最终导致来自不同文化背景的人与人之间的沟通冲突。跨文化沟通冲突是指不同形态的文化或者文化要素之间相互对立、相互排斥的过程，它既指跨国企业在他国经营时与东道国的文化观念不同而产生的沟通冲突，又指在一个企业内部由于员工分属不同文化背景而产生的沟通冲突。

相对于同文化冲突，跨文化冲突更多地由对某事件解读意义的不同引起。文化对内具有共享性；对于同一事件，同文化背景下的人具有相同的解读；但不同文化的人对其有不同的解读，文化对外不具共享性。所以，当不同的共享系统之间出现冲突时，就产生了跨文化冲突。

二、冲突与竞争、合作的关系

现实中的冲突通常伴随着不一致、竞争和合作等形式发生。为了透彻理解冲突的概念，有必要对同样作为相互影响、相互作用的冲突、竞争、合作之间的联系和区别加以分析。

竞争通常是彼此为了某一相同的、特定的目标而展开的争夺。比如，为了同一个目标市场、某一项荣誉等进行的争夺。竞争必须是在一定的规则之下进行，如国家为规范企业行为而制定的法规、体育比赛规则等都是竞争中必须遵守的规则。双方的行为如果违反了规则，就有可能产生对抗，竞争将会变为"冲突"。比如赛场里经常发生的冲突事件，就是违反比赛规则的结果。合作是个人与个人、群体与群体之间为达到共同目的，彼此相互配合的一种联合行动。合作能够成功需要具备四个基本条件：①一致的目标。②统一的认识和规范。③相互信赖的合作气氛。④具有合作赖以生存和发展的一定物质基础。

冲突、竞争、合作三者的差异可以用表6-1简单地表示。

表6-1　冲突与竞争、合作的关系

	冲突	竞争	合作
相互帮助	少	少	多
对抗情绪	高	低	低
采取手段的特点	损人以利己	不损人但利己	利人又利己
双方的态度	完全不信任对方	部分信任对手	彼此相互信赖
双方的行动	相互影响，甚至相互妨碍	相对独立、同时行动、互不妨碍	相互协作、互通有无、相互促进
最终结果	多种可能情形	一胜一负	双赢

那么，是不是合作就不会引起冲突，而只有竞争才会引起冲突呢？答案是否定的。事实上，无论是合作还是竞争，都可能出现冲突。当人们期望胜利和超越对手时，彼此间就可能发生冲突。从某种意义上来说，合作中的冲突是由于实现目标的手段不同而引起的，而竞争中的冲突是因为要实现的目标不同而引起的。

（一）竞争中的冲突（competitive conflict）

处于竞争中的双方，一般都会不惜牺牲对方的利益来满足自己的需要。他们期望获胜，同时等待，甚至是渴望着对方的损失。竞争中的双方坚定地维护自己的立场，利用自己对对方的理解来设法打败对方。他们期望找出对方的弱点,与对手对抗,削弱对手的地位,使自己的观点和利益占据统治地位,从不考虑改变自己的观点和立场。

(二)合作中的冲突(cooperative conflict)

当处于合作情形时,双方处理冲突的方式与处于竞争环境下完全不同。双方往往强调彼此的合作关系,把问题看成是共同的问题,寻找对双方都有利的处理方法。在讨论相反的观点或利益时,合作中的人们会感到这是一种挑战。他们都不敢确定自己的观点是否准确,自己的利益是否能得到有效满足。于是,他们被激励去寻找并理解不同的信息,以解决对自己的立场理解是否充分的问题。经过讨论,双方会认识到自己思考角度的片面性,进而理解别人的要求,于是都会试图结合对方的观点、角度和需要,来形成一个解决问题的方案。在达成双方满意的决策后,彼此的关系得到进一步的发展,并且大家都相信在未来仍能够有效地解决各种冲突问题。

三、冲突形成的过程

既然冲突是由于相互依赖的双方间的差异性引起的一种对抗情形,那么冲突在不同条件下的发展变化是否有固定模式呢?美国的 Louis R. Pondy 曾提出过著名的"五阶段模式",认为冲突的发展经历了五个可辨认的阶段:潜在的冲突(即冲突产生前提)、知觉的冲突(即对冲突的认识)、感觉的冲突(即冲突的影响)、显现的冲突(即冲突行为)和冲突的结果(即产生冲突的新条件)。可见,冲突并不总是一种客观的、有形的现象,它最初只是存在于人的意识之中,只有冲突的各种表现形式,如争吵、斗争等才是可见的。

我们认为,一般情况下冲突的发展过程可以由以下五个阶段组成,如图 6-1 所示。但我们必须认识到冲突的过程是千变万化的,并不是一定按照这五个阶段的固定模式发展的。如某些冲突仅仅停留在潜伏期,因为发生冲突的原因消失了,冲突也就不可能显现;而有的冲突似乎一开始就进入了显现阶段。所以,应该把冲突看成是一个动态的发展过程。

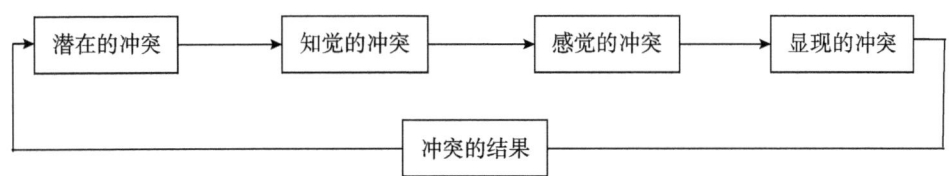

图 6-1 冲突的发展过程

知识链接

现实性和非现实性冲突

冲突按照达到的目的不同,可以分为现实性和非现实性冲突。现实性冲突是指在某些企业关系中,由于某种需求得不到满足或者其他原因而引发的冲突,其目的在于追求尚未达到的目标；非现实性冲突是指企业组织关系中，至少有一个个体或群体出于发泄压力、释放紧张状态而与其他方发生的冲突。

现实性冲突是实现目标的一种手段，具有功能替代性。在现实性冲突中，一旦行动者找到了同样可以满足自己需求的、满意的替代方式，冲突就会停止。而非现实性冲突是由一种寻求占有的进攻性冲动引起的，具有对象的功能替代性。在非现实性冲突中，行动者只是为了释放进攻性紧张状态，发生冲突的对象之所以会成为进攻的对象，完全属于"情境的偶然性"。也就是说，对象是谁，对行动者而言并不重要。

在企业中，冲突的发展往往兼具现实性冲突和非现实性冲突的特征。当对所要实现的目标选择的手段不恰当时，就容易导致在冲突过程中产生一些非现实性因素。另外，企业中也确实存在一些与工作无关的非现实性冲突。

按照斯密尔（Simmel）的观点，发生冲突的原因有时是目标，而有时则是作为实现目标的一种手段，这两种冲突形式是有区别的。也就是说，由利益的抵触或人格抵触所引起的冲突包含着一种限制因素，因为斗争仅仅是达到目的的一种手段，如果用其他手段同样可以获得所期望的结果，这种手段就可以使用。但是，如果冲突完全是由一种寻求占有的进攻性冲动所引起的，在这种冲突中，对象的选择完全是偶然的。这时，冲突者只是要把引起爆发的进攻性能量发泄出来。于是，前一种情形可以称为作为手段的冲突，后者则是作为目标的冲突。

由此，我们可以区分现实性冲突和非现实性冲突。那些由于在关系中的某种要求得不到满足以及由于对其他参与者所得所做的估价而发生的冲突，或目的在于追求没有得到的目标的冲突是现实性冲突，因为这时冲突不过是获得特定结果的手段。相反，非现实性冲突虽然也涉及两人或更多人的互动，但它不是由对立双方竞争性的目标引起，而是起因于至少其中一方释放紧张状态的需要。在这种情况下，对于对立者的选择并不直接依赖于引起争论的问题有关的因素，也不是以获得某种结果为取向。

不过，现实中的冲突往往是现实性冲突和非现实性冲突的混合物。特别是在对于实现所要达到的目标的手段选择不恰当时，容易导致冲突的过程中伴随着一些非现实性因素，现实中出现的各种各样的"损人利己"行为以及常见的寻找"替罪羊"等都是这一类的例子。

著名的社会学家刘易斯·科塞（Lewis Coser）指出，现实性冲突与非现实性冲突的区别不是纯粹的，两种性质的冲突往往交叉着、混合着。科塞认为，在初级关系中，冲突不易爆发，但是不等于没有矛盾。如果不注意敌对情感的释放，而让敌对情绪积累起来，一旦冲突爆发，就可能非常激烈。科塞之所以对现实性冲突和非现实性冲突作了严格的区分，其目的是想说明现实性冲突是社会变迁的主要促进因素。现实性冲突所造成的社会变迁对社会系统是有益的，因为它能使社会系统更加关注个人的需求，增加社会系统的团结,使社会系统更有效地适应变化了的环境。如果社会系统允许现实性冲突,并很好地加以解决,就会增强社会系统的活力和生命力,防止群体蜕化为反对变迁或对成员的个人需要不闻不问的僵化系统。科塞甚至认为暴力冲突对社会变迁也有积极的功能。因为它可以提醒社会和上层决策人物关注人们的愤怒和苦难。

案例解析

该不该把员工私事公示?

阿岚是某公司的人力资源部经理,她的新任老板是比利时人,上任没多久,就和她发生了摩擦。起因是一个员工的父亲去世。该员工得知父亲病重的消息后,他向老板请假,要回家探望父亲。为了表示对员工的体贴和关照,老板不但准了他的假,还特地允诺回程的机票给予报销。公司规定,员工报销机票必须要经过人力资源部经理批准。出于对那个员工特殊情况的考虑,阿岚答应了。

员工回到公司后不久,父亲就过世了。他又向老板请假,把丧假和年假并在一起休,以料理父亲的后事。比利时老板也答应了。为了体现他的好心,他更是再次找到阿岚,要求批准报销该员工的返程机票以及他父亲办丧事的费用。阿岚很配合地点头了。谁知道,老板还有额外的要求。他让阿岚给所有中国区的员工发信,告诉他们那个员工父亲过世的消息,并把他批准员工休假、报销来回机票及丧葬费等"事迹"一并告诉大家。

对此,阿岚斟酌再三,她没有完全按老板的意思行事,而是发信告诉主要部门的负责人以及相关部门的人员:该员工因为个人原因休假,他的工作暂时由某人接替,他回来工作的时间。信发出去的第二天,老板就气冲冲地找到阿岚,质问她为什么没按他的意思写信,"我让你把他父亲去世的事,以及我对这件事的处理,通过内部邮件告诉所有人,你为什么不听?"说完就气冲冲地走了。阿岚愣了,她实在没料到老板会对这事如此生气。

阿岚左思右想,实在想不通这件事她哪里做得不对。员工的父亲过世,本身就不是好消息,为什么要告诉所有人? 员工父亲过世是员工的家事,她有什么权利通知公司所有的人? 员工的私事,为什么要以公示的形式通知所有的人? 她一肚子的问号。可是事后,倍感委屈的阿岚还是不得不对老板说对不起。

上述案例就是一个非常典型的跨文化沟通冲突的例子,从案例中,我们可以得出如下启示:

1.这位外国老板"初来乍到",是新官上任"三把火",自然要把他对员工的体贴、关怀好好宣传一番。只是他不知道这把"火"烧过了头,烧错了地方,不该拿员工父亲过世来做文章。外国人和中国人对死亡的理解很不一样,也不像中国人那样忌讳提到死亡。所以,老板生气阿岚没有体会他的良苦用心。阿岚也无法理解老板为何要她把员工父亲过世这样的坏消息告诉所有员工。其实,阿岚应和老板说明中国人对死亡有忌讳,不宜张扬这样的事。中国人追求沟通的最高境界通常是"意会",而不是"言传",意会就是高语境。

2.欧美人做事总是事先做好精心的策划,然后在一个明确的目标指导下采取行动。一贯的思维方式是简单明了、很直接,所以他们说话坦率、不绕弯,其思想内核是"个体意识"。尽可能用语言表达一切就是低语境。

3.成功的交往有赖于交往的艺术,交往艺术的核心是对别人表示尊重,尊重是需要表达出来的,而表达必须是有规范与标准的。

(摘自人民网,职场与老外共事之道,http://www.People.com.cn。)

概念·要点

冲突是指两个或两个以上的行为主体,由于在目标、认知与情感方面的差异,而在特定问题上采取相互排斥、对抗、否定等行为或情绪而形成的一种状态。跨文化冲突是指不同形态的文化或者文化要素之间相互对立、相互排斥的过程,它既指跨国企业在他国经营时与东道国的文化观念不同而产生的冲突,又指在一个企业内部由于员工分属不同文化背景的国家而产生的冲突。

竞争中的冲突是指处于竞争中的双方,一般都会不惜牺牲对方的利益来满足自己的需要,随时准备把自己的观点强加给对方。合作中的冲突是指当处于合作情形时,双方往往强调彼此的合作关系,把问题看成是共同的问题,寻找对双方都有利的处理方法。

一般情况下冲突的发展过程可以由潜在的冲突、知觉的冲突、感觉的冲突、显现的冲突和冲突的结果五个阶段组成。

任务2 评估冲突的当事人

知识学习

是什么人卷入了冲突?冲突双方各自的基本情况是什么?双方的资源状况如何?如果你能够站在冲突双方的角度,设身处地地看待冲突,则可以更深入地理解冲突的实质,成功处理的可能性也会大大提高。在确立冲突管理的目标时一项重要工作是确认冲突中的关系人。在你判断了哪些是冲突的主要矛盾,哪些冲突是冲突管理的重点后,便要对冲突中的关系人进行确认和分析。无论你是冲突的主要当事人,还是没有关系的冲突管理的第三者,分析和确认冲突中的关系人都是重要的。通过资料收集与冲突分析你能够了解谁是冲突中的关系人,明白他们之间的关系,了解是哪种实质的、程序的或情感的利益使他们分离。也就是通过资料的收集与冲突分析以确定冲突的成分、程序,进一步解释其间的因果关系。

一、确认利益主体

利益主体理论(stake holder)的基本思想起源于19世纪。弗里曼(Freeman,1984)是把利益主体理论应用于实际工作的先行者,他认为:"(一个组织的)利益主体是指任何可以影响该组织目标的或被该目标影响的群体或个人。"Bryson 和 Crosby 则认为,利益相关者是受一件事的原因或者结果影响的任何人、集团或者组织。

确认冲突中的各利益主体是取得冲突中有关问题、人员资料的第一步。冲突皆包含特定的人。在考虑冲突中的关系人时,必须首先确认利益主体。

(一)主要利益相关的团体与个人

确认主要的利益团体与个人的主要方法是:

(1)确定主要的利益团体有哪些,每一个主要团体中的主要发言人是谁。从冲突类型的论述中可以知道,有些冲突背后隐藏着团体的利益关系。想要管理冲突,必须先了解相关的利益团体有哪些,有了这些资料后,才可以较为全面地掌握有什么团体会被卷进冲突来。

(2)确认团体中哪些人已经进入冲突中,分析他们被包含进来的原因是什么。还要分析还有其他哪些主要团体在争论中有利益可得,从而推知将来可能会进入冲突的团体。

(3)了解每一团体主要发言人中代表人的地位,给发言人提出意见的有哪些人。

(4)分析冲突因素在各参与者中影响力的大小。团体之间有可能认同冲突中的争论点是什么。

(5)了解当冲突扩大时谁可能获得利益,借着冲突升级,谁将有收获。这样以后便可以了解冲突的可能推动力和发生趋势。

(6)分析有决策责任的决策者。

(二)次级利益相关的团体与个人

确定了主要的利益团体与个人后,还要确定次级团体。次级团体的问题影响到冲突的解决。随着冲突的进行,次级团体有可能上升为主要的利益团体。主要分析:在冲突问题上哪些团体有次要的利害关系?在特定争论点之外,哪些其他团体可能会被卷入,理由何在?

(三)团体性质

关于团体性质主要有两个问题需要思考:在团体的组织内部如何做决策?有多少内部协议,其实施的结果如何?

二、分析关系人的价值观

价值观是个人或社会接受某种特定的行为和存在,而拒绝与其相反的行为和存在的态度。价值观是文化的重要内容,它既反映了民族性格的基础,也体现了一个民族的文化核心。价值观会对人的沟通产生深刻的影响,不同文化背景的人具有不同的价值观,即使在同一文化领域内,人的价值观也不尽相同。在跨文化沟通中,由于拥有不同文化背景的沟通双方的价值观迥然不同,因此加大了双方之间交流的难度,有时会使看似简单的问题变得复杂,当沟通双方对某一问题的看法和想法涉及必须表明态度的价值观时,矛盾就会显现,沟通失败的可能性就会增加;如果沟通双方涉及的价值观的兼容性较大,那么双方实现有效沟通的可能性就会增加。

价值观的多元化是合资企业最高层次的管理难点。它主要表现在两个方面:一是母公司所在国的民族文化和社会文化被带入合资企业并发挥影响作用;二是投资各方的企业文化被带入合资企业并发挥影响作用。调查表明,合资企业价值观的多元化最集中的反映是来自不同母公司高层管理人员制订决策的偏好和行为习惯的差异,以及由此形成的文化特征。

价值观是使一个人愿意去行动的有强烈影响的信念。企业价值观是企业文化的核心,它决定和影响着企业存在的意义和目的、企业各项规章制度的价值和作用、企业中人的各种行为和企业利益的关系,为企业的生存和发展提供了基本的方向和行动指南,为企业员工形成共同的行为准则奠定了基础。价值观分析包括:

第一,从成长性、利他性、解决问题出发点等角度,分析支撑每位关系人争论点的主要价值标准;

第二,是否存在着主要的意识形态的、文化的、宗教的差异;

第三,是否存在着个人或团体的价值或意识形态的特定争论。

三、评估关系人的利益

Ronney认为,冲突是人类为达成不同的目标及满足相对的利益所形成的某种形式的斗争。Dessler认为,组织中两个以上的个人或团体间,会由于不同的目标、利益、期望或价值而产生不同的意见。当两个对立团体的利益或目标不可协调时就会产生冲突。在团队、委员会、工作群体和组织环境中存在各种各样的冲突源。例如,当群体、团队成员出现以下情况时,就会出现冲突:第一,在价值观、信念或目标方面存在很大差异时;第二,存在高度的任务或横向相互依赖性时;第三,竞争资源或奖励稀缺时;第四,处于高压力水平时;第五,面临不确定或不一致的需求,即角色模糊和角色冲突时。当领导者的行为方式与其阐述的组织愿景、目标不一致时,也会产生冲突。在导致群体、团队及委员会内部或之间产生冲突的诸多因素中,冲突各方缺乏交流可能是其中最主要的原因。因为很多冲突产生于误解及沟通破裂,领导者可以通过运用沟通和倾听技巧、花时间与他人形成社会网络,来降低冲突水平。

社会的发展、社会主体的多样性、主体需求的多样性、客观事物根本属性的多样性等这些都决定了利益的多样性,更造成了利益在各主体间的剧烈冲突,同时也决定了各种利益的必然冲突。每一团体对其有关利益或需求的争论,都希望获得满意的解决。利益有三种类型:实质的、程序的和心理上的。实质上的利益,即团体认为他们需要得到满意解决的具体结果。例如:团体涉及未来行为的目标,团体之间希望暂时达到的解决协议。程序上的利益,即指执行解决协议的方法。例如:公平听取各方要求的个案,所有的方案及团体的观点都要被考虑的需求。心理上的利益,即团体希望通过争论获得的结果。例如:团体间的信任与开放沟通的关系。在评估一个机构或团体的立场和利益时,必须考虑以下几个因素:

第一,什么是解决问题时一定会遇到的利害关系(实质的、程序的或心理的)?

第二,这些利害关系是否会与其他团体所拥有的发生直接冲突?有某些可相容或双赢的局面能达成吗?

第三,这些团体所追求的立场与利益存在何种关系?这些冲突在类似的团体间会出现吗?或仅仅是单一事件,不会再发生争议?

第四,这些团体的法定代理人是谁?有多少空余时间供此代理人设计解决方案?争议有什么可能结果?

四、确认关系人的权力来源

Kabanoff 指出,冲突可起源于组织成员间的权力关系。他认为在一个组织当中,就像在其他情况下一样,存在着公平(组织成员应根据他们各自的贡献给予报酬的信念)和平等(每一个成员至少在某些方面应受到同样的或类似的待遇)两极之间的取向问题。一般,公平被用于红包、奖金和其他可感知的报酬,而平等被用于如礼貌、友好之类的与社会情感有关的行为。他分析说,任何两个组织成员间的权力差距越大,他们将越接受公平作为左右他们之间关系的分配规则。在组织关系中,大的权力差距,对那些权力小的团体来说将会最小化其对不公正的清楚认识,也能降低对报酬分配的公开冲突的可能性。但同时,这样的差异将引起潜在的不满,有可能会转变成间接冲突。

分析每一位关系人的权力来源是以下六种来源中的哪些:第一,权威;第二,人力资源;第三,技能与知识,比如关系人可能是某一领域的专家,在争论问题上具有发言权;第四,无形的因素;第五,物质资源;第六,经团队(或组织)许可的(批准的)。

五、分析关系人的态度

分析关系人的态度有助于理解冲突的发生,为冲突的解决提供思路,搞清楚以下问题是分析关系人态度的内容:

第一,对于争论点,什么是当事人的一般态度?

第二,对其他关系人有敌意吗?

第三,对于争论点,他们的期望是什么?

第四,对于其他的关系人,他们的期望是什么?

第五,对于解决问题,他们的期望是什么?

第六，对于争论点与关系人，还会有什么其他的态度出现？

第七，对于谈判，关系人的态度是什么？

六、搞清关系人的动机

Coser 主张冲突是对价值观、地位权力或稀有资源要求的竞争，双方的意图不仅在于目标的达成，并且还要打击或消灭对方。相关利益主体的沟通动机不同。沟通动机的不同主要是由相关主体任务目标和利益冲突所造成的。组织中的个人、群体和部门，在工作环境中掌握着不同方面的组织资源，拥有相应的权力和既得利益。因此，在沟通活动中，怀有不良动机的沟通主体可能故意隐瞒、歪曲，甚至虚构信息，目的在于争取自身利益的最大化。在员工关系对立的组织环境中，管理者和员工由于动机的不同，缺乏对彼此的信任和真实、全面的信息沟通，经常出现信息的垄断和不对称状况。员工不关心企业的发展目标和盈利状况，企业不了解员工的实际工作情况和对激励的差异化需求。另外，同事之间为了获得有限的组织资源和晋升机会，可能通过传播虚假信息，有意造谣、诽谤他人来过分抬高自己。

关系人的动机是其行动的原因。分析关系人的动机包括：第一，关系人的行为是受现实的还是非现实的标的及期望激发的？第二，关系人过去抱怨扮演什么角色？害怕扮演什么角色？现在致力于扮演什么样的角色？第三，希望是关系人行动的一个因素吗？第四，关系人的欲望如何影响团体与个人卷入冲突中？欲望如何控制？

知识链接

从文化是人们的一种认识和感知的角度看，它由世界观、人生观和价值观三个部分组成。尽管这三部分内容在跨文化沟通中不会特别令人关注，但却在不知不觉中影响和左右人们进行有效沟通。其中，价值观指的是不同文化背景下的社会和个人所接受的行为方式。在现实生活中，不同文化背景的人有不同的价值观念，相同文化背景的人其价值观念也不尽相同，这就必然会导致商务沟通中出现大量的价值融合与价值冲突。因而，如果沟通双方不能很好地了解对方的价值观，将会造成跨文化沟通的障碍。例如，对儒家文化而言，宗教就是一切；在清教徒看来，为上帝及其正义而奋斗才是一切。自然，处于这两种文化背景下的沟通者就很容易沟通失败。再如，以荷兰跨文化研究专家霍夫斯泰德提出的高权力距离和低权力距离的文化价值观为例，高权力距离的社会常常是情境性的沟通风格，沟通双方会根据对方的地位、身份、社会角色来确定语言使用方式。而低权力距离的国家常采用私人性的沟通风格，他们关注的重点在于是否清楚地表达了自己的想法与意思，而不是对方的身份和地位等因素。世界优秀企业的文化价值观如下：

波音公司的核心价值观：永为先驱，尽善尽美。

宝洁公司的核心价值观：领导才能、主人翁精神。

百事公司的核心价值观:身体力行、开诚布公、多元化、包容性。

戴尔公司的核心价值观:戴尔通过重视事实与数据,建立对结果自我负责的信念来凝聚所有戴尔人。

杜邦公司的核心价值观:安全、健康和环保、商业道德、尊重他人和人人平等。

飞利浦公司的核心价值观:客户至上、言出必行、人尽其才、团结协作。

福特汽车的核心价值观:客户满意至上,生产大多数人买得起的汽车。

丰田公司的核心价值观:上下一致,至诚服务;开发创造,产业报国;追求质朴,超越时代;鱼情友爱,亲如一家。

本田汽车的核心价值观:实现顾客利益的最大化。

惠普的七大核心价值观:我们热忱对待客户;我们信任和尊重个人;我们追求卓越的成就与贡献;我们注重速度和灵活性;我们专注有意义的创新;我们靠团队精神达到共同目标;我们在经营活动中坚持诚实与正直。

惠而浦的核心价值观:以自豪、热诚及卓越表现进入世界每个角落,每个家庭。

IBM 的核心价值观:诚心负责、创新为要、成就客户。

肯德基的核心价值观:以人为本、顾客满意、沟通合作、奖惩分明、提供机会。

可口可乐的核心价值观:自由、奔放、独立掌握自己的命运。

联合利华的核心价值观:以最高企业行为标准对员工、消费者、社会和我们所生活的世界。

麦当劳的核心价值观:以人为本、优质、服务、清洁、价值。

强生公司的核心价值观:客户第一,员工第二,社会第三,股东第四。

壳牌公司的核心价值观:诚实、正直和尊重他人。

三星公司的核心价值观:人才第一,追求一流,引领变革,正道经营,共存共赢。

思科的核心价值观:为顾客、员工和商业伙伴创造前所未有的价值和机会,构建网络的未来世界。

统一企业的核心价值观:"三好一公道",就是品质好、信用好、服务好、价钱公道。

松下电器的核心价值观:遵奉为"十精神",即工业报国精神、实事求是精神、改革发展精神、友好合作精神、光明正大精神、团结一致精神、奋发向上精神、礼貌谦让精神、自觉守纪精神和服务奉献精神。

沃尔玛的核心价值观:尊重每一位员工,服务每位顾客,每天追求卓越。

微软公司的核心价值观:正直、诚实;对客户、伙伴核心技术满怀热情;直率地与人相处,尊重他人并且乐于助人;勇于迎接挑战,并且坚持不懈;严于律己,善于思考,坚持自我提高和完善;对客户、股东合作伙伴或者其他员工而言,在承诺、结果和质量方面值得信赖。

西门子公司的核心价值观:要专注于我们的业务、倾听客户的需求和想法。

星巴克的核心价值观：为客人煮好每一杯咖啡。

英特尔的核心价值观：以客户为导向、纪律严明、质量至上、鼓励尝试冒险、良好的工作环境。

（资料来源：国际著名企业的核心价值观，http://wenku.baidu.com/view/345d7205e45c3b3567ec8b87.html。）

案例解析

心瑜去年初转职到一家网络公司当企划。老板很欣赏她的资历，一开始就要她当个网站的小主管。虽然她自知自己能力不错，工作经验也够，但毕竟过去没有任职网络公司的经验，所以，心瑜婉拒了老板的好意，愿意从企划做起。明莉是公司的"开国元老"，和心瑜同龄，但能力不够，工作态度也不好，已经好几年了，始终升不上去。因为心瑜的工作表现大大超过明莉，本来该成为心瑜部下的明莉，就暗地里排挤她！

其实，老板知道心瑜的加入，会引发明莉的反感，但念在明莉是公司的第一批员工，不想"处理"她！于是老板私下找心瑜，要她"多多包涵明莉"。心瑜吃了很多暗亏，但因为老板的交代，一直隐忍不发。这样的态度却让明莉食髓知味，认为心瑜是个好欺负的人，更加肆无忌惮。

某日当设计部经理提出明莉的企划出了大问题时，明莉竟然撒了个大谎，说："这是心瑜的主意，我只是照她的意思做罢了！"心瑜听到这再也忍不住了！当明莉回到座位，心瑜当着同事的面，将档案夹往明莉桌上摔去，并且很大声地说："你说谎！什么我的主意！你敢再说一次试试看！"明莉没想到一向乖乖地受欺负的心瑜，竟站在背后听到她的话，还发了这样大的脾气！同事一看苗头不对，赶紧报告老板。老板不怪心瑜发了脾气，却怪心瑜没有"多多包涵"明莉。类似的冲突愈演愈烈，心瑜再也无法忍受明莉，但明莉可无所谓。但是老板需要调解冲突的次数一多，也愈来愈不耐烦。虽然他欣赏心瑜的工作能力，但却觉得她幼稚、脾气差。

不管火气多大，都必须保持圆滑、冷静？真的是这样吗？案例中，心瑜真的做错了一些事。面对明莉一开始一而再、再而三的挑衅，不管是明的、暗的，心瑜因为老板的交代，一直隐忍不发，反而对明莉更客气，让明莉认为心瑜是个好欺负的人，这就埋下了之后的恶果。而心瑜虽然是受害者，却也是唯一被处罚的人！

概念·要点

确认冲突中的各利益主体是取得冲突中有关问题、人员资料的第一步。冲突皆包含特定的人。在考虑冲突中的关系人时，必须首先确认利益主体。

价值观是个人或社会接受某种特定的行为和存在，而拒绝与其相反的行为和存在的态度。价值观是文化的重要内容，它既反映了民族性格的基础，也体现了一个民族的文化核心。

企业文化是指在一定的社会经济条件下通过社会实践形成的为全体企业成员遵循的共同意识、价值观、行为规范和准则的总和,是一个企业在自身发展过程中形成的以价值为核心的独特的文化管理模式。

在解决跨文化沟通冲突中分析有关关系人的价值观、利益、权力来源、态度、动机等有助于更好地找到问题的根源,更好地解决冲突。

任务3 分析冲突的原因

知识学习

冲突产生的直接原因可以归为彼此之间的差异性。具有一定相互依赖关系的双方,差异性越大,越难达成一致的协议。但由于相互依赖关系的存在,双方又不能置彼此之间的差异性于不顾,于是这些彼此间的差异性必然伴随着一定的意见分歧,导致冲突的发生。组织中主要存在以下几种差异性。

一、文化差异

(一)文化差异的内涵

文化差异是指不同国家、民族、企业间文化的差别。其中,传统是文化差异的一个非常重要的方面。传统可以表现为未成文的风俗、禁忌、赏罚等,传统为人们提供了"思维倾向",对其道德系统有很大的影响,表达了一个特定的文化。

文化是一个复杂的整体,斯图尔特·豪尔(Stuart Hall)认为文化是人们在处理日常事务时属于某一群体的人们约定俗成的思想、行为以及感想的模式。

文化差异体现在不同国家、地区、民族,不同组织、不同职能间的文化差别。它主要体现在价值观、传统文化、宗教信仰、语言、思维方式、行为准则、习惯等方面。影响团队绩效的一个主要的、普遍的问题就是团队成员的文化差异问题,来自不同文化背景的个体具有不同的信仰、价值观、态度、能力和对优先权的感知。

(二)文化差异的五个维度

对于文化差异和距离,荷兰学者G.Hofstede(霍夫斯泰德)的文化维度理论为我们认识跨文化冲突提供了理论依据,并为解决这个问题提供了思路。霍氏文化五维度学说在不同的民族反映了不同民族具有不同的文化。

第一,个体主义和集体主义(individualism-collectivism)。G. Hofstede将个体主义和集体主义定义为"人们关心群体成员和群体目标或者自己和个人目标的程度"。个体主义文化强调个人目标、个人独立,而集体主义文化倡导人和人之间的依赖和不可分割。

第二,权力距离(power distance)。权力距离是指一个社会中的人群对权力分配不平等这一事实的接受程度。接受程度高的国家,社会层级分明,权力距离大;接受程度低的国家,人和人之间比较平等,权力距离也小。

第三,不确定性规避(uncertainty avoidance)。不确定性规避指的是人们忍受模糊或者感到模糊和不确定性的威胁的程度。低不确定性规避文化中的人们敢于冒险,对未来充满信心;而高不确定性规避文化中的人则相反。

第四,男性主义/女性主义(Masculinity/Feminine)。男性主义的文化鼓励通过激烈的竞争获得财富和成功;而在女性主义文化中,社会主导的价值观是中庸和睦,重视人际关系,崇敬大自然,关怀他人,注重生活质量的提高。

第五,长期/短期取向(long/short term)。这个维度是指一个文化对传统的重视程度,关注一个组织是否愿意长期忠诚于传统的、先前的思想和价值观。

(三)文化差异的主要来源

1.语言文字

语言文字是人们进行交流、传递信息和思想必不可少的沟通工具,有着丰富的文化内涵和特殊的文化背景。不同的文化带来了不同的语言,每种语言都有自己独特的文化内涵。语言差别是将文化沟通与跨文化沟通区别开来的重要标志之一。在跨国企业中,不同语言的使用主体在进行跨文化沟通时,常常因对语言沟通符号的误解,在语义和语用两方面引发歧义,使企业中跨文化沟通产生不必要的误会。

2.符号系统

文化的对接是指沟通者和被沟通者在一个文化符号中获得一致的意义。只有实现文化对接,才有双方对一致意义的认同,从而达到理解和沟通。跨文化沟通是在两种或两种以上的文化之间进行的。由于生产方式、生活方式、地理环境、历史传统等不同,各种文化体系均具有个性和特殊性,其文化中的精神体系、思维体系、智慧体系、规范体系、组织体系、符号体系、编码体系和解码体系等都有很大的不同,它们在进行跨文化沟通时,共享性差,认同性差,对接能力差,因而沟通中会遇到种种障碍。

不同的文化有不同的符号系统。符号是能够被用来在某些方面代表其他东西的物象,它是人类沟通最重要的手段。语言符号又是人类符号系统中最重要的符号,是已经渗透到人类社会生活各个角落的符号。语言符号由音像和其代表意义的概念组成,人类用语言符号代表某种意义,语言符号根据一定规则的编码系统形成复杂的意义,语言沟通就是根据一定规则形成的解码系统来得知语言符号意义的过程。在同一文化背景下,沟通的主客体使用的符号系统、编码系统和解码系统是统一的,他们的沟通不会存在多大的障碍(当然并不是完全没有障碍)。在不同的文化背景下,要实现有效的沟通,就必须拥有共同的符号系统、编码系统和解码系统,懂得信息意义符号的构成,懂得编码规范和解码规范,才能在共同意义的确认上达成共识,实现沟通。而想做到这一点,恰恰是最困难的事情。在跨文化沟通中,编码的规则和解码的规则常常不是一个规则,而是两个规则。就语言而论,它们编码的发音和形状不同;语言的词汇量不同;词汇文化含义有的相同,有的不相同;编码次序往往不同等等。这就使得跨文化沟通中出现用另一种解码系统去阐释不同的编码系统的问题,使跨文化沟通在文化意义上难以实现对接,往往导致沟而不通。

　　文化的形式就是符号。不同的文化具有不同的符号系统。如果说"人类文化的全部意义是人类如何创造和利用符号"的话,那么这里所说的文化符号就是承载文化的符号,即文化载体。"每一种文化的词语都有各自的特征,即怎么用和指什么。"目前世界上有3000多种语言,而有文字的文化超过450种。符号作为人类沟通最重要的手段,在人类创造文化和文化的代代相传中起到了重要的作用。符号主要包括语言符号与非语言符号。语言符号主要指的是书面语言和口头语言,语言的多样性、复杂性以及使用语言的规则差异化都将会使得跨文化沟通比较困难,会造成一定的障碍。非语言符号主要指的是语言符号以外,在信息交流活动中能够发挥意指作用的其他符号形式,包括手势、姿态、动作、表情、腔调及身体接触等。常见的非语言符号一般分为三大类:副语言、身体语言和环境语言。非语言符号在交往中常能表达语言所不能表达的思想感情,甚至可以代替语言。非语言符号随着时代的发展不断得以丰富。在不同文化背景下,语言符号和非语言符号的差异都很大,极易造成商务沟通的困难。例如:不同文化背景的人对于空间距离的习惯不同。阿拉伯人习惯以较近的空间距离交谈,而英国人则相反。这是因为阿拉伯文化属接触文化,英国文化属非接触文化,阿拉伯人习惯于交谈时尽量靠近对方,而英国人则习惯于离对方远一些。再如,身势语所表达的意义有着强烈的民族性。大多数地区都用点头表示肯定,摇头表示否定,但在保加利亚、土耳其、伊朗等国家,人们却用摆头动作(和摇头相似)表示肯定,而埃塞俄比亚人用扭头这个半摇头的动作表示肯定。

　　3.文化距离

　　文化距离是指文化间的共性与个性的差异程度。文化间的共性较多,则文化距离较小;文化间的个性突出,则文化距离较大。同一文化中的地域亚文化之间的距离较小,它们的跨文化沟通难度较小;同一文化中的群体文化之间的文化距离较小,它们的跨文化沟通难度较小;同一文化中的不同职业文化的文化距离较小,它们的跨文化沟通难度较小;同一文化中的男女性别文化的文化距离较小,它们的跨文化沟通难度较小;同一文化中的年龄文化距离较小,它们的跨文化沟通难度较小;同一文化中的企业文化的文化距离较小,它们的跨文化沟通的难度较小。在同一文化中,共性更多,个性差异较少,它们之间的文化距离小,跨文化沟通的难度也较小。

　　在不同文化中,文化的距离不同。有的文化与某种文化比较,文化距离很大;与另外的文化比较,则文化距离相对要小。例如,中国文化与日本文化比较,文化距离较小,中国文化与新加坡文化的距离更小,因为二者同属儒家文化圈的文化,跨文化沟通的难度要相对小些。而中国文化和美国文化,则是文化距离很大的两种文化,前者属于集体主义文化,后者属于个体主义文化,它们之间的跨文化沟通难度很大。美国文化与英国文化的文化距离较小,与加拿大文化的距离更小,它们同为个体主义的文化,因而跨文化沟通的难度较小。一般说来,文化距离的大小与跨文化沟通的难度成正比。

4.文化休克

"文化休克"指的是在跨文化沟通中,多元文化背景致使人们失去了自己熟悉的社会交流符号而产生深度焦虑的情况。跨国企业中成员由于长期以来形成的母国文化与异国文化中的一些价值观不和谐或相抵触,极易造成思想和行为上的无所适从。由于文化的差异性,跨国企业中的人员在沟通时难免遭遇"文化休克",而这必然导致跨文化管理沟通障碍的出现。文化是特定群体成员共同形成的某种社会生活方式的基础。群体不同就会存在文化上的差异,产生差异的一个重要的因素便是地理环境的差异,并且由于历史传统、教育方式、法律制度以及宗教等等文化要素的循环积累,便形成了以地域划分的不同文化形态。

二、信息差异

信息差异是指双方所获得的信息以及所了解的事实之间的差异。任何一项决策或选择活动都要经过信息的收集、可行方案的设计和方案的选择几个阶段。其中,信息的收集是决策活动的第一步,它将为整个决策过程提供各种有用的信息,整个决策活动就是建立在信息收集的基础之上的。但由于各种原因双方获得的信息可能存在差异。

(一)信息来源渠道不同

组织中的信息有不同的来源渠道,有自上而下的信息,也有自下而上的信息,还有同级之间传递的信息;有正式渠道的信息,也有非正式渠道的信息;等等。不同来源渠道的信息会有很大的差异,如果双方不进行沟通和交流,信息差异会永远存在。

(二)信息的非对称性

信息的非对称性指双方中有一方掌握着某些信息,这些信息只有他自己了解,而另一方则不了解。私有信息可能是由于一方的特殊地位所致,也可能是由于一方具有某方面的专业知识、技术专长而获得。

(三)信息传递过程中的偏差遗漏

信息在传递的过程中往往要经过较多的层次,每个层次都会对信息进行一定的筛选和解释,难免会出现一定的偏差和遗漏现象。

(四)信息处理方式的不同

在组织中传递的信息有时只是一个简单的事实,人们必须对它进行一定的处理,但由于处理方法和手段选用上的差别,也会导致信息差异,特别是有的处理方式只停留在表面,没有透过现象看清本质。

因信息差异而导致的冲突在跨国公司里经常存在。如果工会和员工对公司人力资源决策(招聘、培训、绩效考评、薪酬方案)了解很少,工作参与度很低,那么,在劳动双方的相关关系中就容易因信息的不对称导致员工的猜疑,乃至引起敌对心理,从而引发冲突。双方冲突又会导致联系减少,使得信息量减少乃至中断,从而进一步加深跨文化冲突。信息的不对称性,是指跨国公司不同劳动关系群体之间所掌握的信息并不是等量的。导致信息不对称的原因主要有五个方面:第一,公司人力资源部门思想意识上轻视工会和员工的知情权。例如,企业经营管理方在制定薪酬方案的时候,完全不将制定细节和原则告知东道国员工。第二,因语言障碍无法让东道国员工完全了解企业的意图,了解人力资源管理的有关部门信息。第三,公司内部科层结构过于复杂和官僚行政机构的堕化,管理不力,导致管理协调失灵,信息中断,从而损害员工的知情权。第四,母公司和子公司之间的信息不对称,也是一个引发跨文化劳动关系紧张的重要因素。由于跨国公司的决策主要在公司总部进行,因此子公司人力资源部门往往并不了解母公司的经营决策信息。从子公司和母公司的关系看,东道国公司管理部门除了人事和销售方面信息了解较多以外,对母公司决策(投资、计划、研发)的了解和参与度很低,因此也很难把人力资源管理提升到企业战略高度,而只能将其作为企业执行工具,仅能发挥日常业务功能而非战略功能,使制定人力资源管理战略受到严重的制约,从而无法向员工提供信息。第五,东道国当地政府和工会对跨国公司员工关系不重视,对员工知情权的保护不力,对企业信息披露体制的监督不够,也是导致知情权障碍的重要因素。

三、认识差异

即使收集的信息完全相同,由于各种原因双方也会有不同的结论,因为双方存在认识上的差异。

(一)双方的背景不同

团体中的成员都有着不同的背景——受教育程度、家庭出身、价值观念等。当人们加入某一团体时,原来的背景不可避免地会影响每一个成员考虑问题的方法和角度,导致认识上出现差异。

(二)各个部门文化不同

在长期的共同生活中,组织中的不同部门会形成自己独立的文化观念和标准,即部门文化,而不同成员对同一问题的认识必然会受到其部门文化的影响。

(三)双方地位不同

双方所处的不同地位使双方看问题的角度不同。人们通常认为,高层管理者是从全局、整体利益出发,而各部门管理者往往从各自的、局部的利益出发考虑问题,作出判断。

(四)观念的不同

由于个人经验和期望的不同,每个人看问题的方法不同。因为他们的观念对自己是真实的,而且他们认为自己的观念与别人的观念是平等的,没有认识到其他人可能对同一事物持相反的观念。如果员工没有学会从其他人的角色来看问题,那么冲突就会发生。

四、目标差异

相互依赖的双方各自的目标有时不一致,存在一定的差异,其原因主要有:

(一)企业组织结构决定了不同部门有着不同的目标

企业通过一定的横向和纵向的分工形成了一定的组织结构,处于组织结构中不同位置的部门执行不同的职能,有着不同的目标和任务。如生产部门负责产品的生产,销售部门保证销售等,这种由专业化和分工形成的不同部门有着不同的目标是天经地义的事。

(二)各部门的本位主义使得次级单位目标内化

为了保证组织整体目标的实现,人们给各个部门确定了不同的次级目标。但有的部门从自己的利益角度出发,片面强调自己的目标,而忽视了组织的整体目标和其他部门的目标,致使次级单位目标内化,于是导致与其他部门目标的差异。

五、角色差异

组织中的个人都充当着不同的角色,并按照角色的要求而行动。但是个人的角色差异也会引起冲突。

(一)角色期望与个人能力相矛盾

由于任务的错误指派、角色要求不足或过度等原因,组织中角色的要求会同个人的个性、能力、要求等相矛盾,即个人承担了不合适的角色,于是导致个人遭受挫折,感到压力,形成严重的个人思想斗争——内心冲突。

(二)角色期望与个人行为相矛盾

角色期望说到底就是对充当某一角色的人的行为的期望,但充当角色的人的行为有时与期望严重不符,特别是当一方一味地以自己的价值观和愿望来期望对方的行为时,不可避免会产生一种冲突力。这种期望与行为间的矛盾在组织与组织、组织与个人之间也存在。

(三)角色期望不相容

角色期望不相容有两种情形:一种情形是角色期望互相排斥,如工厂中处在夹层里的班组长,上级管理人员对他的角色期望是严格管理,提高工作效率,而以前的同伴——现在的工人对他的角色期望是关心其生活,大家和气一团,显然这两种角色期望是不相容、互相排斥的;另一种情形是角色不能同时实现,如企业的一个领导者往往有着人际关系方面、信息方面、决策方面的多种不同角色,但其时间有限,显然这些角色期望不能同时实现。

个体在社会中、组织中、家庭中都扮演着各种各样不同的角色。当一个人不能胜任他所扮演的角色时会发生冲突。角色冲突通常包括以下几个类型：一类是角色间冲突，是指个体同时扮演几种角色而产生冲突。比如，一个人在工作单位要扮演员工的角色，在家庭要扮演丈夫或妻子、父亲或母亲、儿子或女儿的角色，在社会上要扮演社会公民的角色，等等。同时，担任这么多的角色，不可避免地在时间和空间上会产生矛盾因而引发冲突。另一类是角色内冲突，角色内部冲突主要是角色定位与要求所具有的人的特质之间的冲突。人力资源管理最强调的一点就是人岗匹配。如果个人的能力、气质、性格无法达到岗位的要求，那么就会造成挫败感以及信心的缺乏，从而导致冲突的产生。

知识链接

一、名家名言

在德国，除非获得允许，否则什么事情都不准做；在英国，除非受到禁止，否则什么事都准做；在法国，即使受到禁止，什么事也准做。

——霍夫斯泰德

凡是跨国公司的失败，几乎都是因为忽略了文化差异。在全球战略布局中，有一道坎是始终无法跨越而又必须面对的，那就是企业文化冲突与整合问题。

——戴维·A.利克斯

二、生活中的实例

1. 中国大使眼中的东西方思维

中国前驻德国大使卢秋田在其著作《差异：一位中国大使眼中的东西方思维》中谈到了许多在海外接待中国代表团的生动例子。中国人待人接物讲礼貌、有涵养，闻名遐迩，但社交场合不愿明确表达思想委实令西方人摸不着头脑。如当外方接待单位问中方人员愿意喝何饮料，可乐、啤酒、矿泉水、茶等一应俱全，中方会一致谦虚地回答说"随便"或"什么都行"，令接待人员无所适从。

按照西方人的习惯，你若想要，就不必推辞，说声"Yes, please."；若不想要，说"No, thanks."也行，就是不能没有选择。更有趣的是，当团长说了一声喝茶，一个接一个地所有的人都异口同声地说"喝茶"。

客随主便（up to you）本来是中国人的美德，但在宣扬个性的西方社会，社交场合不明确表达思想或对服务没有要求会让他们感到心中不快，认为中国人缺乏思想和个性，以为中国人存在着严格等级观念，连喝饮料也要采取集体行动。

美国人在20世纪初，发展出一套风靡世界的美国式管理。日本人从第二次世界大战惨败的废墟中，走出令人震惊的日本式管理，创造了经济奇迹。中国人以易经为中心思想，从20世纪80年代开始逐渐形成独特的中国式管理，正被全世界广泛讨论及研究。从管理哲学方面来看，观念是影响管理的重要因素，特别是一个国家或者区域特有的传统的观念，换言之，价值观、世界观决定管理的特性。

2.婉转表达的极致境界

美国的幽默作家大卫·贝雷(Barry)曾经在日本遇到过这样一件事。他要坐飞机从东京去大阪,临时在飞机场买票。

大卫:"请买一张从东京去大阪的机票。"

笑容满面的服务员:"嗯,去大阪的飞机票,请稍等。"

大卫:"多少钱?"

服务员:"从东京坐火车去大阪挺不错的,沿途可以看风景。是不是要买一张火车票?"

大卫:"不要。请给我买一张飞机票。"

服务员:"那……其实,坐长途巴士也很好,上面设备齐全,豪华舒适。要不要来一张巴士票?"

大卫:"不要。请给我买一张飞机票。"

(资料来源:http://www.itgov.org.cn/Item/1325.aspx。)

点评:

案例中的服务员(日本人)甚至比中国人更善于表达"拒绝"的含义。为了不从自己口中说出"不"字,服务员运用多个回合富有创意的表达来面对顾客——大卫·贝雷。而贝雷(美国人)在最后才了解服务员的良苦用心:原来服务员在拐弯抹角地试图用其他手段来帮助他到达目的地,但是服务员就是不愿直接告知机票早已售罄。

3.生活见闻

(1)跨文化广告传播最明显的障碍就是语言文字隔阂。沟通者只有选用恰当的词语才能在目标区域有效地传播信息。我国一公司在向外商推销国产"白象"牌电池时,在广告中大肆宣扬"white elephant"的性能如何好,却不知"white elephant"在西方文化背景下可能产生的"(保管起来既费钱又费事的)累赘东西"的含义,这种带有令人反感的译名的产品,怎么能指望受众接受呢?因此,精通目标国的语言,适应其语言习惯及特色,是跨文化广告用语的基础和保证。

(2)不同服饰能反映不同的政治权力和社会阶层,服饰往往有威严的说服作用,而服饰的颜色更是含义不同。美国一家公司曾计划在中国台湾地区为其产品打开销路。由于棒球是美国一项非常普及流行的运动,考虑到"绿色贴近自然",美国人认为绿色的棒球帽肯定会大受欢迎。于是,在搞产品促销的活动中,公司给潜在顾客发送绿色棒球帽。可是美国人万万没有想到,在中国文化中绿帽子有着特殊的含义,此路自然不通。

(3)具有不同文化背景的人们会在时间观念上体现跨文化差异。以美国、德国和瑞士为代表的单色时间文化,商务活动的每个环节都应制订计划,他们参加谈判、约会等非常准时,时间单位被划分得很细,对已定的约会时间通常不会轻易失约或改变,他们也不会在同一时间里有两个约会,商务约会迟到超过15分钟在美国是非常失礼的,一定得道歉,并说明原因。在阿拉伯、叙利亚等国家,与一位正在商谈的客人因时间关系而终止谈话,是难以想象的。东方为多色时间文化,把时间看作无止境、无限度的资源,强调事务的完成和人的参与。

(4)保守的交流。

一个美国商人想把一个新产品卖给一个日本商人,双方同意见面详谈。他们一见面,这个美国商人立即抓紧时间谈他的产品。当他结束了对新产品的介绍后,他等着那位日本商人对他刚才所谈的内容提出问题。

但使他吃惊的是:日本商人对他的介绍并没有表现出兴趣,还开始谈论两个国家的天气和假期。美国商人对此感到沮丧,甚至还有几分恼火。这位美国人对那位日本商人的评价是:"无礼"——日本人不懂得怎样做生意。除此之外,他还认为那个日本人根本不喜欢他,这一点说明了一切。

案例解析

小李是商场的售货员,在商场工作已经几年了。最近商场新来了一位杨经理。杨经理刚来不久就对小李的工作方式提出了看法。杨经理觉得售货员就该动作麻利,态度积极,而小李总是慢条斯理,顾客来了也不马上迎上去,而是等一等才上前询问,这样是做不好工作的。

一天,杨经理在商场巡视,注意到小李花了一个多小时,让一个顾客试了好几套衣服,结果这位顾客什么也没买就走了。杨经理把小李叫到办公室,不由分说地批评了一通。小李觉得很委屈,但她的解释经理一点也听不进去。

第二天,杨经理巡视时又发现了昨天那位顾客。这次她不是一个人来的,还有几位年龄相仿的女性与她结伴。她们来到小李所在的柜台,没过一会儿,一人买了一套高级服装满意地离开了。杨经理才明白,小李的工作方法并没有错,只是与自己的方法不同罢了。杨经理觉得十分过意不去,下班后,他特意来到小李的柜台为自己昨天的行为道歉。小李终于得到了经理的理解,这个因认识差异而引发的冲突也最终得到了解决。

概念·要点

冲突产生的直接原因可以归为彼此之间的差异性。但由于文化差异的存在,当来自不同文化的人或组织之间进行沟通时,失败的可能性也会大大增加。

文化差异是指不同国家、民族、地区,不同组织、不同职能间的文化差别。

信息差异是指双方所获得的信息以及所了解的事实之间的差异。

个体在社会中、组织中、家庭中都扮演着各种各样不同的角色。当一个人不能胜任他所扮演的角色时会发生冲突。

任务 4　采用合适的冲突处理策略

知识学习

一旦发生了冲突，冲突的参与者会做出各种各样的反应，并且采取不同的对策。这些不同的反应和对策反映出冲突双方价值观等方面的差别。

一、冲突处理的基本原则

艾森哈特(Eisenhardt)等人通过对组织内功能性冲突的深入研究，提出了关于冲突管理的几项基本原则：

(一)将冲突指向到具体的事情上

这也是中国人常说的对事不对人。在讨论和协商的时候，应尽可能地针对事情本身，而不是持有不同观点的个人或组织。应加强彼此之间的沟通，增强彼此间的信任感，避免将资源和时间浪费在无谓的争辩上。

(二)准备多种解决方案

设计多种方案是缓解冲突的有效方法。可以顾及冲突各方的观点甚至颜面，彼此间稍作让步，避免因过度坚持自己的立场而使关系变得紧张。

(三)树立共同追求的目标

要树立以大局为重的观念，所有的目标都应围绕组织战略目标的实现，避免因维护自身或小团体利益而产生的冲突。

(四)不要强迫达成共识

组织中存在不同的声音是非常正常的，不能为了盲目地统一思想而强迫达成共识。在处理冲突方面，应当求同存异，只要出现彼此可以接受的结果，就可以付诸实施。

二、冲突处理的 5 种策略

除了花时间理解和阐明立场、将个人情感与问题区分开来并关注不同利益，人们还可以使用 5 种方法或策略来解决冲突。区别这 5 种策略的最好办法是从两个独立维度来思考：合作—不合作，果断—犹豫。冲突各方在满足他人方面有不同的承诺水平，而且，在能否果断维护自身利益方面也存在差异。因此，可以从各方是合作还是不合作，是果断还是犹豫来理解冲突解决的问题。托马斯描述了 5 种解决冲突的方法，如图 6-2 所示。

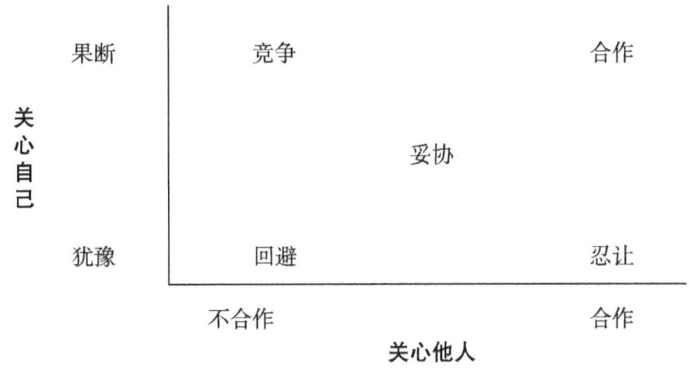

图 6-2　二维冲突处理的模式图

(一)竞争策略

竞争反映了以别人为代价实现自己目的的一种愿望。这是一种支配欲,被认为是以输赢为导向、不惜牺牲他人利益,最大限度获得个人利益的行为。竞争策略是一种"我赢你输"决断而不合作的策略。为了满足自身利益而不惜牺牲对方利益。采用竞争策略者,往往会通过权力优势、地位优势、资源优势等等迫使冲突的另一方妥协和退让,最终实现自己的目标和利益。在现实生活中,采用竞争来处理冲突的例子很多,比如,牺牲别人利益来成全自己的利益,为了证明自己的观点而批判别人的观点。

(二)忍让策略

忍让反映了与竞争正好相反的一面。对自己的目标不作任何努力,向他人的利益妥协。这是一种姑息策略。忍让策略是一种高合作而低决断的策略。采用忍让策略者,往往考虑对方的利益诉求和目标,采用迎合的态度服从对方意愿,压抑甚至是牺牲自己的利益。希望被别人喜欢或真正关心他人需求的人往往会采取忍让策略。之所以会采用忍让策略,一般是出于长期合作考虑,或者是屈服于对方势力。忍让表明了对他人愿望的服从,希望以牺牲个人目标为代价来保持良好关系。采取忍让策略的人,容易在他人表明相反意见时放弃自己的观点,长期使用忍让策略往往会失去对方的尊重,导致自己的挫折感。

(三)妥协策略

妥协则是介于支配与姑息之间的一种方法,反映的是折中思想。双方在放弃一些东西的同时又都得到了一些。妥协使双方都部分地获得满足。妥协策略是一种具有适当决断性和适当合作性的策略。采用妥协策略者,适当地关心自己的利益和考虑对方的利益,双方通过"讨价还价"各自退让的方式来满足彼此的利益和要求。在妥协过程中,采用妥协策略往往能够奏效,因为各方可以将自己的损失降到最低,同时获得收益。相对于合作方式,妥协方式并不是谋求双方的最大满意度,而是寻求双方利益的折中点。然而,在组织中对于妥协方式要慎用,有时候为了妥协而就某些问题达成一致,最终并不能帮助其有效地解决问题。

(四)合作策略

合作反映了使双方都满意的一种努力。这是一种要求将双方的利益结合起来解决问题的方法。合作策略是一种既有决断性又有合作性的双赢的策略。采用合作策略者,往往既关心自己的利益,也考虑他人的利益,努力寻找双方利益的共同点和契合点,达成令双方都满意的方案。一般而言,采用合作方式处理冲突的人往往具有以下特点:将冲突视为自然现象,认为冲突的结果具有双面性,一定程度的冲突可以带来好的结果。对冲突的另一方充分地信任,愿意采用诚实和坦诚的态度来交流。认为每个人在解决冲突过程中所扮演的角色和所起的作用是平等的,每个人的观点都同样合理,每个人的行为都指向统一目标的达成。冲突双方将整体利益放在首位,不会为了个人利益牺牲集体利益。

(五)回避策略

回避则处于对双方利益均不关心的状态,它是一种退缩或忽视各方利益的表现。回避策略是一种既不决断又不合作的策略。采用回避策略者,不对冲突采取任何行动,仿佛置身事外,任凭冲突发展。采用这种方式处理冲突的个体,往往是因为个人的不自信和对冲突的恐惧。采用这种方式可以远离冲突,或者在冲突中保持中立,让冲突自生自灭。有时候,采取回避策略能够缓解冲突,然而更多的时候,这种不作为的策略对于重要问题的解决是非常有害的。

这些方法中哪种看起来明显更优呢?至少,每种方法都是特定文化价值下的行为方式的一种反映。例如,许多人尊重运动员、商业精英及战斗英雄,这反映了我们对竞争的文化评价。对解决问题的实用方法的重视,体现为折中策略;无私、和善、慷慨的文化价值,体现为忍让策略;而回避策略有其哲学上的渊源,强调谨慎、圆滑外交及放弃一切世俗利益。解决冲突的每种方法都有其文化根源,文化根源表明任何一种方法都不会永远正确。在某些情况下每一种冲突解决办法都可能是适用的。对所有方法的相对优势、劣势及各自的适用环境进行评价是最明智的,而不是去寻求一种或几种解决冲突的最佳做法。

三、影响冲突处理策略选择的一般因素

一般而言,解决冲突的策略有合作策略、忍让策略、竞争策略、回避策略和妥协策略五种,但各种策略的具体运用又受到许多因素的制约。只有掌握冲突解决策略运用的一般因素,并且具体分析冲突的情况,才能恰当地运用合适的策略解决冲突。影响冲突解决策略运用的一般因素主要有:

(一)冲突的起因

冲突的起因是诱发冲突的根源,有时冲突发生的原因纯粹是一场误会,有时冲突双方确实存在实质的、原则上的分歧。一般来说,如果引起双方冲突的是原则性问题,那么彼此难以作出让步,采取的必然是敌对态度,很容易造成僵局,使双方的冲突问题

难以解决。

如果双方冲突的起因只是一般性的问题，只需要双方加强沟通、增进了解，就容易在双方之间求得合作。双方要么都作出一定的牺牲，以换取对方的让步，求得妥协；要么双方共同努力增加共同利益，以同时达到各自的目的。

(二)冲突双方的依赖程度

发生冲突的双方之间大都有相互依赖的关系，两个毫不相干的人之间发生冲突的可能性很小。双方间的依赖关系通常有双方间接依赖、单向依赖和双向依赖三种。当双方是单向依赖关系时，冲突很难通过合作或妥协得到处理，往往出现胜—负局面，因为一方可能只从自己得失出发，牺牲了对方的利益。而双方具有间接依赖或双向依赖关系时，只要双方能意识到彼此有共同利益，或者说可以共同获益，那么冲突就可能得到妥善处理；要么增加稀有资源，并确定最佳分配比例，要么双方合作使共同收益最大化。特别是双向依赖关系会迫使双方选择合作的态度。

(三)潜在利益矛盾

影响冲突处理的第三个因素是冲突结果导致双方潜在利益的矛盾大小，即冲突结果造成巨大损失的可能性。当事人对造成其损失大小的风险评估越高，那么冲突处理就越困难。但是不同个体对同一冲突事件后果的评价不同，而且对风险因素及风险大小的理解也不同。如有的公司把它的领先技术视为利害攸关的因素；有的公司注重其市场占有率。而且处于冲突中的双方往往会因为激动情绪而片面地夸大冲突后果的利害关系，使冲突问题变得更难处理。

(四)实力对比

冲突双方相对实力大小对各自策略的选择有很大的影响，实力大小代表着在冲突过程中讨价还价和与对手对抗能力的大小，也暗示着冲突可能产生的胜负结果。组织的实力大小在不同的冲突中表现不同，但通常由其规模、财力、人力、声誉、内部凝聚力、处理冲突的经验、创新精神及冒险精神等决定。实力强大的组织往往凭借雄厚的实力，提出有利于自己的解决方案，以一种求胜的姿态出现。与之相反，实力较弱的组织，在冲突过程中经常不得不在某些方面作出一些必要的让步，以换取自己在其他更重要方面的一些收益，求得一定程度的胜负均衡。

(五)问题的复杂性

相对而言，有的组织冲突只涉及冲突双方，其他人不受影响，问题比较简单；但有的冲突却与许多组织、企业、个人的活动目标或利益交织在一起，显得错综复杂。复杂的冲突问题的处理往往需要考虑多方面的因素，兼顾各方的利益，无形中增加了处理的难度。

(六)双方交往的情况

冲突双方之间形成一种良好的关系，有利于大家进一步的交往。因此，如果双方之间有持续合作的需要，则冲突较容易处理，并常常以合作方式解决；如果双方之间只是一次性的交易，那么双方往往不愿意迁就对方，冲突就变得难以解决，甚至导致冲突形势恶化。除此之外，双方在交往中积累的经验也会影响冲突的解决。已经有过一段交往历史的双方会了解对手的利害之所在，知道在适当的时候作出应有的让步；而初次交往的双方，会因为彼此的不了解使问题陷入僵局，即使有合作的诚意，也可能会以失败告终。

分析影响冲突处理策略运用的因素包括了以上六个方面。从某种意义上说，在处理一些战略性的问题上，合作方式和妥协方式是比较合适的。其他的方式可以用于处理技术性或日常问题。同时应注意例外的情况。

四、各种冲突处理策略适用的情境

以牺牲对手的利益为代价赢得一场谈判，可能获得的只是短期利益。人们应该尽可能设计出一种方法以寻求长期目标而非短期目标，应该试着建立一种长期工作关系，这种工作关系是双方相互信任的，并能带来超越当前谈判所涉及的利益。沿着这个思路，人们总是应该寻求双赢的结果，同时满足双方的需要和持久利益。要找到能满足双方利益要求的新方案，往往需要使用创造性的问题解决技巧。但在现实中，并非所有的情境都有利于寻求双赢的结果。

(一)合作策略适用情境

- 当双方的利益都很重要、难以妥协时，寻求一种整体性解决方案；
- 你的目标是学习；
- 为了将人们的不同想法融合在一起；
- 综合多方考虑达成共识，以赢得人们的承诺；
- 解决有关冲突方面的感情问题；
- 当时间上允许彻底解决问题时。

(二)竞争策略适用情境

- 当必须快速果断地行动时，如紧急情况；
- 当重要的问题需要采取不受欢迎的行动时，如削减成本、实施更严苛的规章制度和纪律；
- 对公司福利至关重要的问题，当你认为自己是正确的时候；
- 对抗那些采取不正当竞争行为的人。

(三)妥协策略适用情境

- 当目标很重要却不值得努力使其实现时；
- 当势均力敌的竞争双方追求互斥的目标时；
- 对复杂议题作出的临时性安排；
- 在时间压力下的权宜之计；
- 合作或竞争均告失败后的后备方案。

(四)回避策略适用情境

- 当问题不重要时；
- 当发现你没有满足利益的机会时；
- 当潜在的破坏超过解决问题所能带来的利益时；
- 为了让人们冷静下来重新达成一致；
- 收集信息比作出决策更重要时；
- 当其他人能更有效地解决冲突时；
- 当问题看起来是其他问题的某种表现或前兆时。

(五)忍让策略适用情境

- 当发现自己犯了错时：使自己倾听、学习更优的观点和立场，并表现出得体的办事风格；
- 当任务对别人比对自己更重要时，要满足别人并保持合作；
- 为未来的问题构建社会信誉；
- 被打败或输了时，减少损失；
- 当和谐与稳定非常重要时；
- 允许下属从错误中学习并成长；
- 当你从弱势角度处理问题时；
- 维持双方的关系非常重要时。

知识链接

生活中冲突的处理策略

冲突解决策略可以看成是一系列简单的冲突管理规则。我们从几百年的历史中已经明确地知道，冲突如果得不到妥善的管理，会带来灾难性的后果。但是，我们也知道，如果摔跤选手被摔在地，那么明确的比赛规则会使他得到一定程度的保护。当重量级的拳击选手处于下风时，他也能确保对手不会触及自己的某些部位，因为有比赛规则的约束。裁判也会强化比赛规则的约束力。不同的政治团体在争夺管理国家的特权时，他们也要遵守特定的法律制度。即使不同的国家之间开战，也会受到达成共识的条约的限制。但是，我们生活中最重要的一些冲突却往往缺乏约束和管理。比如，当丈夫和妻子相互伤害时，往往没有达成共识的规则来保护他们和他们的婚姻。

世界上没有两片完全相同的树叶，同样地，世界上也没有完全相同的人。人们之间由于各种竞争带来的利益冲突本来就难免，再加上生活习惯、价值观、信念、兴趣、爱好的差异，大大小小的分歧就产生了。那么，冲突产生了该怎么办呢？

一、生活中冲突的处理原则

1. 学会换位思考

所谓的换位思考就是换个角度，站在对方的立场来考虑问题。具体操作步骤如下：第一，找个安静的地方，放两把空椅子，你先坐在一张椅子上，想象冲突的对方坐在另一张椅子上，然后将你对对方的各种不满、意见、情绪和指责都向对方"毫不隐讳"地表达出来。第二，当你发泄完了之后，坐在另一张椅子上，想象自己就是对方，对面的椅子上坐着自己，你再从对方的角度来一一回答你刚才提出的责难，并宣泄不满的情绪。这种角色互换游戏，能帮助我们换个角度看世界。通过这个游戏，我们不仅能注意到自己的情绪、思维和行为方式，而且能理解和关注别人的情绪、思维和行为方式。这样人际间的距离就会更近些，隔阂就会更少些，交流也就会更顺畅些了。

2. 尊重对方，求同存异

每个人都拥有自己的个性特点，因此我们要尽可能地理解别人的需要，尊重别人的兴趣爱好，承认别人与自己的某些差异，不轻易贬低别人的某些特性。

3. 学会沟通

由于文化知识和生活阅历有限，许多人的人际交往能力与技巧还需提高，因此有时不能把握好与人之间的关系是正常的。人际交往中不管有没有矛盾，都要多进行沟通。

二、生活中冲突的处理技巧

1. "三明治法"

"三明治法"即在批评他人时采取"表扬—批评—表扬"的步骤，将对他人的批评之语夹杂在前后肯定的话语之中，尽量减少批评的负面效应，让被批评者更容易接受。

2. 狐狸策略

将命令与商量融为一体；将谴责、惩处与尊重、关怀融为一体，最大限度地发挥刚柔并济的力量。

3. KISS 策略

KISS 即英文"keep it short and simple"，翻译成中文就是：不必要的话，不说；必要的话，在必要的时候说。

案例解析

客户部王经理在接到总经理谢先生的电话后，便赶紧来到了他的办公室。

谢总："我听说你们部门的杨莉在向辰星公司做介绍时，对客人言辞不当，几乎同客户顶撞起来，怎么会出现这种事情！对于客户的提问，她回答得结结巴巴，当客户对她的建议表示顾虑时，她又表现得非常不耐烦。我不允许这样的事情再次发生，我看以后还是把她留在办公室里算了。"

王经理："确实有这样的事情发生，我会重新分配她的工作的。"

结束谈话后,王经理感到很为难。杨莉其实是一个很讲道理的人,那次与客户的接触过程自己是很清楚的,并不能全怪杨莉,每个人都会有被触怒的时候。但是,谁让她"得罪"了上司呢？只能怪她太年轻,让她"吃一堑,长一智"吧。

案例中的谢总之所以如此严厉地惩罚杨莉,有可能是因为他只根据自己所得到的信息来作判断,而根据这一信息,他认为杨莉的表现很差。王经理没有在上司面前替杨莉说话,让他对杨莉有更全面的了解,上司也就不可能对得到与听到的事情做一个对比。因此,他只能根据自己知道的情况行事。

事实上,如果王经理不一味地避重就轻,而是说出事情的来龙去脉,上司所做的决定很可能就不一样了。

此案例说明,运用妥协策略是要讲究技巧的。

概念·要点

冲突解决策略可以看成是一系列简单的冲突管理规则。我们从历史经验中已经明确地知道,冲突如果得不到妥善的管理,会带来灾难性的后果。

一般而言,解决冲突的策略有合作策略、忍让策略、竞争策略、回避策略和妥协策略五种,但各种策略的具体运用又受到许多因素的制约。只有掌握冲突解决策略运用的一般因素,并且具体分析冲突的情况,才能恰当地运用合适的策略解决冲突。

要点回顾

- 两种异质文化相遇,必然会产生文化上的冲突。文化的差异性最终导致来自不同文化背景的人与人之间的沟通冲突。跨文化沟通冲突是指不同形态的文化或者文化要素之间相互对立、相互排斥的过程,它既指跨国企业在他国经营时与东道国的文化观念不同而产生的沟通冲突,又包含了在一个企业内部由于员工分属不同文化背景而产生的沟通冲突。

- 竞争中的冲突。处于竞争中的双方,一般都会不惜牺牲对方的利益来满足自己的需要。他们期望找出对方的弱点,与对手对抗,削弱对手的地位,使自己的观点和利益占据统治地位。

- 合作中的冲突。当处于合作情形时,双方处理冲突的方式与处于竞争环境下完全不同。双方往往强调彼此的合作关系,把问题看成是共同的问题,寻找对双方都有利的处理方法。

- 确认冲突中的各利益主体是取得冲突中有关问题、人员资料的第一步。冲突皆包含特定的人。在考虑冲突中的关系人时,必须首先确认利益主体。在解决跨文化沟通冲突中分析双方的价值观、利益、权力来源、态度、动机等有助于更好地找到问题的根源,更好地解决冲突。

- 冲突产生的直接原因可以归为彼此之间的差异性。但由于文化差异的存在,当来自不同文化的人或组织之间进行沟通时,失败的可能性也会大大增加。

- "文化休克"指的是在跨文化沟通中,多元文化背景致使人们失去了自己熟悉的社会交流符号而产生深度焦虑的情况。
- 信息差异是指双方所获得的信息以及所了解的事实之间的差异。任何一项决策或选择活动都要经过信息的收集、可行方案的设计和方案的选择几个阶段。
- 一般而言,冲突解决的策略有合作策略、忍让策略、竞争策略、回避策略和妥协策略五种,但各种策略的具体运用又受到许多因素的制约。只有掌握冲突解决策略运用的一般因素,并且具体分析冲突的情况,才能恰当地运用合适的策略解决冲突。

视野拓展

跨文化管理的中国遭遇

菲利普·R.哈里斯、罗伯特·T.莫兰两位教授于1979年出版的《跨文化管理教程》是美国第一本研究跨文化管理的教科书,现在全球已有200多所大学采用此书作为教材。这本书指出:人是有文化差异的,明智的、成功的国际经理人应妥善地驾驭这些差异,使其成为自己的核心能力。然而,让罗伯特·T.莫兰教授始料不及的是,当他的中国学生黄伟东于2002年年底来到北京工商部门注册"磊石跨文化管理咨询公司"时,居然没有被审批通过!理由是中国没有跨文化这个行业。哭笑不得的黄伟东不得不将公司改名为"'磊石跨'文化发展有限公司"。

令人难堪的文化休克

2003年早春的一天,黄伟东提着他的笔记本电脑,出现在北京某星巴克咖啡屋里。本以为他不善言辞,出乎意料的是:谈起国际经理人的跨文化管理,他口若悬河。

他认为,中国现在对跨文化管理的陌生,是因为中国企业参与国际竞争时间还很短,而且最初的跨文化管理也大多是无意识的。一旦中国公司开始策划海外拓展战略,或者在国内参与到国际生产链的运作时,就会开始对自己的经营活动进行理性的分析,经理人员就会渐渐有意识地把跨文化管理的因素引入其管理机制中。企业的跨文化管理是自觉而理性的,甚至是需要精心构建的。

"当一位跨国公司中国区的销售经理向总部汇报说中国手机市场的高端产品就是基本通话功能加钻石时,对方怎么也不理解。这就是文化差异。诺基亚曾是全球最大的手机制造商,但是在中国它就输给了摩托罗拉,因为中国人喜欢翻盖式手机,而诺基亚手机在全球都是直板的。直到2002年年底,诺基亚才幡然醒悟。这种迟来的改变,皆因文化敏感度太低,不能精准把握中国人的消费心理。跨文化管理的研究,实际是为了追求企业国际化过程中的效益、效率的合理化、最大化。然而可惜的是,很多如李汉生一样的经理人,还没能以一个沟通的高手、一个文化的使者形象出现在企业中,而往往陷在文化休克中难以自救。"黄伟东侃侃而谈。

那么,何谓"文化休克"呢?"当一个人到一个新的环境中工作时,通常会有6个月的兴奋期。在这段时间,人们会感到新鲜、刺激、有激情。但很快,6个月后,又会进入文化休克期。在这个时期,跨文化的经理人会发现,你坚信的价值观在另一个完全不同的文化里受到了极强的冲击,你会变得很脆弱,压力很大,没有自信心,甚至可能患上忧郁症。"黄伟东在记者的本子上画了一条文化休克的曲线图。

"前段时间,很多跨国公司派到中国来的人都是新加坡人,但是失败率很高。原因就是新加坡人会讲中文,中国人就以为他能够了解中国,但其实新加坡人的价值观和中国人的有很大差异。有一个新加坡经理人因为处处碰壁,在中国待了两个月就回去了。实际上,真正的跨文化沟通不是语言问题,而是语言背后的问题。"

经理人的国际化与本土化

那么如果想让文化休克期变为零,是不是将经理人本土化就可以了呢?

黄伟东认为这是一个极不妥的选择。如果跨国公司太本土化,就失去了执行跨国公司文化的人。一个跨国公司要融合三种文化——自己国家的文化、目标市场国家的文化、企业的文化。而国际经理人要建立更大的文化核心,这个文化核心要像一个工具箱,把更多的文化"工具"放进去,需要用的时候你马上能调用。你既要掌握公司的原则性文化,又要根据不同的情境作出不同的判断,最难的就是有机地平衡普遍性和灵活性。

其实,在跨文化沟通中,最重要的一项技能是倾听。有一段文字或许能帮助国际经理人找到积极的心态。

"直到10年以前,以欧美白人为中心的跨国公司管理阶层,还将MBA商业学校教出来的规则奉为圭臬,以为每个多国组织面临的问题都有一个标准答案。但是10年后的今天,国际经理人却已经学到了'不要预设立场'的道理。管理另一个文化的成员,有可能比想象中的困难,却也可能更加简单,只要用心倾听,尤其是听那些没有说出来的话语,通常都能找到答案。"

课后习题

一、判断题

1. 文化差异是指不同国家、民族,不同组织、不同职能间的文化差别。它主要体现在价值观、传统文化、宗教信仰、语言、思维方式、行为准则、习惯等方面。（　　）

2. "文化休克"指的是在跨文化沟通中,由于文化背景多元致使人们失去了自己熟悉的社会交流符号而产生深度焦虑的情况。（　　）

3. 信息差异是指双方所获得的信息以及所了解的事实之间的差异。（　　）

4. 现实性冲突是指企业组织关系中,至少有一个个体或群体出于发泄压力、释放紧张状态而与其他方发生的冲突。（　　）

5. 竞争中的冲突是双方往往强调彼此的合作关系,把问题看成共同的问题,寻找对双方都有利的处理方法。（　　）

6. 冲突是指两个或两个以上的行为主体,由于在目标、认知与情感方面存在差异,

而在特定问题上采取相互排斥、对抗、否定等行为或情绪而形成的一种状态。（   ）

7.在中国文化背景下,冲突一词往往具有负面含义。（   ）

8.冲突经常发生在两个毫不相干的人之间。（   ）

9.人与人之间由于各种差异,才可能引起冲突。（   ）

10.按照不同标准,冲突的分类是相同的。（   ）

11.Rahim 将冲突分为任务冲突和关系冲突。（   ）

12.现实中,冲突经常伴随着竞争和合作等形式发生。（   ）

13.竞争一般不会演变成冲突。（   ）

14.合作中的冲突一般都会不惜牺牲对方的利益来满足自己的需要。（   ）

15.非现实性冲突是指由于某种要求得不到满足以及由于对其他参与者所得所做的估价而发生的冲突。（   ）

16.取得冲突中有关问题、人员资料的第一步是确认冲突中的各利益主体。（   ）

17.价值观会对人的沟通产生深刻影响。（   ）

18.如果沟通双方价值观的兼容性较大,沟通失败的可能性就会增加。（   ）

二、单项选择题

1.合作适用于以下哪种情境？（   ）

A.当必须果断行动,如紧急情况

B.当发现你没有满足利益的机会时

C.当双方的利益都很重要、难以妥协时

D.但目标很重要却不值得去努力或更独断的模式

2.忍让适用于以下哪种情境？（   ）

A.当必须果断行动,如紧急情况

B.当发现你没有满足利益的机会时

C.当双方的利益都很重要、难以妥协时

D.当任务对别人比对自己更重要时,要满足别人并保持合作

3.冲突管理的起始环节是（   ）。

A.认知环节   B.诊断环节
C.效果环节   D.反馈环节

4.冲突管理过程的第二个环节是（   ）。

A.认知环节   B.诊断环节
C.处理环节   D.反馈环节

5.文化整合的核心是（   ）。

A.制度文化的整合   B.价值观念的整合
C.物质文化的整合   D.人才的本土化策略

6.企业统一的着装就能使员工产生归属感和纪律感是指（   ）。

A.制度文化的整合　　　　　　B.价值观念的整合
C.物质文化的整合　　　　　　D.人才的本土化策略

7.个体同时扮演几种角色而产生冲突,如丈夫、父亲、儿子等,是指(　　)。
　A.个人能力冲突　　　　　　B.性格冲突
　C.角色内冲突　　　　　　　D.角色间冲突

8.冲突的最终结果是(　　)。
　A.一胜一负　　　　　　　　B.双赢
　C.多种可能情形　　　　　　D.双输

9.以下哪项不属于Rahim的冲突分类?(　　)
　A.任务冲突　　　　　　　　B.利益冲突
　C.价值冲突　　　　　　　　D.意见冲突

三、多项选择题

1.霍氏文化五维度学说在不同的民族反映了不同民族具有不同的文化,包括(　　)。
　A.个人主义和集体主义　　　B.权力距离
　C.不确定性规避　　　　　　D.男性主义/女性主义
　E.长期/短期取向

2.托马斯描述了5种解决冲突的方法,包括(　　)。
　A.竞争　　B.忍让　　C.协作　　D.合作　　E.反抗

3.关系人拥有的权力来源有(　　)。
　A.权威　　B.人力资源　　C.技能与知识　　D.无形的因素　　E.物质资源

4.以下属于竞争适用情境的是(　　)。
　A.当必须快速果断地行动时,如紧急情况
　B.当重要的问题需要采取不受欢迎的行动时,如削减成本、实施更严苛的规章制度和纪律
　C.对公司福利至关重要的问题,当你认为自己是正确的时候
　D.对抗那些利用非竞争性行为的人
　E.当双方的利益都很重要、难以妥协时,寻求一种整体性解决方案

5.以下属于协作适用情境的是(　　)。
　A.当目标很重要却不值得去努力或更独断的模式存在潜在的瓦解倾向
　B.当势均力敌的竞争双方追求互斥的目标时
　C.对复杂议题作出的临时性安排
　D.在时间压力下的权宜之计
　E.合作或竞争均告失败后的后备方案

6.以下属于回避适用情境的是(　　)。

A. 当问题不重要或重要的问题非常紧迫时

B. 当发现你没有满足利益的机会时

C. 当潜在的破坏超过解决问题所能带来的利益时

D. 当发现自己犯了错时:使自己倾听、学习更优的观点和立场,并表现出得体的办事风格

E. 当任务对别人比对自己更重要时,要满足别人并保持合作

四、案例分析题

案例1:

印度经理David败走中国

当今世界,随着科学技术的飞速发展,交通和通信技术的日新月异,国际贸易与跨国公司数量迅猛增长,全球化是必然趋势。在经济全球化的背景下,各国在市场和生产中的相互依存日益加深,人力、资本、商品、劳务、技术和信息实现了跨国界的流动。越来越多的人生活、工作和学习在不同文化的群体中,不同文化背景的人们彼此交往日益增多,为了在不同文化的人际间、组织间进行有效的沟通,在人际间建立良好的关系,在组织间增进理解与合作,跨文化沟通就显得更为重要。

湖北有一家生产汽车饰件系统的合资企业,合资双方各出资50%,自1996年合资以来,出于某种考虑,公司总经理一直由外方担任,公司经营业绩可圈可点。该企业前身为国有企业,合资后在其领域无论是生产能力还是设计开发能力都处于国内领先地位。公司建有市级技术中心,该技术中心聚集了一批优秀人才并拥有先进的仪器设备,在国内首屈一指。他们曾经成功地开发了几款车的全套饰件系统,为企业带来了丰厚的回报,同时在业内树立了品牌。公司员工经过项目的锻炼和大量国内外的培训,技术娴熟并且工作成熟,同时也形成了独有的工作作风,例如技术中心的设计师们形成了灵活机动的工作风格:边听音乐边工作、经常翻阅大量的报纸杂志、通过网络来关注业内最新的动态。因工作需要他们可以随时到生产现场观摩和请教一线员工。就这一点来说,禁止串岗的规定对他们基本没有约束力。另外,因为设计工作涉及机密,所以甚至连纪律检查人员亦不能干涉他们。尽管他们工作灵活甚至在外人看来有些松散,但他们所有的任务都出色完成了,管理层对此工作方式也持默许的态度。技术中心的部门经理X赞许此工作方式,同时采取透明、民主的管理方式。

2001年2月,该中心接受了来自广东某汽车厂全套饰件系统的设计任务,设计任务重且时间紧迫。为了更好地完成此任务并进一步提高综合设计能力,经公司经营委员会协商决定,由总经理M出面花巨资从合资方的英国技术中心聘请印度人David担任该中心的技术经理,而中心的原部门经理X担任技术中心行政经理(按道理,技术经理只负责技术方面,其他职责包括薪资的确定、奖金的发放等都应由行政经理负责)。因该中心以前经常有与外方合作的横向项目,所以大家对David的到来见怪不怪,都像往常一样工作。然而David的到来打破了技术中心以往的平静,技术中心员工和

David 之间发生冲突并影响了工程进度,给公司造成了损失。公司内掀起的波澜,使员工们亲身体会到跨文化沟通的难题,也使 David 满怀困惑地离开了中国。

David 刚来时并没有像其他领导一样作正式介绍,大家是从其他渠道获悉他是来担任技术经理的。然而,David 来了不到两个礼拜大家就发现他和以前见到的外国专家有着很大区别;尽管他的技术水平不错,可是工作作风和处事方式让大家难以适应,又喜欢打小报告。他与设计中心员工相处的第 12 天就与设计师 L 发生了冲突。L 是技术中心元老级优秀设计师,工作出色且能独当一面,人际关系也好,大家都称他"L 大哥"。他原来的办公位置在大办公室靠角落的地方。可 David 到来后在没有任何预兆的情况下,以不便于管理为由要他与年轻的设计师 N 调换位置。事实上,大家都已经习惯了自己的位置并且都出色完成了工作。L 感到莫名其妙,认为 David 对自己不尊重和轻视,于是给 David 发了封电子邮件表明自己不愿意换位子,并且希望能和他谈谈。可 David 收到邮件后没有找 L 说明理由,而是把 L 的问题交给了技术中心原来的部门经理,即现在的行政经理 X,并把 L 给他的邮件转发给了 X。在 X 的干预下 L 勉强同意换了办公位置。经过这件事后 L 便不再理睬 David。大家从 David 对这件事的处理中感觉到不和谐的因素。

没过几天,David 以公司花了大代价建设技术中心为由,不允许大家上班时间离开自己的位子,不允许上班时间翻阅专业类杂志,更让大家难以接受的是不允许大家下车间,说是有问题可以问工艺工程师。可事实上,工艺工程师大多不懂设计工作并且人手不足。同时设计师们都认为,如果按照 David 说的做,设计能力不但不会提高反而会下降,过不了多久设计师就会变成机器人,变得一无是处,这有悖于公司的初衷,对员工的发展不利。为此设计师们选派代表与 David 进行沟通,希望他能考虑中国的实际情况,同时向行政经理汇报了大家的想法。令大家想不到的是,David 不但不接受设计师们的观点,连行政经理 X 与他谈话也毫无效果,反而变本加厉地连大家去洗手间的时间都要控制。在 David 看来,设计师就应该在自己的座位上拼命地工作,不然就是偷懒,还向上层反映某人上班时间电话太多的现象。在 David 的高压下大家觉得过于压抑、不能正常工作,整个技术中心的工作热情急转直下。又过了 1 个月,大家想通过 David 的直接领导 Y 向 David 转达意见,可又打听到 David 是总经理 M 的老部下。无奈之下,大家干脆把 David 晾在了他自己的办公室,全当他不存在,除非特殊情况否则没人向他请示或汇报情况。这种情况使原本要在中国工作三年的他只待了不到两年便离开了,广东项目因 David 影响了设计师们的积极性而延迟了两个月,给公司造成的直接经济损失约 250 万元。

(资料来源:刘晖,李作学,张彩霞.管理沟通[M].北京:机械工业出版社,2011:200.)

案例讨论:
David 在国外是名优秀的工程师,导致他败走中国的原因有哪几个方面?

案例 2：

有关裁员计划的冲突

某机械设备总公司上半年出现了严重的亏损，年底还要还清一大笔银行的贷款。在实行了 2 个多月的节约计划失败以后，总经理袁斌决定紧急裁减百分之十的员工，并要求各部门和各工厂在一周内将裁员的名单上交总公司。该公司的阀门厂厂长方明认为裁减计划不适合阀门厂。为此他与总经理袁斌发生了冲突。

方明："我认为我们厂应免于裁员。哪个单位亏损就让哪个单位裁员，这样才显得公平。"

袁斌："这次裁员是强制性的措施，任何部门和单位都不能够例外。"

方明："可是我们厂完成的销售额超过预期的百分之五，利润也达到了指标。我们的合同订货量很大，需要扩大生产能力。"

袁斌："我知道你们过去的成绩不错，但你要认识到你们的业绩是和公司其他单位提供的资源以及密切合作分不开的；况且如果每一个厂长或部门经理都像你这样找出各种理由，公司的减缩计划就不能成功。"

方明："但你的裁员计划会毁掉我们阀门厂。我不想解雇任何人，你要裁员就从我开始吧。"

方明和袁斌不欢而散。袁斌在考虑解聘方明，但又觉得无法向董事会解释原因，为此他处于两难的境地。

（资料来源：杨加陆，袁蔚，林东华.管理学教程[M].上海：复旦大学出版社，2008：255.）

案例讨论：

1. 你认为方明和袁斌的冲突是什么原因造成的？
2. 在裁员问题上，你对总经理有什么好的建议？

案例 3：

职位的威胁

从李娜到职任行政经理的第一天开始，王莉就对她十分戒备。刚任这家外企公司驻北京办事处经理的王莉敏锐地感觉到李娜的到任对自己是个威胁。

于是，王莉为了保住现在的职位，自恃在公司的老资格，经常在老板面前说李娜的坏话，有一次竟当着全体员工的面因为一点小事对李娜大动肝火。

李娜尽管心中十分生气，但很有涵养的她并没有与王莉发生正面冲突。半年后，李娜正式被公司委派做办事处经理，而王莉一气之下辞了职。

案例讨论：

1. 本案例冲突的主要原因是什么？
2. 请对案例中两个人的行为进行点评。

案例4：

组织内的冲突

有一天，一家公司的设计部主管愤怒地挥舞着一本广告小册子冲进营销部主管的办公室，说设计部的产品根本没有、也从不打算要有广告小册子上所宣传的种种用途。营销部主管则坚持非这么做广告不可，否则生意会被其他设计更好的产品抢走。

这次争执的结果是，设计部同意重新设计竞争力更强的产品，而营销部则在广告上略加收敛。

案例讨论：

请你谈谈对这个案例的想法。

实践训练

现在，假设你碰到了以下几件比较麻烦的事情。我们把这些事情的发生看作一个冲突，当面临这样的冲突时，你如何通过恰当的沟通方式去解决这些冲突？

实训要求：根据下面描述的每个情形，即兴组织一次模拟沟通，以解决面临的问题。

具体步骤：

(1) 由你和小组中另一位同学（或几位同学，可根据你自己的设计安排）扮演下面情境中的对应角色，你们可以简要商量沟通的思路，但以即兴为主。

(2) 正式进入角色，进行情景模拟。

(3) 请小组内其余同学对模拟的沟通过程进行评述，指出其优点和不足。

(4) 由小组内 4~5 位同学共同讨论解决该问题的方法。

(5) 对照个人的思考、情境的模拟和小组讨论，总结出以后处理这些问题的可操作方案。

1. 情境一：如何处理上级领导的超级管理问题

我是公司负责某项工作的经办人员。因为此项工作对公司来说十分重要，公司主管黄副总很重视，经常越过我的直接领导——部门经理王永明，亲自给我布置任务。王永明是一个职级观念比较强的人，为避免他有不满情绪，我主动向他汇报工作进度，再由他向黄副总汇报。由于任务很复杂，需要不断修正完善，而王经理对情况不熟悉，当由王经理向黄副总汇报时，就会出现信息传递迟滞或表达不清等问题。黄副总对此很不满，就把我叫去，要我下次直接向他汇报，并且也没就这个事情和王经理沟通。过了几天，当王经理问我工作进度时，我很为难：我应该如何向王经理说明，今后将由我直接向黄副总汇报？

2. 情境二：如何做好与资格较老的同事间的配合

在这个部门里，我与老王做相同的工作。因为老王资历较老，又一直没有得到提升，心态不太好，工作积极性始终不高，有任务下来，总是推给我做，还美其名曰：他给我做好后续的把关工作。由于老王从事本专业工作的时间较长,有一定的经验,当我向直接领导反映由于工作任务分配不均导致工作效率不高时,领导说:"他是老同志,年轻人应该多做点、多学点,有些工作可以让老王事先指导一下,免得走弯路。"这样,就完全违背了我原来希望与领导沟通关于工作量分配不均的初衷。

3.情境三:如何与这样的上司相处

张含的上司是一位管理细致的领导,每次布置任务时,连非常具体的细节他都有所要求,得完全按照他的思路和模式去做每一项工作,员工没有任何创新的空间。有几次,张含根据自己的观念就某个方案做了创新,没有完全按照上司的思路设计,但事后向上司陈述了自己的理由。她解释说,按照这样的思路可以更快、更好地完成此项工作。但上司还是认为,这是不按规矩办事,因此予以否决。张含觉得非常不满,工作积极性大大受挫。但目前,张含对于公司氛围、所从事的专业以及收入都还比较满意,不想因为不适应上司的工作特点而调换部门或跳槽。于是,张含不得不考虑:如何做好与上司的沟通,使自己能在工作中发挥自己的创造性和主动性?

(资料来源:徐谷波.管理方法与艺术[M].北京:中央广播电视大学出版社,2011.)

参考文献

[1] 任志侬.东西方企业文化的比较[N],中国邮政报,2014-10-18(003).

[2] [美]琳达·比默,艾里斯·瓦尔纳.跨文化沟通[M],孙劲悦译.大连:东北财经大学出版社,2011.

[3] 刘金凤,王佳棋.跨文化交际中的中西礼貌原则对比研究[J].长春师范学院学报(人文社会科学版),2009,28(11):105-107.

[4] 王绪君,刘文纲.管理学基础[M].北京:中央广播电视大学出版社,2016.

[5] 唐艳辉,夏新燕,罗春芳,陈湘青.管理沟通[M].长沙:湖南师范大学出版社,2014.

[6] 靳娟.跨文化商务沟通[M].北京:首都经济贸易大学出版社,2014.

[7] 陈乾文.别说你懂职场礼仪[M].北京:龙门书局,2010.

[8] 杜慕群.管理沟通[M].北京:清华大学出版社,2009.

[9] 石永恒.商务谈判实务与案例[M].北京:机械工业出版社,2008.

[10] 张岩松.现代商务沟通[M].北京:清华大学出版社,2012.

[11] 张喜春,刘康声,盛暑寒.人际交流艺术[M].北京:北京交通大学出版社,2009.

[12] 徐谷波.管理方法与艺术[M].北京:中央广播电视大学出版社,2011.

[13] 莉莲·钱尼.跨文化商务沟通[M].北京:中国人民大学出版社,2014.

[14] 王建民,李秀凤.跨文化沟通管理学:打造学业和职业竞争比较优势[M].北京:北京师范大学出版社,2013.

[15] 刘晖,李作学,张彩霞.管理沟通[M].北京:机械工业出版社,2011.

[16] 杨加陆,袁蔚,林东华.管理学教程[M].上海:复旦大学出版社,2008.

[17] 王好.如何进行冲突管理[M].北京:北京大学出版社,2003.

[18] 杨为勇.跨文化沟通与企业国际化[M].北京:中国原子能出版社,2018.

[19] 陈国海,安凡所.跨文化沟通[M].北京:清华大学出版社,2017.

[20] 张洋.不同国家的企业文化模式与管理特点[EB/OL].(2011-05-06)[2016-01-10].http://roll.sohu.com/20110506/n306897498.shtml.

[21] 人民网.职场与老外共事之道[EB/OL].(2003-10-20)[2016-01-11].http://www.People.com.cn.

[22] 国际著名企业的核心价值观[EB/OL].(2014-06-04)[2016-01-14].http://wenku.baidu.com/view/345d7205e45c3b3567ec8b87.html.